AF612714

Rendición de cuentas

Juan Alberto Fuentes Knight

Juan Alberto Fuentes Knight

RENDICIÓN DE CUENTAS

Rendición de cuentas
Juan Alberto Fuentes Knight

Primera edición

Diseño de portada: F&G Editores.
Foto de portada: archivo del autor.

Impreso en Guatemala
Printed in Guatemala

F&G Editores
31 avenida "C" 5-54, zona 7
Colonia Centro América
Guatemala, Guatemala
Telefax: (502) 2439 8358 y (502) 5406 0909
informacion@fygeditores.com
www.fygeditores.com

ISBN: 978-9929-552-42-5

Guatemala, agosto de 2011

A mis padres:
Alberto Fuentes Mohr,
Shirley Anne Knight

Contenido

Capítulo II
Crisis tras crisis

Capítulo III
Luces y sombras del presupuesto

Capítulo IV
El veto de las minorías

Epílogo

Índice de nombres

Prólogo

Edelberto Torres-Rivas

El libro de Fuentes Knight tiene un objeto preciso, describir, desde su interior, cómo funciona el Estado, o una parte de él. Por ello tiene un doble valor: la descripción empírica, con datos y anécdotas suficientes; y la atención al detalle sobre el cumplimiento de sus funciones, con calificaciones sustantivas. El Estado guatemalteco entró en una nueva etapa de su tormentoso proceso de formación a la mitad de la década de los ochenta, cuando una estructura militar profundamente autoritaria fue sustituida por un régimen de partidos políticos plurales, presidentes civiles, elecciones democráticas, participación popular. Se califica como 'nueva' aunque también debería calificarse como distinta, casi como la negación de lo que ocurría en el período anterior. A estos aspectos habremos de referirnos de inmediato.

El Estado que pormenoriza Fuentes Knight está lleno de imposibilidades. Es decir, de dificultades que parecen insalvables. En su crónica, nada se asemeja tanto al Estado como un barco a la deriva. De los diversos rasgos que definen el Estado, hay algunos que apuntan a una cualidad altamente deseada: *el poder fuerte*, que es la autoridad legítima y eficaz. Ya es bastante lo que en Guatemala se viene diciendo sobre la dualidad del Estado débil y Estado fuerte que adquiere en estos tiempos una enorme relevancia histórica.

Recordemos que durante más de un siglo operó lo que se llamó el Estado liberal, apuntando a sus orígenes fundantes: la revolución liberal que inició el licenciado y general Justo Rufino Barrios. Ese fue el poder de los cafetaleros y del enclave bananero, un intento de fundar una nación multiétnica, el capitalismo agrario apoyado en los mandamientos coloniales, un Estado militarizado por todos lados, sujeto a las órdenes de Estados Unidos.

El Estado que se viene reformando después de 1986 ya no es liberal sino post-desarrollista; en realidad, es la expresión política que corresponde al modelo neoliberal, porque se ha desacreditado el modelo de sustitución de importaciones y la decadencia de la agricultura de exportación es visible. Un tipo de poder subsidiario, guardián, híbrido, porque aparecen nuevos sectores de la burguesía, débiles por sus raíces industriales y fuertes por sus vínculos con el comercio, los servicios, el capital financiero. El Estado del cual se ocupa Fuentes Knight es el *Estado mínimo*, que ya lo era en Guatemala aun antes del arribo neoliberal.

Pero volvamos al inicio. El Estado es democrático (así calificado a falta de una denominación más apropiada) porque se ha probado en seis elecciones sucesivas. En la sexta es electo Álvaro Colom y un importante grupo de intelectuales tecnócratas, de orientación socialdemócrata. Es el gobierno del que forma parte nuestro autor. Reconocimos líneas arriba dificultades insalvables en el manejo del gobierno. Esas dificultades no son contingentes, ellas se originan, a nuestro juicio, en la manera cómo se procesó la 'transición' hacia la democracia en los años ochenta. Esa es la tesis cuya comprensión a veces se olvida y que vamos a repetir.

La propuesta hipotética la formulo en el sentido de que en Guatemala (y también en Centroamérica) no hubo propiamente una transición-desde-el-gobierno-militar autoritario hacia uno civil democrático, en los términos en que la teoría lo ha analizado para ciertos países de América del Sur. Esa teoría se refiere a un lapso histórico y político en el que actúan fuerzas sociales organizadas que demandan cambios en el ejercicio del poder pidiendo realizaciones democráticas.

Esas fuerzas sociales pueden o no estar organizadas en partidos o en alguna expresión colectiva y pueden o no actuar en espacios legales. Su aparecimiento público fue objeto de persecución, resistencias, conflictos. Por ejemplo, el surgimiento de la oposición democrática frente el gobierno de Pinochet, en Chile, que culminó después de una década en el triunfo del NO en el referéndum al que convocó la dictadura (1990). O la victoria de la oposición encabezada por el Partido Radical, de Alfonsín, en Argentina, después de la guerra de las Malvinas. Procesos parecidos sucedieron en Uruguay y Bolivia. Todos tuvieron en común un tiempo histórico de luchas por la democracia.

En todos estos ejemplos, la transición fue la inversión durante años de valorables esfuerzos cívicos que fueron transformando la estructura autoritaria, liberalizándola, primero, democratizándola, después. Lo que quiere destacarse es que en estos ejemplos se formaron paulatinamente fuerzas políticas que tenían demandas precisas; el advenimiento de la democracia se apoyó justamente en estos actores, cada vez más fuertes y decisivos. Hubo primero movimientos, actores, demandas, programas, victorias; después hubo democracia.

La de Guatemala se ha llamado una *transición 'pactada'* para hacer una alusión elíptica del pacto en la cúpula militar por el que entre 1982/84 decidieron dedicarse más a la lucha contrainsurgente y ceder la administración pública a los partidos políticos. No fue un pacto entre fuerzas democráticas y actores militares. No había en ese momento ninguna fuerza democrática en Guatemala que estuviera luchando, exigiendo, peleando por tener un Estado democrático.[1] La represión anticomunista las había desmantelado.

En consecuencia lo que propiamente debería llamarse la *instauración* democrática se realizó sobre bases políticas muy débiles en Guatemala, en el seno de una sociedad todavía cruzada por el conflicto armado, con un ejército a quien nadie controlaba, que no se modificó en nada. Más bien, conservando su estructura antiinsurgente y sobre todo reteniendo valiosas cuotas de poder. Ese era el poder con el que venía castigando a la oposición, cometiendo delitos, vinculándose a los negocios de las drogas, al contrabando, iniciando el ensamblaje del crimen que ahora se llama, tontamente, organizado. El ejército retuvo el poder y cedió la administración.

En resumen, fueron estas las bases reales sobre

1. La decisión militar no fue una opción libre, propia. Hay muchos otros factores explicativos, siendo el más importante el que se refiere a la política exterior norteamericana. La democracia también se implantó en El Salvador entre 1982/84 y las primeras elecciones democráticas ocurrieron en Nicaragua en 1984. Esta 'ola' se encuentra por lo menos en unos 10 países del mundo.

las cuales se originó el retorno guatemalteco a la democracia. Y son estas las razones que explican la consustancial debilidad del Estado democrático, una autoridad recortada en cuyo interior el Dr. Fuentes Knight intentó cambiar algunas cosas. Su lucha fue un combate contra la historia.

Se dice, a tono con la teoría política, que un Estado fuerte no solo debe ser eficaz y legítimo, sino ser vigoroso fiscalmente, transparente en el gasto y gozar de cierta *autonomía relativa* frente a los grandes y poderosos poderes fácticos, que en toda sociedad existen: el gran capital, a veces la Iglesia, un partido estatal, el crimen y el narcotráfico, grupos armados ilegales, etcétera.

Es esta autonomía relativa del Estado en relación con la nación la que más conviene preservar. De hecho, frente a la autoridad estatal no deben existir contrapoderes corporativos, en competencia. ¿Por qué razón? Porque el Estado está al servicio de todos los intereses sociales de la nación y nunca solo en beneficio de intereses corporativos. Este no es un reclamo moral sino una exigencia estructural y política.

El Estado de 2008/2009 era extremadamente débil si recordamos los rasgos que de existir lo habrían vuelto fuerte: una baja legitimidad resultado de una elección extremadamente competida[2] y apoyada en un partido político (la Unidad Nacional de la Esperanza) ya dividido antes del triunfo; un 'magma' partidario que ha sido comparado como un 'bolsón de ciego' por los múltiples y contradictorios intereses que surcan

2. En la primera vuelta, Colom ganó con un 3% de diferencia a Pérez Molina. Ha sido calificada como una victoria de último minuto.

su cuestionable unidad. En el primer año de gobierno, la UNE había perdido el 35% de sus diputados. Luego, poco eficaz si se atiende, por ejemplo, a la baja duración en el cargo de sus ministros: seis en Economía, cuatro en Gobernación, cinco en Educación... Un poder visiblemente capturado por las fuerzas del gran capital, sin autonomía fiscal.

Una cuestión importante para comprender, por ejemplo, cómo era el Coliseo en donde se libraron las difíciles batallas por reformar el sistema fiscal, es la mención de cómo se perfilaba la sociedad nacional en ese momento. En provecho de la brevedad solo mencionemos *tres* rasgos que ayudan a entenderla. Una, es la fuerza gremial desproporcionada que tiene el Estado Mayor de la Patronal guatemalteca, organizado desde 1956 en el Comité Coordinador de Asociaciones Agrícolas, Comerciales, Industriales y Financieras (Cacif). Esta es una "corporación de corporaciones", sin paralelo en América Latina por el grado de estructuración orgánica que ha logrado, por su coherencia política en la cerrada defensa de intereses privados y por la extrema combatividad pública, que lo convierte en el mejor sucedáneo de un partido político.

Un segundo rasgo son los profundos niveles de violencia en la que está sumida la sociedad, que no se debe únicamente a los bárbaros zetas, sanguinarios como pocas bandas en el mundo, formados en las escuelas élite de los ejércitos de México y los kaibiles de Guatemala. Ciertamente siembran más terror, pero la violencia en Guatemala se disparó desde que otros narcotraficantes locales con vínculos con los cárteles colombianos y mexicanos se instalaron en el país durante la época del conflicto armado y empezaron a disputarse rutas en los barrios marginales y a llenarlos de armas del mejor calibre. Entre 1998 y 2008, los asesinatos pasaron de dos mil a seis mil anuales.

La agenda del crimen es múltiple: extorsiones, asalto de bancos, casas particulares, robo de automóviles/camiones, secuestros, contrabando de personas, mercaderías y armas, lavado de dólares. La multiplicación de las pandillas juveniles y su alianza con los narcos, ha convertido a los criminales en un ejército mejor armado que ya enfrenta con algunas ventajas al Estado. Esta es una guerra en algunos aspectos más perniciosa que el conflicto armado que lastimó al país durante varias décadas.

El tercer rasgo es la raquítica capacidad vital del sistema político y con ello la baja expectativa de vida de los partidos políticos. De 1985 a 2010 se crearon 58 partidos, de los que 50 murieron; en la última elección, 2007, participaron 21, de los cuales 11 fueron inscritos este siglo, todo lo cual convierte a Guatemala en el mayor cementerio mundial de partidos.[3] Uno de los múltiples efectos es la baja lealtad política de los ciudadanos en relación con los partidos, y en su interior, de los diputados y alcaldes.

Esto se traduce en el fenómeno del transfuguismo y en la fuerte tendencia a la reelección que ha convertido las candidaturas en mercancías, un mercado donde las postulaciones se compran y aparecen el clientelismo y formas patrimoniales de hacer política. En este mercado de proveedores aparecen los dineros del narconegocio y del Cacif, corrompiendo diputados y los cuerpos ediles, así como comprando jueces y magistrados. Es un clima bursátil oscuro, violento y desesperanzador.

3. *Informe Nacional de Desarrollo Humano 2009/2010*, p. 231.

Hablamos del Coliseo donde Fuentes Knight peleó sus batallas por reformar el régimen fiscal, publicitar el gasto público, modernizar el presupuesto, todo lo cual se encarga de detallar en las páginas intensas de su libro, que debe ser leído y subrayado, estudiado y rememorado como testimonio de una derrota que no le afecta a él sino a los destinos superiores del país. Experimentó la fuerza de los intereses corporativos del Cacif, el poder del crimen organizado, de diputados y funcionarios defensores de esos intereses. Y para completar las falencias del momento en el que el autor del libro vivió su utopía, no olvidemos la mediocridad técnica de muchos funcionarios que lo rodeaban, de los trepadores sin escrúpulos que abundan en estos regímenes y de las veleidades del señor presidente. Y eso, sin hablar de la abrasiva voluntad de doña Bárbara, perdón, doña Sandra, como la calificó en un wikileaks el embajador McFarland.

Es importante detenerse en la singular presencia de doña Sandra en el gobierno, no propiamente por las anécdotas mismas sino por los hechos que la convirtieron de primera dama (legal) en virtual primer ministro (ilegítimo) como la califica el autor (Cap. III).[4] Se dijo que el ingeniero Colom era de pensamiento socialdemócrata; de ella nunca se supo tal predicado. La fuerte orientación social que calificó al gobierno fue ella quien la impuso como el núcleo duro de las políticas del nuevo régimen, al margen de aspectos ideológicos. Varios hechos así lo facilitaron. Por un lado desde la primera reunión de gabinete (enero,

4. En lo que sigue, las informaciones son tomadas explícitamente de diversas secciones del libro de Fuentes Knight.

2008), se anunció que ella formaría parte del mismo, con estatus de vicepresidente.

Por otro lado, la impetuosa voluntad de mando de la Sra. Torres, puesta de manifiesto desde siempre, tuvo la oportunidad de transformarse en voluntad de poder, y de expresarse con propósitos de combate a la pobreza a través de la cohesión social. Una personalidad fuerte animada por convicciones políticas produce una obsesión sin límites cuando se encuentra o se acompaña con una personalidad débil, voluble, inconstante. Doña Sandra nunca se opuso a los proyectos de reforma fiscal, tampoco los animó suficientemente como era esperable con su desbordada energía, sabiendo quizá que de haber prosperado un pacto fiscal habría dispuesto de más recursos para sus programas sociales.

Se dice del Estado guatemalteco que *cobra pocos impuestos y los cobra mal y que lo que así recoge no alcanza a gastarlos o no sabe cómo hacerlo bien.* De ser cierto este apotegma la tarea de reforma es ciclópea. El país tiene la misma tasa impositiva de hace veinticinco años y privan en su estructura los impuestos regresivos y al consumo; y en el gasto, los administrativos más que los de inversión, predominando en el último tiempo, los fideicomisos y la contratación de firmas privadas para obras de infraestructura. Con ánimo confrontativo se afirma también que hoy día la reforma fiscal es más importante que la reforma agraria por los niveles de equidad que puede introducir en esta sociedad atrasada e injusta.

El análisis del Dr. Fuentes Knight afirma en el inicio de su texto que las condiciones políticas para introducir un nuevo Pacto Fiscal no existían ni antes ni después, afirmación que desarrolla con ánimo probatorio en varios capítulos del libro. Los empresarios argumentaron de la misma manera que lo han hecho siempre, esta vez con alguna razón coyuntural por los efectos de la tremenda crisis financiera mundial. Arguyeron que la globalización los estaba afectando de múltiples formas. Los partidos políticos, todos de orientación conservadora, se negaron en el Congreso a formar mayoría, no por convicciones ideológicas sino porque muchos diputados usualmente venden su voto. En el interior del mismo partido de gobierno hubo oposición, que también mantuvieron importantes funcionarios de la Presidencia, que se encargaron de recordarle al presidente Colom su oferta electoral de que en el primer año de gobierno –el 2008– no haría nada. Nada se hizo en los años siguientes.

Un resumen obligado en estas páginas puede tener varias aristas que el libro presenta con un lenguaje cuidadoso, poco confrontativo. Lo primero es recordar que las cosas de gobierno, las difíciles, es recomendable hacerlas en los primeros cien días, cuando se ponen a prueba las nuevas fuerzas políticas; lo que no se hace en esa coyuntura de estreno, ya no se hace, se los recordó el expresidente Lagos, en una de sus visitas. Lo segundo es recoger viejas experiencias, de que es en el Congreso donde se debe negociar y no en el noveno piso del 9-21 de la ruta 6, zona 4.[5] Esto es así porque el Congreso es por excelencia la institución representativa de las fuerzas políticas de la nación y quien aprueba impuestos, presupuestos de ingresos y gastos. Las dimensiones para negociar con el Cacif son distintas, y por su fuerza social solo puede ser enfrentado con una coalición social de similar en-

5. Esta es la dirección de las oficinas del Cacif.

vergadura. Es falso que se pueda negociar entre desiguales. La historia de los grandes pactos es esa: los suscriben contendientes que se ven obligados a cumplirlos. En solitario, aislados, ni el ministro de Finanzas ni el presidente pueden tener éxito, a menos que obtengan el respaldo de fuerzas políticas mayoritarias o una coalición nacional de sectores sociales y políticos.

Un esfuerzo aparentemente mayoritario se empezó a lograr en noviembre de 2009. El 25 de ese mes el presidente Colom declaró por la radio que "es esta la primera vez que un Gobierno presenta lo que le conviene al país", indicando a los empresarios que el Ejecutivo no negocia. Una mayoría parecía asegurada en el Congreso, el respaldo del gabinete y de funcionarios de la presidencia. Era muy importante resolver las diferencias en el parlamento; pero todo fue en vano, el abuso en el recurso a la interpelación, el filibusterismo parlamentario, las presiones desde la prensa independiente (sic), la poderosa influencia del empresariado, todo junto pudo más. Sobre todo por la enclenque voluntad de los mismos diputados afines al gobierno, por la debilidad de sus convicciones y por la ceguera de la oposición que creyó y aún lo cree que lo que es bueno para el gobierno no es bueno para el país. Bien vista la oscura atracción por el dinero, el fenómeno de la corrupción en el poder legislativo es el mayor obstáculo para las reformas modernizadoras. El texto que se comenta se queda corto en este tema.

El último capítulo es la reseña final del dolor y la impotencia. No vale la pena buscar víctimas y victimarios, que la lectura facilitará a cada quien. El resumen de todo ello es que para modernizar a la sociedad hay que construir un Estado fuerte y que esa fuerza como quedó dicho se asegura con mucha legitimidad (elecciones con amplio apoyo popular), probada eficacia técnica, honradez y visibilidad, independencia de los intereses corporativos a toda prueba. Una gran capacidad para negociar, voluntad para alcanzar consensos convencidos de que los pactos exitosos se suscriben, más o menos, entre fuerzas iguales. Al preparar este trabajo liminar sugerimos que se lea con cuidado el texto de Juan Alberto porque provoca asombro y satisfacción, educa y prueba, irrita e invita a la meditación.

Guatemala de la Asunción
Mes de julio de 2011.

Introducción

Diferimos de otros estados en considerar al hombre que se desentiende de la vida pública como inútil.

Pericles

En estas páginas cuento mi historia como ministro de Finanzas Públicas entre enero de 2008 y junio de 2010. Es un libro personal, en el que hablo a menudo en primera persona, pero del plural. Lo hago así porque durante los dos años y medio durante los cuales ejercí el cargo y tomé decisiones de acuerdo con las responsabilidades que tenía, me sentí acompañado por un grupo de profesionales muy capaces, honestos, calificados y leales. Estos incluyeron a viceministros –Carlos Barreda, Ricardo Barrientos, Erick Coyoy, Vivian Mack y Pluvio Mejicanos– y a asesores de la talla de Alma Quiñones, Edgardo Pesquera y Gabriel Castellanos, además de Victoria Cremeniuc, que me apoyó tanto en relación con temas técnicos como logísticos.

A lo anterior debo agregar a todos los directores y subdirectores del Ministerio que, junto con otros asesores y la gran mayoría de funcionarios, e incluyendo las asistentes del despacho, me demostraron que el Ministerio de Finanzas Públicas es una de las instituciones públicas con más capacidad y credibilidad en Guatemala. También me demostraron que ser funcionario público en Guatemala, a pesar de sus vulnerabilidades, es una tarea digna que requiere de un tremendo reconocimiento y apoyo por parte de la sociedad guatemalteca en su conjunto, para que pueda contribuir a que construyamos conjuntamente un Estado fuerte, respetuoso del Estado de derecho y sujeto a una rendición de cuentas de carácter democrático.

El contexto político en que desempeñamos nuestras actividades fue complejo. Primero, la base inicial del poder legislativo y de alianzas del gobierno era difusa y débil. Álvaro Colom obtuvo en la primera vuelta en noviembre del 2007 el 28% del voto total, es decir, contó con el apoyo de menos de una tercera parte del electorado. La Unidad Nacional de la Esperanza (UNE) logró en esa primera vuelta elegir a 50 diputados, de un total de 158 que son elegidos cada cuatro años, también equivalente a menos de una tercera parte del total, y una proporción similar se alcanzó de alcaldías apoyadas por la UNE.

Para intentar compensar esta debilidad se buscó conformar una alianza legislativa, pero ésta resultó precaria y sujeta a continuas renegociaciones y rompimientos. Involucró, además de la UNE, a la Gran Alianza Nacional, el Frente Republicano Guatemalteco, el Partido Unionista y la Unión del Cambio Nacional, con los cuales se lograba una incierta mayoría parlamentaria para algunos temas. El número muy limitado de diputados que en esta alianza –y especialmente en el seno de la UNE– tuvo un liderazgo fuerte, honesto y capaz de aglutinar al conjunto de aliados era parte de esta debilidad. También lo era la corrupción, que a los pocos meses comenzó a manifestarse con claridad en el nuevo Congreso y que posteriormente se reflejó en sujetar la aprobación de iniciativas legislativas a negociaciones que involucraban obras y una simbiosis de la política y de los negocios en el caso de numerosos diputados.

Segundo, aunque Álvaro Colom –primero como candidato y después como presidente– contó de manera continua con el apoyo de un grupo privado que no era parte de la cúpula empresarial tradicional, y que en parte fue incorporado al propio gobierno, no contaba con el apoyo de lo que se conoce como el sector privado tradicional, generalmente asociado al Cacif o a los grandes empresarios que se aglutinan en el llamado G-8. Esta relación entre gobierno y sector privado pasó por diferentes etapas, incluyendo algunas de severa confrontación como la manifestada durante la crisis política que significó la denuncia que hizo Rodrigo Rosenberg de que sería asesinado por órdenes del presidente, su esposa y el secretario privado de la Presidencia, o la que se suscitó con la iniciativa tributaria que presentamos al Congreso en noviembre de 2009. Ello contrastó con otras etapas que podrían calificarse de coexistencia pacífica, intercambio de información y colaboración en áreas específicas, aunque en general sin satisfacer las pretensiones empresariales, lo cual fue atizado por críticas severas y continuas de algunos sectores de la prensa. Durante este proceso los representantes del sector privado manifestaron extremas dificultades para articular posiciones conjuntas a favor de una reforma fiscal, aunque fuera extremadamente modesta, y parecieron limitar sus posiciones unificadas únicamente a la expresión de oposición a cualquier iniciativa gubernamental de reforma fiscal.

Tercero, un proceso electoral polarizado en 2007 que opuso una visión favorable al desarrollo social a otra que le daba prioridad a la seguridad, y que enfrentó de manera extrema a los candidatos Álvaro Colom y Otto Pérez, del Partido Patriota (PP), no creó condiciones favorables para futuros entendimientos. La combinación de una oposición a ultranza con prácticas legislativas de carácter *filibusterista*, acudiendo a procedimientos parlamentarios como las interpelaciones para bloquear el avance de la agenda y vetar, en la práctica, la aprobación de ciertas iniciativas de ley a pesar de ser apoyadas por una clara mayoría parlamentaria, tampoco contribuyó a entendimientos.

Dentro de esta situación compleja de debilidad parlamentaria, malestar empresarial y oposición intransigente se insertó el impulso de la candidatura presidencial de Sandra Torres, que de manera implícita se planteaba desde el principio de la gestión del gobierno. Aunque su participación fue decisiva en impulsar la agenda social del gobierno, el impacto político de su protagonismo hizo más difíciles las relaciones de éste con el sector privado y con la oposición política en el Congreso. Representantes del sector privado, en ocasiones con una actitud casi atávica de temor, y percibiéndola como una variante del socialismo venezolano del siglo XXI, no cejaron en oponerse a sus iniciativas y a cualquier acción que pudiera fortalecer sus perspectivas electorales. La oposición en el Congreso, incluyendo no solo al PP sino también a la nueva bancada Libertad Democrática Renovada –surgida de una escisión en el seno de la UNE– exacerbaron sus prácticas opositoras de ultranza ante Sandra Torres y contribuyeron al debilitamiento del gobierno –y del Estado– para debilitarla a ella. La misma Sandra Torres, lejana al carácter conciliatorio del presidente, favoreció más la confrontación que la conciliación con estos sectores.

A esto se agregaron por lo menos cuatro crisis severas que pusieron a prueba al gobierno y al Estado y que tendieron a debilitarlo: un aumento fuerte de los precios de combustibles y alimentos al principio del primer año de gobierno; la crisis financiera mundial a fines de ese mismo año (2008), que se manifestó en un debilitamiento drástico de los ingresos tributarios –y del consiguiente margen de maniobra del gobierno– en el año siguiente e incluso en 2010; la crisis política de Rosenberg a mediados de 2009; y la erupción del volcán Pacaya y la destrucción causada por la tormenta tropical Agatha a fines de ese año.

Después de leer rápidamente una versión preliminar de este libro, Fernando Carrera me llamó la atención a que se podrían vislumbrar diversos escenarios fiscales que se habían dado durante el período descrito. Efectivamente, creo que es útil pensar en cómo se manifestaron distintas formas de concebir y de hacer la política fiscal, o lo que se podría calificar como "estilos" de política fiscal. Durante el período que fui ministro se pueden identificar por lo menos cinco estilos o formas en que se buscó impulsar la política fiscal.

Tres estilos diferentes de política fiscal surgieron del gobierno. El primero puede asociarse con nuestra proposición de reforma integral con base en una propuesta hecha por el Grupo Promotor del Diálogo Fiscal a principios de 2008 después de dos años de trabajo, y que recogía opiniones de un amplio grupo de sectores técnicos y sociales. El segundo estilo de política fiscal corresponde a una propuesta más limitada –restringida por las circunstancias políticas– a reducir la evasión y el contrabando, a aumentar los ingresos generados por el impuesto sobre la renta pero sin reformarlo profundamente (lo que califico como "la reformita"), y a acompañar lo anterior de acciones concretas para aumentar el gasto social y mejorar la transparencia. En competencia con las anteriores surgió en el seno del gobierno –asociado con Sandra Torres– y casi de manera subterránea un tercer estilo de hacer política fiscal: aumentar el gasto social pero sin mayor preocupación por los ingresos o acudiendo a cualquier tipo de deuda –incluso flotante o de muy corto plazo– para cubrirla.

En el libro se explica lo que ocurrió con estas iniciativas y las razones por las que evolucionaron en la forma que lo hicieron. Pero hubo dos formas o estilos adicionales de hacer política fiscal que surgieron del propio Congreso: uno consistía en tratar de obtener el máximo de recursos para ejecutar obras y hacer negocios, sin mayor consideración acerca de la forma en que se debían obtener los recursos para financiarlas y sin restricciones éticas; y otro –asociado especialmente a la bancada del PP– que consistió en ahogar financieramente al gobierno, al punto de no solo negarle recursos tributarios sino también el acceso a préstamos. Los tres últimos estilos compartían no solo una irresponsabilidad fiscal sino también una irresponsabilidad política.

Es en este contexto que se dio mi gestión como ministro de Finanzas Públicas, que duró dos años y medio intensos. En el libro cuento los esfuerzos que hicimos por impulsar una reforma fiscal integral y cómo enfrentamos la crisis financiera internacional, además de otras crisis. Cuento las luchas por aprobar cambios en el ámbito tributario y en el de la transparencia, e identifico a los principales actores con los cuales me tocó interactuar durante este proceso. El lector podrá identificar cómo se manifestaron los diferentes "estilos" de política fiscal, quiénes los impulsaron y cómo lidiamos con ellos.

El tema que unifica lo que cuento es la historia fiscal del Estado guatemalteco durante estos dos años y medio, y he intentado hacerlo sin tecnicismos, incluso con anécdotas, aunque evitando caricaturizarla. Pero este recuento va más allá de la política fiscal, que en un sentido estricto tiene que ver con los ingresos y gastos del Estado, a lo cual se puede agregar el crédito público. En el libro se incluye la consideración de cómo diversos actores inciden en la evolución del Estado; incluye el análisis de las relaciones de poder y de la acción política en el ámbito fiscal. Aunque sea durante poco tiempo, creo que la historia fiscal durante estos dos años y medio contribuye a poner de manifiesto los juegos de poder así como las grandezas y miserias, esperanzas y frustraciones de numerosos actores. Tomando en cuenta lo anterior, espero que este libro contribuya a entender por qué continuamos sumidos en el subdesarrollo, con un Estado débil y pequeño, que no logra convertirse en el instrumento al servicio de la sociedad para asegurar sus derechos, garantizar su seguridad y promover su desarrollo de manera efectiva. No puedo dejar de citar a Joseph Schumpeter, economista que fue ministro de Finanzas en Austria y que es fuente de algunas de las reflexiones más profundas y certeras sobre la política fiscal:

> El espíritu de un pueblo, su nivel cultural, su estructura social, los logros que su política formule –todo esto y más está escrito en su historia fiscal, desnudada de cualquier adorno–. Aquel que sabe cómo escuchar aquí su mensaje puede discernir el trueno de

la historia mundial más claramente que en cualquier otro lugar.

La separación de temas que hago en el libro entre los esfuerzos de reforma tributaria (capítulos I y IV), el gasto público (capítulo III) y las crisis que vivió Guatemala (capítulo II) durante este período es contraria a la interdependencia entre estos temas y al hecho de que mis colegas en el Ministerio y yo los vivíamos día a día, pero tenía que organizarlos de alguna manera. En la elaboración del libro conté con muchos apoyos, que agradezco infinitamente. No tuve tiempo de sujetarlo a una discusión prolongada antes de publicarlo, pero agradezco especialmente a Ricardo Barrientos y a mi hijo, Rodrigo, por cuidadosas y acuciosas lecturas que evitaron numerosos errores o apreciaciones indebidas y que me hicieron muy válidas recomendaciones que seguí en la mayor parte de los casos. Mi hijo Alberto, a mayor distancia, así como Fernando Carrera y Jonathan Menkos, lo leyeron y me hicieron recomendaciones más generales y útiles. Christa Bollmann me ayudó con la recolección de artículos de prensa que fueron esenciales para contar la historia. También extiendo mi agradecimiento a Edelberto Torres-Rivas, que sin pensarlo dos veces respondió afirmativamente a mi solicitud de preparar un prólogo, lo cual hizo con celeridad y la mejor voluntad. Raúl Figueroa Sarti acogió la idea de editar y publicar mi libro con entusiasmo y lo hizo con una combinación notable de eficiencia y velocidad. Mi esposa, Ana Cristina, me animó a terminarlo y aguantó con gracia el robo al tiempo familiar que involucró. El diálogo continuo sobre el tema fiscal con numerosos colegas y amigos también está reflejado en este libro, pero las afirmaciones, conclusiones y errores son de mi exclusiva responsabilidad.

Me permito terminar con una aclaración de estilo: con el fin de aliviar un poco la lectura he evitado dar el nombre completo de ciertas entidades, aunque he buscado dar su nombre completo al principio mientras que lo he hecho de manera simplificada posteriormente. Así, después de identificar inicialmente con su nombre completo al Ministerio de Finanzas Públicas o al Ministerio de Comunicaciones, Infraestructura y Vivienda, o a la Comisión de Finanzas Públicas y Moneda, posteriormente he acudido a versiones más cortas como el Ministerio de Finanzas, el Ministerio de Comunicaciones y la Comisión de Finanzas.

México D. F., 5 de agosto de 2011.

Capítulo I
Nuestro primer intento fallido de reforma fiscal integral

Luchando por lo imposible

No pudieron matarlo y
tampoco vencerlo;
porque de verdad era un hombre valiente
y obtuvo el tributo de todos los pueblos.
Popol Wuj (traducción de Sam Colop)

En junio de 2008 Juan Luis Bosch, uno de los hombres más ricos de Guatemala, enfatizaba en la apocalíptica perspectiva de la economía mundial, apoyándose en el *power point* con elocuencia y absoluta seguridad en sí mismo. Sus ideas me recordaban presentaciones alarmistas de analistas locales supuestamente independientes y con visiones muy similares, que normalmente gustaban a la prensa. Su estilo era congruente con el de los criollos guatemaltecos que tienen poder y que lo han tenido mucho tiempo; además era un "hacedor de presidentes", como alguna vez se ha dicho. El argumento era sencillo: con tal crisis no puede implementarse una reforma fiscal; ¡no es el momento!

Lo escuchábamos en una amplia y moderna casa de tres pisos de la zona 14 de la ciudad de Guatemala, entre otros, el presidente Colom, el conjunto de grandes empresarios conocidos como el G-8, Gustavo Alejos, y yo. El G-8 incluía a los grandes empresarios guatemaltecos como Juan Luis Bosch del conglomerado agroalimentario-inmobiliario-financiero Gutiérrez-Bosch, Juan Miguel Torrebiarte del Banco Industrial, Mario Montano o Thomas Dougherty de Cementos Progreso, Rodrigo Tejeda de la Cervecería de la familia Castillo, José Luis Valdés del Banco Agromercantil, y Fraterno Vila de los ingenios azucareros. Bosch, vestido con un saco sencillo que no evidenciaba su condición de millonario, y con un color de tez grisáceo que delataba posibles problemas de salud, condimentaba sus presentaciones con referencias especialmente negativas sobre la economía de España, donde tenía fuertes intereses de negocios. España efectivamente estaba ya entrando a un proceso de pronunciado deterioro económico, alimentado por una crisis de la construcción y de la vivienda, no tan diferente al que estalló en Estados Unidos a los pocos meses. Así que el conglomerado agroalimentario, financiero e inmobiliario Gutiérrez-Bosch, que dirigía Juan Luis Bosch junto con Dionisio Gutiérrez, estaba sufriendo en dos o más de sus principales centros de negocios, aunque en Guatemala la crisis no tenía ni tuvo consecuencias tan graves. Pero eso no importaba; Bosch ejercía en la práctica un importante liderazgo en el seno del G-8, cerrado núcleo del poder guatemalteco que no le rinde cuentas a nadie.

Al evaluar no solo la situación política que existía en Guatemala al tomar posesión de mi cargo como ministro en enero de 2008, sino también lo que ocurrió durante dos años y medio mientras estuve en el cargo, hasta junio del 2010, puedo concluir que las condiciones requeridas para impulsar inmediatamente un conjunto serio y fuerte de acciones políticas a favor de la reforma no estaban dadas, y la presentación de Juan Luis Bosch pocos meses después era parte de ese contexto negativo. En retrospectiva quizás sea fácil decir que no había condiciones, pero en ese momento no conocíamos exactamente el contexto en el que nos estaríamos moviendo, y parte de la acción política, especialmente en Guatemala, es moverse en una situación incierta y cambiante que abre y cierra espacios para actuar, sin previo aviso. Los que llegamos al Ministerio de Finanzas Públicas teníamos como prioridad impulsar una reforma tributaria y sabíamos que había cierto espacio para intentarlo. Y como dice el dicho popular al que frecuentemente hacía referencia mi papá: "No hay peor lucha que la que no se hace".

En el propio mes de enero de 2008, a los pocos días de haber tomado posesión, le presenté al presidente una estrategia política para impulsar la reforma, originalmente formulada por Carlos Barreda, joven y capaz viceministro de Finanzas que había participado en la discusión y negociación del Pacto Fiscal en el 2000. La estrategia planteaba que informáramos y consultáramos principalmente a las organizaciones sociales y académicas, al propio gobierno y a la comunidad internacional, que ya conocían y simpatizaban con las propuestas, y que reserváramos las negociaciones principalmente al sector privado y al Congreso. Era obvio que lo más difícil sería lograr una mayoría en el Congreso sin una oposición frontal del sector privado. El propio sector privado ya había iniciado el juego de ajedrez con una primera movida: desde antes de la toma de posesión, en una reunión sostenida con el presidente, diversos empresarios le pidieron que derogara un impuesto mínimo asociado al impuesto sobre la renta (lo que entonces era el IETAAP, el impuesto extraordinario y temporal de apoyo a los Acuerdos de Paz) e inmediatamente después ya estaban a la ofensiva anunciando públicamente que ello debía hacerse.

Reconociendo que no partíamos de cero, pues contábamos con propuestas bastante detalladas y discutidas antes de llegar al gobierno, planteamos comenzar con la presentación de lo que ya se había preparado para el Consejo Nacional para el Cumplimiento de los Acuerdos de Paz (Cnap), con una amplia representatividad social y política, para luego pasar a la negociación con el sector privado y los partidos representados en el Congreso. Además, con el presidente se acordó desde enero de 2008 que la dirección del proceso dependería de una comisión político-estratégica coordinada por mí que también incluiría a Haroldo Rodas, canciller, y a Edgar Barquín, superintendente de Bancos.

Tampoco nos limitamos a trabajar el tema tributario: aparte de las gestiones hechas en el Congreso para que se aprobaran los préstamos que se requerían para financiar el presupuesto de ese año, presenté a fines de febrero de 2008 "10 mandamientos" para avanzar en materia de transparencia por la vía de la aplicación de normas existentes. Estos lineamientos incluyeron asegurar el oportuno registro del gasto, no asumir compromisos de gasto sin asignación presupuestaria –base de la deuda flotante–, publicar contratos y compras en el Sistema de Contrataciones y Adquisiciones del Estado de Guatemala (Guatecompras), ampliar una cuenta única para recursos externos y evitar al máximo el uso de fideicomisos.

Como veremos más adelante, estos lineamientos eran congruentes con las propuestas del Grupo Promotor del Diálogo Fiscal (GPDF), y logramos avanzar con algunos. Cumplir con otros demostraría ser más difícil de lo que pensé. En algunos casos progresamos muy poco o nada durante los dos años y medio que estuve como ministro, debido a dinámicas perversas de gasto que se daban en cada ministerio independientemente de lo que señalara el Ministerio de Finanzas.

Pero la verdad es que le asignamos la prioridad política a la reforma tributaria, porque sabíamos que era lo más difícil y, al mismo tiempo, lo más importante: impulsamos las propuestas detalladas convenidas como parte del Grupo Promotor del Diálogo Fiscal. Y había que alcanzar la meta de aumentar la carga de impuestos (la carga tributaria) para financiar un mayor gasto del gobierno en educación, salud, seguridad y desarrollo rural, como se había establecido en los Acuerdos de Paz.

La falta de cumplimiento de los Acuerdos de Paz, y específicamente de la meta de tributación que incorporaban, dio lugar a la negociación del "Pacto Fiscal" que contó con una participación multitudinaria, incluyendo a sectores políticos y sociales, dentro de los cuales se destacó la participación del sector privado. José Pivaral, precisamente presidente del Cacif (Comité Coordinador de Asociaciones Agrícolas, Comerciales, Industriales y Financieras) durante el primer año de gobierno de Álvaro Colom, había sido uno de los principales protagonistas en esta negociación. Y la suscripción del Pacto Fiscal por parte de todos los participantes en mayo de 2000 generó grandes expectativas, no solo en Guatemala sino en el exterior, ya que se reconoció como un esfuerzo nacional por ponerse de acuerdo sobre un tema muy difícil, como lo es la política fiscal. Sin embargo, diversas evaluaciones posteriores reconocieron cumplimientos totales o parciales de los compromisos de los Acuerdos de Paz y del Pacto Fiscal en relación con el gasto público. Pero en relación con la carga tributaria ocurría lo contrario, con resultados muy por debajo de la meta establecida originalmente en los Acuerdos y retomada por el Pacto Fiscal.

La propuesta integral del GPDF

El Grupo Promotor del Diálogo Fiscal fue convocado por el Cnap y juramentado por el Congreso en agosto de 2006. Había trabajado durante dos años, con mucha cordialidad y un gran sentido de responsabilidad y servicio público, tradición que estableció la primera comisión preparatoria del Pacto Fiscal y que después mantuvieron otras comisiones que le dieron seguimiento o que hicieron propuestas fiscales más adelante. En el 2006 los miembros del Cnap eligieron como miembros del Grupo Promotor a Alma Quiñones, Lizardo Sosa, Eduardo Velásquez, José Ángel López, José Alejandro Arévalo, Carlos Barreda y yo, además del ministro de Finanzas –cargo que desempeñó primero María Antonieta del Cid, luego Hugo Beteta y posteriormente Mefi Rodríguez– y la superintendente de Administración Tributaria, Carolina Roca.

Alma Quiñones, Carlos Barreda, Eduardo Velásquez y yo muchas veces unimos fuerzas y destacábamos la necesidad de avanzar con la reforma del impuesto sobre la renta (ISR), complementando así el énfasis mayor que José Alejandro Arévalo y Carolina Roca le daban a la necesidad de mejorar la recaudación del IVA, aranceles e impuestos específicos. Por su parte, Lizardo Sosa junto con José Ángel López mantenían una posición más política, generalmente a favor de llegar a acuerdos.

Una posición similar, y de apoyo, también mantuvieron los tres ministros que por su cargo fueron miembros del Grupo Promotor: María Antonieta del Cid, Hugo Beteta y Mefi Rodríguez. El resultado de la reflexión conjunta y del debate intenso, prolongado y respetuoso de este grupo fue que la propuesta que se hizo tenía un gran contenido técnico y político, y de carácter integral y equilibrado.

Las propuestas sobre el gasto público

La propuesta estaba casi finalizada para noviembre de 2007, y terminó completándose en las primeras semanas de 2008. El hecho de que este Grupo Promotor había sido nombrado por el Consejo Nacional para el Cumplimiento de los Acuerdos de Paz (Cnap), que por su parte incluía a representantes de gobierno, sociedad civil y partidos políticos, hacía suponer que la propuesta que surgiera pudiera contar con cierta legitimidad y apoyo.

El Grupo Promotor propuso aumentar el gasto, especialmente el gasto social (nutrición, educación y salud) y en inversión pública, además de mejorar su transparencia. Destacó tres tipos de recomendaciones en relación con la transparencia del gasto: extender y fortalecer sistemas de control del gasto, como el

Sistema Integrado de Administración Financiera (SIAF) y Guatecompras (licitación abierta de compras y contrataciones del gobierno); establecer normas para regular fondos canalizados por la vía de fideicomisos, organismos internacionales y organismos no gubernamentales (ONG); y fortalecer la legislación sobre compras y contrataciones del Estado.

Aunque el Grupo Promotor tenía absoluta claridad sobre el tema del gasto y la necesidad de mejorar su calidad y transparencia, también estaba consciente de que a la luz de los Acuerdos de Paz y del Pacto Fiscal donde menos se había avanzado era en relación con la política tributaria, y que no se había cumplido con la meta de recaudación establecida entonces. Podría decirse que en relación con el gasto se habían implementado reformas de primera, segunda y tercera generación, mientras que en relación con los ingresos no habíamos logrado ni siquiera las de primera generación, referidas al cumplimiento de una meta básica de llegar a un mínimo de carga tributaria. En cambio, ya se había logrado avanzar en el cumplimiento de las metas en gasto para educación, salud y justicia, y también con lo que podría considerarse como una gran reforma de segunda generación, como lo era el fortalecimiento de un sistema que contribuía a una significativa transparencia y al control del gasto público, el SIAF. Luego, ya en el gobierno de Álvaro Colom, se había logrado una reforma de tercera generación, como lo fue la aprobación de la Ley de libre acceso a la información pública, que ampliaba muchísimo el acceso a la información sobre gasto público.

En otras palabras, había un desequilibrio en términos políticos, porque solo se había cumplido con una parte de lo pactado, referido al gasto. También existía un desequilibrio económico, puesto que se buscaba gastar más en seguridad y justicia, competitividad, educación y salud, pero sin contar con los recursos para cubrir ese gasto.

Posteriormente, ya en 2010, diversos "expertos" y opositores a cualquier reforma fiscal, acompañados por algunos que simplemente desconocían lo ocurrido, hicieron acusaciones de que el gobierno no había hecho una propuesta de reforma integral y que no había tomado en cuenta la necesidad de avanzar con propuestas en materia de gasto. Esa aseveración era falsa: el gobierno había hecho suya la propuesta "integral" del Grupo Promotor desde que tomó posesión en 2008; pero, además, esta crítica no reconocía el desequilibrio que resultaba de los mayores avances en materia de gasto público y de los menores progresos en el área de la tributación.

Por consiguiente no debe sorprender que las propuestas tributarias fueron las que más discutimos en el seno del Grupo Promotor durante largas reuniones en el 2006 y 2007, sostenidas en el entonces oscuro salón de sesiones del piso 18 del Ministerio de Finanzas, que por iniciativa de algún ministro anterior incluía un bar dorado de evidente mal gusto en una esquina del recinto. (Nunca lo usamos y logré quitarlo –por iniciativa de la viceministra Vivian Mack, con quien iniciamos un proceso para convertir al edificio del Ministerio en un edificio "verde", ecológicamente adecuado). No llegamos a un acuerdo total, pero sí a una convergencia muy grande en torno a cinco componentes: la reforma integral del impuesto sobre la renta (ISR), reformas al impuesto al valor agregado (IVA), reformas a los impuestos aplicados a vehículos, modificaciones del Código tributario y el establecimiento de un nuevo régimen aduanero nacional. Utilizamos una serie de insumos técnicos, tanto de expertos nacionales como de organismos o consultores externos, con un pequeño equipo técnico de seguimiento informal que incluyó a técnicos de la SAT como Abelardo Medina o a otros investigadores independientes como Miguel Gutiérrez y Tomás Rosada.

El nuevo impuesto sobre la renta

Así como en la década de 1980 Ríos Montt había modernizado la tributación indirecta al introducir el IVA en la penúltima década del siglo XX, yo esperaba que Álvaro Colom pudiera modernizar la tributación directa con un nuevo ISR implementado a partir de la primera década del siglo XXI. En vez de contar con un ISR lleno de agujeros y excepciones, difícil de aplicar, y con una tasa altísima de evasión, queríamos un ISR simple, completo, actualizado y difícil de evadir. El objetivo central de la reforma era aumentar la recaudación de impuestos, especialmente mediante la recuperación de los impuestos que los evasores no pagan. Los que ya pagaban impuestos, con "cuentas cabales" y con base en datos verdaderos sobre sus ingresos, no tendrían que pagar más o incluso pagarían menos impuestos.

En el mundo hay diversas experiencias con el impuesto sobre la renta, desde los que favorecen la aplicación de una sola tasa a los ingresos de las personas y empresas, como en Lituania, hasta los sistemas con múltiples excepciones y tasas, como en Estados Unidos. En el Grupo Promotor nos pusimos de acuerdo sobre un sistema intermedio, como el que existe en España,

Uruguay o algunos países escandinavos. Buscábamos así un equilibrio: simplicidad con cierta progresividad, es decir, por encima de ciertos ingresos aquellas personas con ingresos mayores pagarían proporcionalmente más pero sin complicarlo.

Cumplir con el principio de progresividad no debía significar la introducción de un sistema de múltiples tasas de impuestos aplicadas a múltiples grupos de personas, lo cual complicaría la vida no solo a los contribuyentes sino también a la administración tributaria. No, la propuesta nuestra tenía una tasa baja aplicable a todos los ingresos derivados de las rentas del capital (intereses y dividendos, de entre 5 y 10%) y a dos tasas aplicables a los empleados (salarios). Los empleados que tendrían ingresos por debajo de un "piso" de ingresos, de alrededor de Q3 mil por mes, no pagarían el impuesto sobre la renta.

La reforma del ISR tenía por objeto reducir las posibilidades de evasión, especialmente controlando esos costos que las empresas buscan exagerar para reducir las ganancias que reportan a la administración tributaria. La propuesta lo hacía mediante una definición precisa de lo que eran los costos reales de las empresas, para que así reportaran sus ganancias reales y que fueran éstas las que pagaran impuestos.

El tema de los impuestos puede ser terriblemente árido, pero cuando se comienza a ver quiénes se oponen a ellos y por qué, se vuelve más interesante. Aprendimos, por ejemplo, que la principal oposición empresarial no era sobre si teníamos una, dos o tres tasas aplicadas a sus rentas, sino que se manifestó en contra del establecimiento de un impuesto de 5 ó 10% a los dividendos, que son las ganancias que las empresas trasladan a los dueños de las empresas, y que actualmente no pagan nada de impuestos en Guatemala, a diferencia de otros países, como Chile, que sí los pagan.

Otra propuesta que no les gustaba a muchos empresarios –aunque debo admitir que algunos sí las consideraban válidas– eran las medidas que hacían muy difícil magnificar los costos que tienen las empresas, como importar materias primas a precios por encima de los reales, o asumir supuestas deudas que tienen que pagar con intereses altísimos, todo ello para reportar utilidades reducidas o incluso negativas. En Guatemala, como en otros países, existen empresas que durante años reportan ganancias bajísimas o incluso pérdidas continuas a la SAT. Como decía un amigo costarricense: "A muchos empresarios centroamericanos hay que erigirles una estatua a cada uno de ellos, desplegadas a lo largo de las avenidas de las principales ciudades centroamericanas, en reconocimiento a su labor filantrópica, puesto que siguen produciendo y generando empleo a pesar de que sus empresas tienen pérdidas permanentes."

Pero la verdad es otra: muchos empresarios esconden sus ganancias verdaderas mediante una exageración de sus costos, y eso era lo que queríamos transparentar. Es bien sabido que en la práctica muchas empresas guatemaltecas tienen tres contabilidades: la que muestran a la SAT, que refleja ganancias bajísimas o pérdidas para pagar pocos impuestos; la que muestran a los bancos para obtener un préstamo, por lo que elevan el valor de sus ganancias para aparentar que son muy exitosas y que ameritan recibir el crédito; y la contabilidad verdadera, que es secreta.

Ésta es una de las razones por las cuales a muchos empresarios tampoco les gusta que la SAT pueda tener acceso a las cuentas bancarias de las empresas, como sí lo tienen la mayor parte de administraciones tributarias en el mundo. Argumentan que si se conoce lo que ganan los secuestrarían. Pero en Guatemala ya se sabe quiénes son ricos: basta con ver los automóviles o las casas. Y la verdad es que tener acceso a esas cuentas, por la vía de la Superintendencia de Bancos, bajo condiciones muy reservadas de acceso, permitiría conocer mucho mejor la situación real de aquellas empresas que falsifican los datos que presentan a la SAT y reduciría enormemente la evasión.

El combate a la evasión

Aparte de la reforma integral del impuesto sobre la renta, la propuesta tributaria del Grupo Promotor incluía otros cuatro componentes, como indiqué. No se proponía aumentar la tasa del IVA, pero sabíamos de grandes productores y distribuidores que no estaban cobrando el IVA, o que lo cobraban y se quedaban con él, lo cual constituía un verdadero robo.

Una medida propuesta era evitar que se usaran facturas falsas para obtener del Estado un reembolso de un IVA que nunca se había pagado. Éste es un caso un poco complicado pero que pone de manifiesto la malicia de empresarios "de mentiras", como algunos exportadores de cardamomo –incluyendo a algún diputado–, que usan falsas facturas para robarle al Estado. Los califico como empresarios "de mentiras" porque sus principales ingresos no provienen de su negocio sino de impuestos que le roban al Estado. Lo que tradicionalmente hacen estos aparentes empresarios es que supuestos productores pequeños les dan facturas falsas que estos "exportadores" usan como "pruebas" de que han pagado impuestos. Como por ley las exportaciones no pagan IVA, la SAT está obligada a devolverle a los exportadores el IVA que pagan, pero en este caso no han pagado ningún IVA sino que están falsificando facturas para aparentar que pagan el IVA y obtener de la SAT una transferencia, lo cual es una verdadera estafa al Estado.

La propuesta del Grupo Promotor era que la factura de pequeños productores no pudiera ser utilizada como prueba del pago del IVA, y además proponíamos aplicarles a estos productores pequeños un solo impuesto, menor, en vez del ISR, IVA u otros impuestos, facilitándoles el pago de impuestos. Pero a muchos aparentes "exportadores" de cardamomo obviamente no les gustaba esta reforma: evitaba que estos "recobraran" un impuesto que nunca habían pagado. En otras palabras, la propuesta del Grupo Promotor evitaba que siguieran robando al Estado.

Por supuesto que explicar cada uno de estos temas tributarios no es fácil, especialmente si hay un ambiente general en contra de los impuestos activamente promovido y financiado por los opositores de estas reformas. Además, hay que reconocer que las precisiones sobre las tasas del impuesto sobre la renta, sobre la retención del IVA o sobre el no reconocimiento de cierto tipo de facturas no es precisamente el tipo de noticia que compite con las de sangre y sexo. Resulta más fácil una denuncia de injusticia o de incapacidad en contra del gobierno, especialmente si cuenta con el aval de alguna empresa que gasta una considerable cantidad de recursos en publicidad, que una explicación precisa y veraz de los pro y contra de las iniciativas que se están discutiendo.

Es por ello tan importante contar con gente que

conoce del tema fiscal, a lo cual contribuyó inmensamente toda la discusión que hubo cuando se llegó a un acuerdo sobre el Pacto Fiscal en el 2000. En la medida en que hay discusiones amplias se reducen estas posibilidades de manipulación.

Por supuesto que hay que comparar este beneficio del diálogo con el costo de entrar a un proceso interminable de discusiones que se alargan eternamente, sin llegar a acuerdos concretos. Esta prolongación eterna no solo es posible sino que es probable con un tema en que hay pasiones e intereses que fácilmente desbordan las frías razones. Precisamente por ello era tan importante que los participantes del Cnap pudieran conocer bien las propuestas y por ello se realizaron de manera intensiva una serie de seminarios con numerosas organizaciones sociales, para terminar a tiempo.

El tiempo apremiaba. Cuando era ministro, una joven socialdemócrata, autoridad del Ministerio de Cooperación Externa de Alemania, me regaló un pequeño reloj de escritorio –que quizás premonitoriamente dejó de funcionar a los pocos meses– y me dio un mensaje: en la política el manejo del tiempo es lo más importante. Ya en la Asamblea de Gobernadores del Banco Interamericano de Desarrollo celebrada en Miami en marzo de 2008 había conocido personalmente a Ricardo Lagos, expresidente de Chile, y en una cena organizada con ocasión del evento pude conversar con él, y el tema del tiempo también había salido a relucir. Le comenté que estábamos impulsando una reforma tributaria y, aparte de ser muy deferente, claro y cordial a la vez –congruente con su carácter de hombre de Estado– me hizo una recomendación contundente: aseguren la reforma durante el primer año de gobierno. Entre los argumentos que mencionó estaban el desgaste posterior y el hecho de que la reforma podía facilitar otras acciones. Cuando volví a Guatemala se lo comenté al presidente e incluso tratamos de invitarlo para que nos ayudara a impulsar la reforma, pero nunca se concretó. Sin embargo el mensaje era correcto y sabíamos que corríamos contra el tiempo.

Por último, había otras recomendaciones del Grupo Promotor que fueron parte de nuestra propuesta. Incluían excluir del pago del IVA la compra-venta o transferencia de viviendas u otros inmuebles, reconociendo que es un impuesto que no se paga en Guatemala, o que se paga en una mínima proporción, aparte de otras consideraciones técnicas que no viene al caso detallar aquí. En el caso de los impuestos aplicados a vehículos, que se volvieron una de las principales barreras para que pudiera avanzar una iniciativa posterior referida solo a impuestos indirectos (IVA, aranceles e impuestos sobre productos específicos aplicados a vehículos), se proponía aumentar el impuesto de circulación de vehículos y sustituir un impuesto cada vez más obsoleto, el arancel aplicado a las importaciones, por uno nuevo, más eficiente: un impuesto de primera matrícula. Este caso ilustraría con claridad los vínculos entre las posiciones de los diputados y la defensa de sus negocios, como veremos más adelante, en el capítulo IV. Finalmente, se proponía modificar el Código tributario y establecer un nuevo sistema aduanero que entre otras cosas especificaba las sanciones en caso de faltas. Ambos habían sido propuestos por Carolina Roca y eran importantes para fortalecer el papel de la SAT como recaudadora de impuestos.

La necesidad de convencer

Aquella ciudad miserable, aquella gente desleal y evasiva que respondía sí, pues, *alargando incomprensiblemente la e, para no tener que decir no...*

Francisco Pérez de Antón

A las pocas semanas de haber tomado posesión, la insistencia de la mayor parte de miembros del Consejo Nacional para el Cumplimiento de los Acuerdos de Paz para que avanzáramos en la presentación de la propuesta del Grupo Promotor se hizo sentir y, además, fomentamos esa presión. En el Plan de los 100 días que lanzó el gobierno de Álvaro Colom al principio de su gestión logramos incluir como actividad estratégica el inicio del cabildeo ante el Congreso para que aprobara esta propuesta, previendo que el Cnap la sancionaría. Algunos miembros del Cnap ya comenzaban a impacientarse puesto que el Grupo Promotor había tomado más tiempo del esperado. Aprovechamos tanto esta presión como el inicio de gobierno: el 3 de marzo de 2008 el presidente aprobó un cronograma detallado de cabildeo con base en la estrategia política que le habíamos planteado antes y aceleramos el proceso de afinamiento y consulta de la propuesta con los miembros del Grupo Promotor. También lanzamos una serie de reuniones y encuentros para explicar con cierto detalle el contenido de las reformas propuestas a organizaciones sociales y académicas, diputados y sector privado.

Ya en febrero nos habíamos reunido Carlos Barreda y yo con varios diputados de la oficialista Unidad Nacional de la Esperanza (UNE) individualmente, para explicarles el contenido de la propuesta y para solicitarles su apoyo. Encontramos buenas reacciones de diputados como Eduardo Meyer, entonces presidente del Congreso, Delia Back, Manuel Baldizón, Inés Castillo y otros, aunque tuvimos dificultades en concretar una reunión del presidente Colom con los diputados de la UNE en su conjunto para tratar el tema tributario.

A pesar de que se trataba de miembros de la bancada "oficial", en retrospectiva quedó claro que estos contactos no aportaron mucho, aunque eran necesarios para conocer cómo funcionaba el Congreso. Varios de estos diputados dejaron de ser parte de la UNE (Eduardo Meyer y Manuel Baldizón) o fueron objeto de escándalos (Delia Back) que reveló la prensa, con su consiguiente pérdida de credibilidad. Además, estos acercamientos y cualquier expresión de buena voluntad parecían enmarcarse dentro de la costumbre de muchos guatemaltecos de no decir "no" y de simplemente considerar estos encuentros como el inicio de una posible negociación con consecuencias impredecibles. En la práctica la gran mayoría de diputados de la UNE no tenía una posición definida sobre los impuestos y estaban lejos de reconocer que era un tema prioritario y que se requerían acciones urgentes.

En las semanas siguientes se realizó un intenso esfuerzo de cabildeo con diversas organizaciones sociales, generalmente con alguna representación en el Cnap, que queríamos que aprobara la propuesta del Grupo Promotor. En marzo y abril se realizaron reuniones con la Oficina de Derechos Humanos del Arzobispado, la Unión General de Trabajadores, la Coordinadora Nacional de ONG, el Consejo Ecuménico de la Iglesia católica, centros e institutos de investigación, Plataforma Agraria, la Pastoral Social y organizaciones de mujeres e indígenas. También realizamos reuniones con intelectuales progresistas con el apoyo de la Fundación Friedrich Ebert y de Flacso y comenzamos a realizar contactos con otros diputados.

Yo fui a muchas de estas reuniones, pero el tiempo no me alcanzaba, por lo que Carlos Barreda y Ricardo Barrientos, entonces jefe de la Dirección de Análisis y Estudios Fiscales del Ministerio de Finanzas y posteriormente viceministro de Finanzas, me sustituyeron en varias. Mis colaboradores y yo ya conocíamos a muchos dirigentes que participaron en estas reuniones desde que se había discutido el Pacto Fiscal y, en general, los encontramos bastante receptivos ante la propuesta.

¿Y por qué tanta necedad e insistencia con la reforma tributaria? ¿Por qué no concentrarnos en mejorar la eficiencia del gasto, en reducir la corrupción y en aumentar la transparencia?

Porque el Estado no tenía suficientes recursos para cumplir con sus compromisos básicos. No tenía suficientes recursos para atender la seguridad y para emplear suficientes policías bien pagados, ni suficientes recursos para que el Ministerio Público pudiera darle seguimiento a los casos que ameritaban atención. No tenía suficientes recursos para atender la educación, especialmente la secundaria, ni podía pagar salarios decentes a los maestros, aunque sujetándolos a pruebas para asegurar un buen rendimiento. No tenía suficientes recursos para atender los hospitales y para suministrar medicamentos de manera continua. No tenía suficientes recursos para el mantenimiento de carreteras y el desarrollo de caminos rurales que permitieran que grandes grupos de pequeños productores pudieran hacer llegar sus mercancías a los mercados a tiempo. No tenía suficientes recursos para atender las tareas de adaptación que requieren las inversiones para ajustarse a los desastres o eventos extremos –huracanes o tormentas, erupciones de volcanes, inundaciones– que periódicamente sacuden a Guatemala. No tenía suficientes recursos para combatir el narcotráfico con personal especializado y bien pagado, con equipo moderno. En otras palabras, el Estado de Guatemala era –y continúa siendo– un Estado en trapos de cucaracha, como popularmente se dice o, como dijo un experto del Banco Interamericano de Desarrollo (BID), Ernesto Stein, el Estado de Guatemala estaba sujeto a una desnutrición crónica.

Muchos reconocían la existencia de esta situación. Recuerdo con cierta precisión una reunión que sostuvimos con representantes sindicales en un salón del Hotel Conquistador en la zona 4 en que presentamos la propuesta de "Modernización Fiscal". A pesar de tratarse de una presentación sobre impuestos el ambiente era favorable, positivo. El apoyo no era incondicional y no todo fue aceptado, por supuesto. En el caso de dirigentes de sindicatos cuyos miembros serían afectados por el nuevo ISR acordamos un piso por debajo del cual no se aplicaría el impuesto reformado. Hacía mucho tiempo que se había mantenido en Q36 mil al año (Q3 mil por mes), pero la inflación había reducido la capacidad de compra de los salarios. Así que acordamos que sólo aquellos salarios por encima de Q4 mil, y ya no de Q3 mil, estarían sujetos al ISR. Con eso estábamos protegiendo a los sectores de menores ingresos.

Las reuniones también avanzaron con el Cacif,

primero a un nivel "político" en que participaban su presidente , José Pivaral, y otros dirigentes empresariales, junto con el superintendente de Bancos, el canciller –cuando estaba en el país– y yo, y a partir del 11 de abril se inició un trabajo más técnico con el Cacif, sin que sus representantes rechazaran la propuesta. Con base en una intensa actividad paralela, que incluyó trabajo durante toda la Semana Santa, el equipo técnico del Ministerio de Finanzas y de la SAT afinó la propuesta de reforma integral del Grupo Promotor para convertirla en un proyecto de ley. En parte era una labor jurídica de convertir las propuestas del Grupo Promotor en un proyecto de ley y de asegurar que lo propuesto estaba acorde con la ley y especialmente con la Constitución, y en parte se tomaron en cuenta ciertas inquietudes expresadas en diversas reuniones. Luego se presentó al Directorio de la SAT.

El Directorio de la SAT, que de manera casi vitalicia incluye a cuatro directores plenos y a tres suplentes, junto con el ministro y viceministro de Finanzas, el superintendente de la SAT y la Secretaría del Directorio, aprobó la propuesta a fines de mayo. Aunque el Directorio a veces extendía sus deliberaciones de manera interminable sobre determinados casos de posible evasión o acerca de las contrataciones de la propia SAT, evaluó y discutió con seriedad y eficiencia el proyecto de ley.

Hubo diferencias, como es natural que ocurra en casi cualquier conversación sobre los impuestos. Algunas dudas fueron expresadas por el auditor López Zaldaña y el jurista Rodrigo Montúfar Rodríguez en referencia a la compleja relación existente entre las dos maneras en que en Guatemala se podía pagar el ISR, pero Pluvio Mejicanos, entonces viceministro de

Finanzas, acompañado por técnicos de la SAT, apoyaron un largo proceso de aclaraciones y de debate sobre la reforma propuesta por parte del directorio de la SAT en esos primeros meses del 2008. Ya Carolina Roca había expuesto la propuesta del Grupo Promotor del Diálogo Fiscal el 1 de abril y a fines de ese mes comenzaron a discutirse las reformas del impuesto sobre la renta, que después de cuatro sesiones de trabajo terminaron con una opinión favorable del Directorio, el 5 de mayo.

Dos días más tarde comenzó la discusión de lo que de manera un tanto ampulosa se conocía como "Disposiciones legales para el fortalecimiento del sistema tributario guatemalteco", que en el Congreso terminaría por conocerse, con algunas variantes, como la iniciativa de antievasión II. Hacía algunos años, otra similar, de fortalecimiento de la administración tributaria y conocida como la iniciativa de antievasión, ya había sido aprobada por el Congreso. Discutir esta parte de la reforma tomó diez sesiones del Directorio de la SAT, aunque sin excluir otros temas de su agenda, y, finalmente, se dio una opinión favorable el 23 de mayo de ese año.

El sector privado no se había quedado esperando con los brazos cruzados. Hicieron su segunda movida de ajedrez y por la vía de la Fundación para el Desarrollo de Guatemala (Fundesa) contrataron a Felipe Larraín, economista chileno de renombre –y posteriormente nombrado ministro de Hacienda de Chile por el gobierno elegido en el 2010– para hacer una propuesta de reforma tributaria que pudiera sustituir o erosionar la propuesta del Grupo Promotor. Lo que estos empresarios no previeron fue que la propuesta de Larraín sería intelectualmente muy honesta y, además, más radical que la propuesta del gobierno, ya que sugirió eliminar el régimen del 5% y mantener solo el otro régimen, que se aplicaba a las ganancias reales de los empresarios. Lo justificó aduciendo que los empresarios combinaban los dos regímenes para que ciertas empresas utilizaran un régimen y otras acudieran al otro, haciéndolo de tal manera que reducían el pago de impuestos.

Así que a estos empresarios el tiro les había salido por la culata. Posteriormente se me informó que un grupo de ellos se había resistido a reunirse con Larraín y otros colegas chilenos que, al final de cuentas, estaban proponiendo medidas para aumentar la recaudación de impuestos, a lo cual estos empresarios se oponían. Sin embargo, al Ministerio de Finanzas todavía no le expresaban su oposición abiertamente.

Pero había otros frentes que se estaban abriendo. Ya a fines de mayo había indicios de que la acción decisiva requerida para impulsar la reforma no iba a estar presente. A fines de mayo de 2008 escribí en mi cuaderno de notas lo siguiente:

> El viernes AC [Álvaro Colom] dio su visto bueno para presentar al Congreso la nueva legislación. Costó un poco sacarle la decisión explícita. Se puso a hablar de Lula, Leonel Fernández y de la posibilidad de una sesión extraordinaria de la ONU. Seguramente es importante, pero mi obsesión requería el Vo. Bo. y al fin lo logré. Ese mismo día llamé a MT [Mario Taracena] y a MB [Manuel Baldizón], además de avisarle a CB [Carlos Barreda]. El viernes siguiente... tuvimos la reunión con Pepe [José Pivaral], R. Ardón y AC [Álvaro Colom], a la cual se invitó después a un equipo ampliado tanto del Cacif como del Minfin... Ellos presentaron su propuesta, muy crítica del ISR, ya lista para ser pre-

sentada al Presi a pesar de que no habíamos hablado de ello. No entramos a discutir los temas técnicos sino que reiteramos la necesidad de negociar y esa fue la decisión que se tomó, o que ellos aceptaron...

En realidad, ya estábamos en pláticas con el Cacif, pero lo que parece que pretendían era rechazar la posibilidad de llegar a un acuerdo, pero sin entrar en una confrontación excesiva. Mi texto de mayo de 2008 continuaba así:

> Las pláticas con el Cacif se han mantenido pero siguen duros: solo intercambio y no negociación. Quieren, aparentemente, ganar tiempo. Insisten en que les cuesta llegar a consensos. No les gusta el nuevo ISR y se vislumbra una posición de quedarse con lo que está más el IETAAP.

Mi conclusión actual: tenían la capacidad de unificar su oposición, pero no tenían la capacidad o voluntad de llegar a acuerdos que significaran compromisos efectivos. Este patrón se repetiría más adelante.

Carolina Roca fue profética, pues en mi nota yo agregaba lo siguiente:

> Carolina sí cree que mucho está en juego, es decir, el compromiso de este gobierno de hacer la reforma. Pero abunda el escepticismo. Quizás lo más notable, como reflejo de ello, es la decisión del FMI de no incluir su efecto [de la reforma tributaria] en las proyecciones macroeconómicas de Guatemala.

Y luego yo definía unos escenarios, que vistos en retrospectiva pecaban de un excesivo optimismo:

> Creo que existen tres escenarios:

> a) el Titanic [es decir, el desastre], al no hacer nada;
>
> b) continuar con la bicicleta [esta era una referencia a diversos diálogos que habíamos tenido en que argumentábamos que debíamos pasar del caballo o la bicicleta al automóvil o al avión], renovando el IETAAP y quizás antievasión II (IVA);
>
> c) pasar al automóvil, con nuevo ISR.
>
> Creo que la lucha real va a estar entre el b y el c, quizás más optimistas, entre un c diluido y un c más fuerte.

En retrospectiva –como veremos más adelante– resultó que alcanzamos un (b) diluido, con un IETAAP que logramos volver permanente, y que se llamó el impuesto de solidaridad (Iso), y con la *posibilidad* de aprobar la iniciativa antievasión.

Apagando incendios

El Ministerio de Finanzas no podía dedicarse solamente a impulsar una reforma tributaria. Aparte de las actividades rutinarias del Ministerio la propia dinámica de las finanzas públicas y de la economía guatemalteca daban lugar a otros temas inmediatos que atender, lo cual competía con la atención que teníamos que darle a la reforma.

Estos temas incluían la aprobación por parte del Congreso de préstamos heredados del año anterior para cubrir el presupuesto del año en curso (2008), la resolución del problema de la llamada "deuda flotante" (compromisos de pago no reconocidos en el presupuesto) que se manifestó a las pocas semanas de haber tomado posesión, la revisión del presupuesto con el fin de adecuarlo a las prioridades del nuevo gobierno y la readecuación del Ministerio de Finanzas para permitirle dar más atención al tema de transparencia. Cada uno de estos temas exigía la máxima atención técnica y política.

Así, menos de una semana después de haber tomado posesión (el 14 de enero) recibí una llamada de Mario Taracena, diputado de la UNE que se convertiría ese año en jefe de bancada y posteriormente en presidente de la Comisión de Finanzas Públicas y Moneda del Congreso, pidiéndome que fuera inmediatamente al Congreso para explicar la situación de préstamos cuya aprobación estaba pendiente y que yo en ese momento desconocía totalmente. Solicité la documentación correspondiente, me hice acompañar por algunos técnicos del Ministerio, y en pocos minutos estaba presente en el edificio del Congreso en la 9ª. avenida de la zona 1 y ante los diputados interesados en el tema.

Los aproximadamente 15 diputados hacinados en el pequeño y apretado salón, que en ese momento correspondía a la Comisión de Finanzas Públicas y Moneda del Congreso, no daba lugar al ambiente más conducente para lograr un diálogo abierto. Posteriormente Mario Taracena, ya como presidente de la Comisión de Finanzas y Moneda, lograría con el apoyo de la cooperación internacional una mejora significativa del espacio de discusión de esta Comisión, dotando al nuevo recinto en el edificio del Congreso de cómodos sillones, micrófonos, una amplia mesa y cámaras que evitaban que las sesiones formales se volvieran un abierto mercado de negociaciones para ver quién sacaba la tajada más grande del presupuesto.

En todo caso, en aquella primera ocasión de enero

de 2008 las preguntas que me hicieron los diputados, fueron dispersas y variadas. Incluyeron desde algunas técnicas y puntuales sobre las condiciones financieras de los préstamos, y que los técnicos del Ministerio me ayudaron a responder, hasta la intervención de la diputada Roxana Baldetti Elías del Partido Patriota, que me preguntó si los préstamos eran congruentes con la ideología socialdemócrata. Le respondí que sí, puesto que servían para financiar la educación y la salud y el Estado guatemalteco tenía suficiente espacio para endeudarse sin poner en peligro sus finanzas. Ya el 29 de enero de 2008 hice una presentación más estructurada y completa a los jefes de bancadas del Congreso, en el propio Ministerio de Finanzas, sobre la situación de la deuda y de los préstamos pendientes de aprobación en el Congreso.

Luego, en febrero, expusimos con el ministro de Comunicaciones, Infraestructura y Vivienda, Luis Alejos, lo que teníamos que hacer para cubrir la deuda flotante. Estos eran compromisos asumidos por el gobierno sin que estuvieran reconocidos en el presupuesto que, como fui descubriendo gradualmente, estaban vinculados con negocios privados de numerosos diputados que tenían empresas que habían sido contratadas por el Estado, pero que no habían sido pagadas por las obras realizadas. El ministro Luis Alejos y yo, pronto nos convertimos en los ministros más citados durante ese primer año al Congreso. Y uno de los que más amenazaba con citarnos era el entonces presidente de la Comisión de Comunicaciones del Congreso, Noé Orellana (de la Gran Alianza Nacional [Gana]), que después sería denunciado por la prensa como propietario de una serie de constructoras que concentraban una buena parte de la realización de obras en el departamento de Escuintla.

Comenzaba a manifestarse, disimuladamente, la corrupción en el Congreso.

Desde febrero y marzo de ese año (2008) también comenzamos a enfrentar un aumento acelerado de precios de combustibles y alimentos como el maíz y el trigo debido a problemas que afectaban a los mercados internacionales de ambos. Se trataba de nuestra primera crisis económica. Fue un tema que primero el ministro de Economía y después el gabinete económico entero tuvimos que enfrentar, y que se reflejó en la formulación e implementación de un plan de emergencia, que tuve que coordinar, como explicaré más adelante.

Pero aparte de esta agenda de continuos problemas que le toca a todo gobierno atender, también había otro problema de capacidad técnica del Ministerio de Finanzas para tratar algunos temas y de responder con agilidad. Idealmente se esperaría que un ministro, basado en recomendaciones técnicas de su equipo, se pudiera limitar a grandes decisiones políticas de su área, y a llevar a cabo acciones de cabildeo. En la práctica la ausencia de suficientes recursos humanos nos obligaba, tanto a mí como a los viceministros, a que tuviéramos que ocuparnos continuamente de las dimensiones técnicas y no solo políticas de los temas que nos ocupaban.

En el Ministerio de Finanzas, y no obstante contar con personal técnico que había estado en el Ministerio por mucho tiempo y que conocía sus áreas de trabajo, no había un equipo fuerte de análisis y evaluación de políticas, incluyendo a un equipo de profesionales con capacidad de hacer propuestas sobre política tributaria o sobre otros temas de política económica. Tampoco había un equipo técnico para atender el tema de transparencia y los conocedores del tema presupuestario –especialmente el director técnico del Presupuesto, Edwin Martínez– eran continuamente citados al Congreso para responder a preguntas de diputados, para enfrentar presiones para reorientar el gasto o para acelerar el desembolso de ciertos recursos. A ello se agregaba la necesidad continua de estar "apagando incendios" o resolviendo problemas técnicos y políticos, como el aumento de precios de alimentos y combustibles, cuya atención no podía esperar. Esto también nos condujo a impulsar cambios a lo interno del Ministerio, para darle más capacidad de enfrentar los desafíos que continuamente surgían.

Lo anterior significó que la falta de tiempo y de recursos para atender la multitud de problemas que surgían limitaba seriamente las posibilidades de impulsar reformas más profundas y de ir más allá de la administración del día a día. Horarios de más de 12 horas de trabajo de algunos de nosotros, incluyendo a los viceministros, ciertos directores, técnicos y asesores, no alcanzaban para cubrir lo que nos correspondía. El tiempo dedicado a mi familia fue una de las primeras víctimas de este proceso, aunque a pesar de ello conté con todo su apoyo, incluyendo especialmente el respaldo de mi esposa, Ana Cristina.

Además, parte de las estrategias políticas de ciertos grupos –especialmente del sector privado– para oponerse a estas reformas más profundas ha sido impulsar procesos judiciales en contra de funcionarios altos –aunque no fue mi caso– para limitar aún más el tiempo y la concentración que requiere atender el impulso de la reforma. Y entre los técnicos de menor rango la posibilidad de acciones legales o multas en su contra provoca el inmovilismo y la falta de iniciativa, todo lo cual contribuye a crear un sector público con serias dificultades para responder a situaciones cambiantes o a promover reformas.

En cuanto a la reforma tributaria logramos superar los problemas de debilidad técnica constituyendo un equipo *ad hoc* de primer orden que le daba seguimiento al tema de la reforma tributaria y que combinaba personal del Ministerio, de la SAT y asesores externos. En el equipo estaban el propio Carlos Barreda y quien lo sustituyó posteriormente como viceministro, Ricardo Barrientos, junto con asesores jurídicos que incluían a Alma Quiñones en el propio Ministerio de Finanzas y a otros de la SAT de muy buen nivel.

¿Tibieza o pragmatismo?

> *No hay nada más difícil de emprender, ni más dudoso de hacer triunfar, ni más peligroso de manejar, que el introducir nuevas leyes. Se explica: el innovador se transforma en el enemigo de todos los que se benefician con las leyes antiguas, y no se granjea sino la amistad tibia de los que se beneficiarán con las nuevas. Tibieza en éstos, cuyo origen es, por un lado, el temor a los que tienen de su parte a la legislación antigua, y por otro, la incredulidad de los hombres, que nunca fían en las cosas nuevas hasta que ven los frutos.*
>
> Nicolás Maquiavelo

A pesar de la agenda sobrecargada, y ya con nuestra estrategia política debidamente aprobada por el presidente en enero de 2008, continuamos con nuestras iniciativas de convencimiento con diversos sectores.

Al mismo tiempo que afinábamos los grandes componentes de la propuesta, un equipo técnico del Ministerio de Finanzas y de la SAT se apresuraron con el fin de contar con un proyecto de ley para presentar al Congreso en mayo de ese año, como lo habíamos acordado inicialmente con el presidente. Pero nos encontramos con algunas sorpresas en el camino.

Hacia fines de marzo de 2008 habíamos avanzado muchísimo y había cierto "momentum". El 7 de abril la Comisión Económica de la Cnap apoyó la propuesta del Grupo Promotor y estábamos listos para presentársela al Consejo en su conjunto para su aprobación final. Las organizaciones sociales estaban de acuerdo con la propuesta de modernización fiscal y en el Congreso existía una alianza fluida pero que en principio hubiera podido aprobar por mayoría la reforma. En ese momento la bancada de la UNE todavía no se había reducido sustancialmente –ello ocurriría en el 2009 cuando Manuel Baldizón salió de la UNE e integró una bancada disidente–. Eso sí, la oposición en el Congreso, encabezada por el Partido Patriota (PP) y especialmente la jefe de bancada, Roxana Baldetti, mantenía una combativa oposición contra los impuestos, coincidiendo con los argumentos del sector privado: ya pagamos suficientes impuestos, lo que el gobierno recauda se roba o se usa mal y hay que ser más eficiente con el gasto, etcétera.

Pero ya en marzo de 2008 comenzamos a sentir ciertas dificultades para avanzar con el apoyo presidencial en la reforma fiscal. Aunque habíamos programado la presentación pública de la propuesta del Grupo Promotor al Cnap, y éste insistía en que se presentara rápidamente, el presidente postergó su presentación, con el argumento de que antes debían exponerse los resultados del plan de los 100 días que se había anunciado al principio del gobierno. La presentamos más tarde, a fines de abril del 2008, y con la aprobación del Cnap dimos lo que considerábamos un primer gran paso para la aprobación de la propuesta: contábamos con cierto apoyo social y cierta legitimidad para hacer un planteamiento al Congreso, congruente con el espíritu y la institucionalidad de los Acuerdos de Paz y del Pacto Fiscal.

Estábamos avanzando, pero las dificultades para concretar la presentación al Cnap y de llevar a cabo una reunión con la bancada de la UNE para contar con una posición unificada sobre la propuesta deberían de haber sido, para mí, una luz amarilla acerca de las perspectivas de nuestra reforma. La "tibieza" que destaca Maquiavelo debido al temor de provocar resistencia entre los que se beneficiaban de la situación como estaba –empresarios contentos con un pago mínimo de impuestos–, o a la posibilidad de que la reforma no tuviera el efecto esperado o que no fuera necesaria, parecían estarse manifestando en el caso del presidente.

La tibieza de la UNE

Debo reconocer que cometí el error de restarle importancia a estos síntomas de tibieza o excesivo pragmatismo, animado por la intensa actividad, discusión y negociación en que ya estábamos involucrados. Esta tibieza ya estaba implícita en el programa de gobierno y prueba de ello era que el plan de los 100 días, que con toda la buena fe anunció el gobierno como un esfuerzo transparente para facilitar la ejecución y rendición de cuentas en relación con actividades gubernamentales específicas para iniciar la implementación del plan de gobierno, inicialmente no decía nada de reforma tributaria. En otras palabras, existía una gran debilidad programática de la UNE en relación con el tema fiscal. El gobierno de Álvaro Colom se había comprometido a cumplir con un plan de los 100 días que estaba basado en el programa de gobierno preparado por la UNE pero que no encajaba con nuestras prioridades en materia de política fiscal y en particular con la necesidad de impulsar una reforma tributaria. Es más, también incluía una propuesta de ampliar zonas francas, a lo cual nos oponíamos en el Ministerio de Finanzas, puesto que contribuirían a abrirle aún más boquetes a una legislación tributaria que por la vía de las exoneraciones fiscales ya parecía un queso suizo.

El programa de gobierno de la UNE tenía una evidente falla técnica, al no reconocer la debilidad tributaria del Estado guatemalteco ni proponer medidas para superarla. Pero más importante que esta carencia técnica era la debilidad política que suponía esta ausencia, ya que en la práctica no había un claro mandato en este campo. Aún más importante, no había dentro de la UNE una conciencia o reconocimiento sobre la importancia del tema y sobre la necesidad de resolverlo y, si la había, se había preferido no enfrentarla debidamente ante el "costo político" que podría representar.

El tema de la reforma tributaria es difícil de manejar electoralmente, puesto que es fácil acusar a un partido y a un candidato de que va a aumentar los impuestos para restarle votos. El sector empresarial guatemalteco lo sabe muy bien, y entre sus prioridades durante la etapa electoral está la gestión de lograr compromisos de los candidatos presidenciales para que prometan no aumentar los impuestos. Además, plantear una reforma tributaria también puede tener un costo financiero para los candidatos, aparte del costo político, puesto que lo más probable es que los empresarios que financian a los partidos no le asignarán recursos al candidato y partido que amenace con impulsar una reforma tributaria. Y como en Guatemala los partidos dependen principalmente de contribuciones voluntarias, ello significa que en la práctica sus candidatos se convierten en rehenes de los sectores empresariales.

Una respuesta típica de los candidatos para evadir el compromiso de un rotundo no a los impuestos, puesto que generalmente saben o sospechan que es probable que tendrán que aumentarse, es indicar que es un tema que será objeto de negociaciones dentro del marco del Pacto Fiscal, con lo cual se comunica que se hará algo pero sin precisar, y así se reduce o evita el posible costo político y económico de indicar que se aumentarán los impuestos. Sin embargo, en el programa de gobierno de la UNE apenas había un compromiso general de cumplir el Pacto Fiscal, y durante la campaña el candidato presidencial, Álvaro Colom, incluso se comprometió a no aumentar los impuestos durante el primer año de gobierno. Es cierto que lo último dejaba abierta una puerta para impulsar la reforma durante el segundo año, pero la posición de la UNE sobre lo fiscal reflejaba un tremendo desconocimiento del tema, especialmente importante en relación con los diputados que, con un par de excepciones, no tenían ningún conocimiento del tema.

En otras palabras, no existía un reconocimiento

de la existencia del problema ni, en consecuencia, una estrategia política partidaria para manejarlo. Ante este desconocimiento no debe sorprender incluso cierto apoyo inicial, genérico, de diputados de la UNE a la reforma tributaria, a menudo sin realmente comprender de qué se trataba, pero sabiendo perfectamente que ese primer visto bueno de carácter general no era más que el posible inicio de un proceso de negociación en que intervenían todo tipo de intereses.

La tibieza del gabinete

Dentro del propio poder ejecutivo tampoco había una posición firme sobre el tema de la reforma fiscal. Parte de las actividades de divulgación y convencimiento que hicimos tuvieron que cubrir al mismo gabinete, y allí no estaba garantizado el apoyo a la reforma fiscal, especialmente al principio. El presidente apoyaba, pero no era un apoyo categórico e inmediato. Por instrucciones del presidente tuvimos reuniones durante los primeros meses con el sector "empresarial" del gobierno. Los convocó Gustavo Alejos, quien fungía como secretario privado de la Presidencia, y con su presencia, y la de Carlos Meany (ministro de Energía y Minas) y Roberto ("Robie") Dalton Aceituno (a cargo del Programa de Desarrollo Rural [Prorural]), intenté convencerlos o al menos darles alguna atención a sus argumentos para rebatirlos.

A estos y a otros empresarios cercanos al gobierno –y no digamos a otros más lejanos– no les gustaba nada, por ejemplo, que se gravaran las ganancias de las empresas (dividendos) que se le trasladaban a sus propietarios. No todos los miembros del gabinete con vínculos con el sector privado tenían la misma posición. Por ejemplo, Luis Alejos, ministro de Comunicaciones quien también venía del sector privado, nunca expresó una opinión contraria a la reforma tributaria. Imagino que en parte reconocía la necesidad de recursos para su propio Ministerio, aunque en general me dio la impresión de ser una persona bastante abierta en relación con el tema tributario.

Me sorprendió más que la ministra de Educación y antigua ministra de Finanzas, Ana de Molina, no apoyara claramente la reforma. Su argumento –expresado en reuniones del gabinete– era que primero había que aumentar el gasto social, con un nuevo presupuesto, para así poner de manifiesto los beneficios de este mayor gasto, y de esta manera proponer posteriormente la reforma fiscal aprovechando el amplio reconocimiento de los beneficios de este mayor gasto social. Lamentablemente quedó claro, en retrospectiva, que el aumento del gasto para apoyar actividades asociadas a la cohesión social no solo no disminuyó la oposición a la reforma fiscal sino que ocurrió lo contrario. Varios sectores temieron que mayores recursos se destinaran a los programas impulsados por Sandra Torres, con lo que podrían aumentar su caudal electoral, y por ello se oponían a la reforma. Además, resultaba difícil cuadrar las cuentas financieras si el aumento del gasto se daba sin un aumento paralelo de los ingresos.

Esta falta de apoyo también tenía que ver con la posición de la entonces primera dama. Durante esta etapa Sandra Torres tampoco apoyó de manera decidida la reforma fiscal y, además, a veces daba la impresión de que simplemente no reconocía que los recursos del Estado eran limitados. Con el paso del tiempo llegó a reconocer su importancia, como lo hizo el propio presidente, pero como tantos otros políticos temía que la reforma pudiera debilitar la situación del gobierno o reducir el número de votos a favor de la UNE en las elecciones del 2011.

En todo caso, durante el 2008 realicé, con el apoyo de mis colegas del Ministerio, un esfuerzo paralelo de cabildeo con el gabinete, donde la oposición era menor pero no por ello insignificante. A mediados de junio expresé argumentos que se convertirían en una especie de letanía que tendría que repetir continuamente durante los siguientes dos años: reiteré en el seno del gabinete lo que la propuesta contenía (reforma del ISR, IVA, vehículos, Código tributario y régimen aduanero) junto con la necesidad de vincularlo al tipo de país que queríamos, con más desarrollo social, rural, seguridad y transparencia; informé sobre el proceso de consulta con cooperativas, sindicatos, ONG, diputados y sector privado; expliqué lo importante que era ese momento para avanzar dado el previsible deterioro del capital político del gobierno, de prepararse para enfrentar la crisis, y que parte de la propuesta incluía gradualidad para no empeorar el impacto de la crisis; argumenté que aunque hubiera otras crisis coyunturales como la que involucraba a Meyer o a Otto Pérez no debía posponerse; reiteré mis críticas a los argumentos en contra, en el sentido de que la ejecución del gasto era adecuada, que no había pruebas de corrupción en el poder ejecutivo y que las medidas buscaban combatir la evasión y no afectar a los que ya pagaban bien sus impuestos; aclaré que ya habíamos tenido reuniones con columnistas para explicarles de qué se trataba la reforma, que no buscábamos la confrontación, y destaqué nuestra responsabilidad frente al mundo y frente a la historia. Hubo expresiones de apoyo, como las de Fernando Barillas, Orlando Blanco, Luis Ferraté, Haroldo Rodas y el propio presidente.

El Cacif y sus técnicos

Repiten aforismos sacados de viejos códigos.
Francisco Pérez de Antón

Desde antes de la toma de posesión ya Haroldo Rodas me había advertido que el sector privado quería eliminar el impuesto extraordinario y temporal de apoyo a los Acuerdos de Paz (IETAAP) –un impuesto mínimo que deben pagar casi todas las empresas–, sin que Álvaro Colom lo rechazara de entrada, como debería de haber ocurrido. Por ello habíamos avanzado desde el principio con reuniones con el Cacif, buscando neutralizar esta posición y buscando algún tipo de acuerdo a la luz de lo que era la propuesta del Grupo Promotor del Diálogo Fiscal. Y había que recordarles que el propio presidente del Cacif en ese momento, José Pivaral, había sido uno de los protagonistas más importantes en la negociación del Pacto Fiscal en el año 2000, con lo cual también se había comprometido a cumplir con los principios y las metas de recaudación tributaria del Pacto.

No podía desconocerse la capacidad de "veto" que históricamente había tenido el Cacif o los grandes empresarios en relación con el tema fiscal al estar dispuestos a acudir a casi cualquier acción para evitar reformas. Estas acciones habían incluido la huelga y el paro patronal, la compra de diputados, la movilización de los medios de comunicación en contra de reformas, la amenaza de sacar sus capitales del país y la presión al propio presidente de diversas maneras. Mi propio padre había sido víctima de una feroz campaña del sector privado en contra de una reforma que había impulsado a fines de la década de 1960, cuando fue ministro de Hacienda, y entre las diversas denuncias se le había acusado de comunista. Y los argumentos siempre eran los mismos: que había que utilizar mejor los recursos y ser más eficientes con el gasto, que había corrupción, que la economía tenía que crecer para generar más recursos tributarios pero que los impuestos detenían la inversión y el crecimiento económico, que no era el momento para aumentar impuestos, que el sector informal no pagaba impuestos y que no había que castigar a los empresarios, que eran los únicos que generaban empleo de manera sostenible.

Pero precisamente por esta tradición histórica de oposición era evidente que había que explorar posibilidades de llegar a algún tipo de acuerdo, aun cuando no se lograra un consenso total. El propio presidente favorecía el diálogo y la negociación con ellos y eso me pareció razonable.

En el transcurso de este acercamiento y negociación con el sector privado noté que tenía una capacidad notable para desdoblarse, lo cual se reflejaba en por lo menos tres niveles de interlocución más o menos institucional con el gobierno y con otros actores, además de los contactos y relaciones personales e informales entre miembros del sector privado y altos funcionarios del gobierno. Por una parte estaba el Cacif, encabezado por su presidente y constituido por los presidentes de cada una de las cámaras sectoriales (industria, agricultura, construcción, banca, comercio, pequeña y mediana empresa, etc.) con tensiones entre ellos, a veces reflejados en rupturas temporales y reconciliaciones posteriores. Esta instancia nombró desde el principio del nuevo gobierno a una comisión especial, que incluía a su presidente José Pivaral, y a Luis Miguel Castillo, Álvaro Mayorga, Armando Boesche, y a Edgardo Ruiz, a veces complementada por otros, para tratar el tema de la política fiscal. Se reunían con otra comisión de gobierno, en que estábamos Haroldo Rodas, Edgar Barquín y yo, y que se suponía que tenía una interlocución de carácter político.

El diálogo con esta comisión ayudó a que se diera cierto acercamiento personal que permitió por lo menos disipar algunas dudas, fantasmas y prejuicios que en Guatemala son tan importantes, y que reflejan la existencia de esa especie de archipiélago en el que coexisten grupos o estratos sociales que ni se hablan entre sí. Les explicamos desde la estrategia más amplia del gobierno hasta el contenido de la propuesta de reforma del ISR, aunque éste evidentemente no les gustaba y trataban por diversos medios de atrasar la discusión. Cuando ya era evidente que íbamos a avanzar con base en las propuestas del Grupo Promotor, que estábamos convirtiendo en un proyecto de ley, se acordó conformar un grupo técnico que discutiera los detalles, primero de la propuesta del Grupo Promotor y después del proyecto de ley.

En abril de 2008 se constituyó esta instancia, en la cual participaban los técnicos del Cacif, y que incluían a Gilberto Batres, Alfredo Marroquín, Edgardo Ruiz y Julio Monterroso, especialmente. Por el lado del gobierno incluía a Carlos Barreda, Ricardo Barrientos, Alma Quiñones, Saúl Donado, Abelardo Medina, junto con Miguel Gutiérrez como secretario técnico del Grupo Promotor. Esta instancia técnica discutió con profundidad la propuesta del Grupo Promotor y se llegaron a establecer las áreas en que había acuerdos y disensos con el equipo del gobierno.

La verdad es que a nivel técnico se lograron avances significativos, aunque parciales, y el ánimo era positivo y a veces hasta cordial. En general, las sesiones en que nos reunimos funcionarios del Ministerio de Finanzas con los distintos niveles del sector privado se caracterizaron por el respeto y la cortesía, y aun cuando hubo críticas fuertes de parte de un lado o del otro, este comportamiento recíproco se mantuvo. Y comenzamos con una labor explicativa, como habíamos hecho con otros sectores, y luego determinamos convergencias o divergencias.

Aunque había reformas propuestas para combatir la evasión de impuestos indirectos (IVA, automóviles, el Código tributario y aduana) lo que más le preocupaba al Cacif era la reforma al impuesto sobre la renta. Por ejemplo, en la propuesta del Grupo Promotor se planteaba cobrar en torno a un 5% a los ganancias (dividendos) distribuidos a los propietarios de las empresas pero sin cobrar el impuesto si se reinvertía en la empresa. Esto no les gustó. Tampoco les gustó que se le cobraran impuestos a los ingresos que sus empresas ganaban fuera de Guatemala. Preferían que los impuestos se aplicaran sólo a lo que las empresas guatemaltecas ganaban en el país, a diferencia de lo que hacen las administraciones tributarias en cada vez más países.

Sin embargo, surgieron posibilidades de acuerdos en otras áreas en las que se proponían reformas. Estas incluían imponer un tope máximo a los intereses que podían aceptarse como costos deducibles, o requerir que los gastos debían estar bien documentados para que pudieran ser considerados deducibles, o aplicar tasas más homogéneas a los no residentes en Guatemala. Y estos acuerdos o desacuerdos servían para precisar o matizar el proyecto de ley que en esos momentos los mismos técnicos y asesores del Ministerio de Finanzas y de la SAT estaban formulando. Así que a pesar de las diferencias nuestra voluntad política y el dominio técnico del equipo gubernamental se manifestaban en explicaciones amplias, en iniciativas y en la búsqueda de soluciones, lo cual daba una impresión de movimiento y de avance que no era fácil resistir.

En Washington con los diputados

En la gruta hay demasiado olvido, demasiada ficción, demasiada vulgaridad.

Rubén Nájera

Mientras realizábamos una serie de reuniones con organizaciones sociales y el sector privado, simultáneamente, con el apoyo del Banco Interamericano de Desarrollo (BID), organizamos un seminario con los miembros de la Comisión de Finanzas del Congreso del 19 al 21 de mayor del 2008. Ya habíamos tenido reuniones bilaterales con diputados pero nos interesaba avanzar con esta Comisión, como primer paso para obtener un dictamen favorable para que la propuesta de reforma pudiera luego ser presentada al pleno y eventualmente aprobada.

Pero son conocidas las dificultades de convocar a los diputados. Una de las características del Congreso 2008-2012 durante mi gestión fueron las innumerables suspensiones de las sesiones del pleno o de la Comisión de Finanzas por "falta de quórum". Podían asistir algunos pero siempre había ausentes, era probable que estuvieran recibiendo y haciendo llamadas, llegando tarde y saliendo temprano, abandonando la sesión para atender emergencias o para demostrar que ante su ausencia era imposible conformar el quórum, y concentrándose en cualquier cosa que no era el tema central de la sesión. A ello se sumaba el interés en levantar temas que no necesariamente eran los convenidos y siempre con un ojo en la prensa, que probablemente era el actor que más preocupaba a los diputados y ante el cual hacían todo lo posible por tratar de transmitir algún mensaje de atención política inmediata que contribuyera a su reelección. ¡Cuántas veces no me citaron las bancadas Guatemala, Libertad Democrática Renovada (Lider), del Partido Patriota (PP), del Frente Republicano Guatemalteco (FRG) o de la Gran Alianza Nacional (Gana) para simplemente presentar ante la prensa exigencias de más recursos para grupos que iban desde los bomberos y los adultos mayores hasta medicamentos u ONG en el campo de la salud, o que eran una simple denuncia publicitaria de programas como el de transferencias condicionadas de efectivo, Mi Familia Progresa, o de entrega de alimentos, Bolsa Solidaria!

En todo caso, originalmente habíamos contemplado hacer una reunión con los diputados en Antigua para evitar algunos de estos problemas. Pero varios de los que mencioné también se hubieran dado allí, así que con la colaboración del BID organizamos una reunión en Washington. Con su apoyo logramos superar nuestra idea original, en el sentido de que ya no buscamos únicamente explicar el contenido de la propuesta de reforma sino también pretendimos darles a los diputados una visión más amplia de la política fiscal y un atisbo de la propia experiencia del Congreso de Estados Unidos frente al tema. Ello también era congruente con el objetivo del BID de: "Proveer un espacio neutral de diálogo para formular elementos de juicio técnicos que contribuyan al análisis de la Propuesta de Modernización Fiscal que entendemos el Gobierno presentará al Congreso este año... El BID actúa en seguimiento de las expresiones de apoyo de su presidente, Luis Alberto Moreno, al objetivo del Gobierno de Guatemala de modernizar las finanzas públicas del país...", como indicó en su comunicado de prensa.

El seminario se llevó a cabo y asistieron casi todos los miembros de la Comisión, aunque no Roxana Baldetti, representante del PP en la Comisión y jefa de esa bancada. También estuvieron presentes otros jefes de bancada como Mario Taracena de la UNE, que en ese momento no estaba en la Comisión de Finanzas, y Jaime Martínez Lohayza de la Gana. Por parte del gobierno central participamos Carolina Roca, superintendente de la SAT en ese momento, Carlos Barreda, otros técnicos del Ministerio y de la SAT y yo. Además de nuestras presentaciones hubo otras complementarias de funcionarios del BID, y en la reunión también nos acompañaron funcionarios del Fondo Monetario Internacional y del Banco Mundial expertos en el tema.

Se presentaron las propuestas (reforma del impuesto sobre la renta, del IVA, de impuestos a vehículos, código tributario y aduanas) así como algunas consideraciones sobre las perspectivas de la economía mundial. Llamó la atención la presentación de Ernesto Stein, jefe economista del BID para Centroamérica, quien comentó –como indiqué antes– que el Estado de Guatemala padecía de "desnutrición crónica", al referirse a la falta de fondos para inversión social.

El último día los diputados guatemaltecos visitaron el Congreso de Estados Unidos, conocieron sus sistemas de apoyo técnico y se reunieron con algunos diputados norteamericanos. A la prensa se le informó de la reunión e inmediatamente hubo cuestionamientos y críticas de columnistas cercanos al sector privado que denunciaron desde el derroche de recursos –aunque el BID y no el gobierno financió el evento– hasta la denuncia de actores externos que nos estaban exigiendo impuestos para que tuviéramos la capacidad de pagar la deuda que teníamos con ellos.

La descalificación que José Raúl González Merlo expresaba a través de su columna en *Prensa Libre* el 26 de mayo era clara:

> No dudo que nuestros diputados la debieron haber pasado bien. Seguramente, fueron atendidos por un espléndido anfitrión y la fortaleza del quetzal les debió haber abaratado el shopping. El único problema es que todo el propósito del viaje fue "seducirlos", en un ambiente controlado, para que apoyen el incremento de impuestos que planea el Gobierno. Tan sólo haber aceptado la invitación ya es un insulto para los ciudadanos que votaron por diputados que prometieron, durante la campaña electoral junto a sus respectivos candidatos presidenciales, que no subirían los impuestos.

Pero no terminaba allí la crítica; la insinuación

de farsantes al no cumplir compromisos adquiridos, y de corrupción o irresponsabilidad –el *shopping*–, se combinaba con el mensaje velado de traición a la patria, puesto que además se estaban vendiendo, como prostitutas, ante un organismo extranjero:

> Con viaje al BID o sin viaje al BID, es importante hacerle saber a todos los diputados y a sus ex candidatos presidenciales que aún no se nos olvida su plataforma electoral: no aumentar impuestos. 'Turistear' a costillas del BID se les perdona. Lo imperdonable e inadmisible es darle la espalda a la ciudadanía apoyando un aumento de impuestos luego de venderse, cual prostitutas, a los intereses del BID.

Por supuesto, no todos los diputados compartían esta opinión. José Alejandro Arévalo, diputado del Partido Unionista, expresó por la vía de un comunicado del Congreso lo siguiente:

> Noticias del Congreso de la República en De Guate.Com
>
> Taller sobre la Modernización de las Finanzas Públicas
>
> El Diputado José Alejandro Arévalo Alburez, tuvo una participación relevante durante el Taller "El Papel del Congreso de la República en la Modernización de las Finanzas Públicas de Guatemala", realizado en Washington D. C., en la sede del Banco Interamericano de Desarrollo (BID). (Autor: José Alejandro Arévalo Alburez , 19/Junio/2008, 17:22)
>
> [...]
>
> La bienvenida al Taller la dio Luis Alberto Moreno, Presidente del BID, y durante nueve sesiones plenarias se analizaron temas como: "El Rol del Congreso en la Reforma Fiscal", "Nuevas Tendencias de la Tribu-

tación" y "Buenas Prácticas de administración Tributaria". Las conferencias las dictaron expertos del BID, Banco Mundial y Fondo Monetario Internacional.

El Taller contó con la presencia del Ministro de Finanzas Públicas de Guatemala, Juan Alberto Fuentes Knight, quien expuso sobre "Las Bases de la Reforma Fiscal en Guatemala"; y con la intervención de la actual Superintendente de la SAT, Carolina Roca, al disertar sobre el "Contenido de la Ley Antievasión II".

El Diputado Arévalo Alburez reaccionó con cautela ante los planteamientos de Reforma Tributaria presentados por el Ministro de Finanzas, recordando que como miembro del Grupo Promotor del Diálogo Fiscal (GPDF), se opuso vehementemente al aumento de tasas impositivas, especialmente del IVA y del ISR.

El Diputado Unionista, aún reconociendo la necesidad de modernizar el sistema fiscal de Guatemala, enfatizó en la necesidad de darle la misma importancia a la transparencia y efectividad del gasto e inversión pública, y no sólo a lo tributario. Finalmente, recomendó que se tomara en cuenta el contexto económico internacional y su impacto en el país, a fin de acelerar el conocimiento de las iniciativas que, en su opinión, deben emitirse en un marco de prudencia y gradualidad, que las circunstancias demandan.

No cabe duda que la amplia experiencia profesional y el profundo conocimiento financiero del Diputado José Alejandro Arévalo Alburez, permitió un valioso intercambio de conocimientos y experiencias en relación a la modernización de las finanzas públicas de Guatemala, los cuales sirven para su trabajo en el Congreso de la República y dentro de la Comisión de Finanzas (del cual es miembro integrante).

No se obtuvo un apoyo o compromiso contundente de los diputados a favor de la reforma, y tampoco pretendíamos tanto, pero la reunión sirvió para explicar bien de qué se trataba al tiempo que se comunicaba el apoyo de la comunidad internacional, en este caso representada simbólicamente por el BID. También dimos un mensaje claro, nacional e internacional, acerca de la voluntad del gobierno de avanzar con la reforma.

Por supuesto, hubo algunas divergencias o choques, como la que se suscitó entre Mario Taracena y Carolina Roca por las críticas un tanto fuera de lugar del primero, que denunció que había tomado mucho tiempo la instalación del equipo de control en las aduanas de los puertos. Esto no facilitaba la constitución de una sólida alianza entre el poder ejecutivo –de la cual Carolina Roca era parte– y la parte del poder legislativo –la bancada de la UNE, en particular– que debía apoyar la reforma. Afortunadamente no tuvo mayores consecuencias y, además, hubo otros diputados como Manuel Barquín de la Gana que destacó la evolución positiva de la SAT.

Yo había apoyado la continuidad de Carolina Roca en su cargo a pesar del cambio de gobierno porque consideraba que había desempeñado bien su trabajo y que su permanencia fortalecía la institucionalidad de la SAT y también le daba confianza al sector privado de que esta institución no se convertiría en una fuente de acoso tributario arbitrario, como había ocurrido en el pasado o en otros países. Una reforma tributaria sin una administración tributaria fuerte, confiable, neutra y sujeta al Estado de derecho no era conveniente y posiblemente tampoco factible. El presidente Colom me apoyó plenamente en relación con este tema, pero la posición de Carolina Roca en el gobierno no era del todo cómoda y supongo que esta confrontación con Mario Taracena fortaleció su decisión de dejar el cargo a los pocos meses, que imagino era uno de los objetivos del diputado.

En el seminario de Washington me llamó la atención la asistencia puntual y completa de casi todos los diputados, con dos excepciones, lo cual también ponía de manifiesto cierto interés y seriedad en relación con el tema, y apuntaba a posibilidades de avanzar. Habíamos compartido información y logrado cierto acercamiento conceptual entre funcionarios de gobierno y la mayor parte de los diputados presentes sobre la reforma, además de llegarnos a conocer mejor.

Pero también percibí una luz amarilla que en su momento no fue más que una anécdota desagradable. Manuel Baldizón, en ese momento presidente de la Comisión de Finanzas, insistió en que yo tenía que invitar a los miembros de la Comisión a una cena en Washington DC, con ese estilo entre amigable y amenazador que lo caracteriza. La insistencia de Baldizón y de otros diputados, y la necesidad de mantener un ambiente favorable, me obligaron a aceptar el compromiso; fue casi un chantaje. Ni intenté utilizar recursos del Ministerio para cubrir ese gasto, pues no me parecía correcto en términos éticos, como servidor público, pues hubiera significado gastar recursos públicos para cubrir necesidades superfluas de personas que ya eran pagadas por el Estado. Además, obviamente podría tener consecuencias políticas negativas, al estar buscando una reforma que generaría más recursos al mismo tiempo que estaba despilfarrando esos recursos.

No había escapatoria y me tocó pagar. Lo hice a pesar de abusos como los de una diputada de la UNE que pidió langosta –en contraste con otra de la oposición que solo pidió un sándwich– y de lo que luego se extendió a solicitudes de *whisky*, que después de la primera vuelta logró detener oportunamente Mario Taracena. Pagué con mi tarjeta de crédito lo que ha sido la cena más cara de mi vida, y que representó como una cuarta parte de mis ingresos de ese mes, a pesar de que Carlos Barreda me apoyó con aportes propios.

Esta "invitación" fue un abuso, pero quizás más preocupante y grave es que puede interpretarse como una invitación a la corrupción, como "tentación para pecar", en la medida que pensaron que yo acudiría a recursos públicos para cubrir esta cena, lo cual hubiera tenido implicaciones éticas y políticas nefastas. Pocos meses después, en mi primera interpelación en el pleno del Congreso por parte del Partido Patriota, el diputado Alejandro Sinibaldi me exigió información detallada de todos los gastos de viáticos y pasajes cubiertos por el Ministerio, incluyendo información pormenorizada sobre los gastos pagados con la tarjeta de crédito del Ministerio de Finanzas. Pero el Ministerio no proporcionaba tarjetas de crédito a sus altos funcionarios. Como se dice popularmente: "El león juzga por su condición".

El veto del G-8

El sector empresarial influye en la formulación de políticas en toda América Latina, pero en ningún lugar tanto como en Guatemala.

Banco Interamericano de Desarrollo

El avance con el Congreso preocupó más al sector privado, como lo pusieron de manifiesto sus columnistas en la prensa escrita en mayo de 2008. En la interlocución con el sector privado la discusión detallada comenzó a parecer una táctica dilatoria y los argumentos que planteaban los representantes del Cacif se ampliaron: desde la necesidad de llegar a acuerdos sobre planteamientos estratégicos o globales, hasta la expresión de dudas acerca de si estábamos en una etapa de mero intercambio técnico de bajo nivel o si realmente eran reuniones con un contenido político. Y luego se agregó otra excusa que utilizarían muy seguido posteriormente: necesitaban tiempo para comprender la propuesta, tenían que estudiarla y discutirla con nosotros y entre ellos. De manera hábil buscaban atrasar las discusiones y no llegar a acuerdos sobre los aspectos específicos de la propuesta.

Pero lo importante es que pronto comenzó a operar otra instancia de interlocución, la del G-8. Como indiqué previamente, este grupo incluía a los grandes empresarios guatemaltecos como Juan Luis Bosch del conglomerado agroalimentario-inmobiliario-financiero Gutiérrez-Bosch, Juan Miguel Torrebiarte del Banco Industrial, Mario Montano o Thomas Dougherty de Cementos Progreso, Rodrigo Tejeda de la Cervecería de la familia Castillo, José Luis Valdés del Banco Agromercantil, y Fraterno Vila de los ingenios azucareros. Ejercían un liderazgo informal en relación con el Cacif, pero sin que tomara la forma de una subordinación incondicional de esta entidad frente al grupo de grandes empresarios. Y tanto el presidente del Cacif como muchos de estos grandes empresarios tenían posibilidades de acceso al presidente Colom y a otros que lo rodeaban, como su secretario privado, Gustavo Alejos, empresario como ellos.

Yo estaba muy consciente de la importancia de tener acceso al presidente. Mario Solórzano Martínez, uno de los fundadores, con mi padre, del Partido Socialista Democrático (PSD), consumado analista político, articulador de procesos de concertación y con un gran sentido del humor, me había advertido sobre su importancia hacía años, bastante antes de su prematura muerte en el año 2000. En particular, me había explicado que durante su gestión como ministro de Trabajo en el gobierno de Jorge Serrano Elías había sido decisivo contar con ese acceso al presidente. Y yo siempre tuve acceso al presidente Colom durante mi período de gestión, como creo que corresponde a un ministro de Finanzas.

Pero también noté que muchos empresarios tenían ese acceso, cuando creo que debería haber sido más selectivo, institucional e incluso transparente, de manera que la ciudadanía estuviera enterada de estas reuniones. Posteriormente, a fines del 2010, no pude dejar de contrastar la reunión convocada por el primer ministro Rodríguez Zapatero de España con los 50 empresarios más importantes de su país, que se celebró en La Moncloa de acuerdo con una fecha y hora previamente conocida por la prensa. Aunque los medios de comunicación no tuvieron acceso directo a la reunión, conocieron de los resultados y entrevistaron a varios de los asistentes. Ello contrastaba con tantas reuniones con dirigentes empresariales, G-8, Cacif u otros, que se llevaban a cabo discretamente en Casa Presidencial, la casa de la zona 14, en la casa del secretario privado de la Presidencia, Gustavo Alejos, o en la casa de algún ministro.

En todo caso, en la medida que la propuesta de reforma tributaria se fue convirtiendo en algo más "serio", con mayores posibilidades de ser aprobada, más se intensificó la actividad centralizada o descentralizada, institucionalizada o personalizada de estas instancias del sector privado, incluyendo su interlocución con diversos actores del gobierno, especialmente al nivel del presidente y sus más cercanos allegados, como su secretario privado. Así, a las pocas semanas de que se habían iniciado las reuniones periódicas de las comisiones Cacif-gobierno también comenzaron a intensificarse las reuniones del G-8 con el presidente y sus allegados, incluyéndome a mí en varias de éstas aunque no en todas.

Pero por otra parte lamentablemente para el 3 de junio de 2008 ya comenzamos a alcanzar un *impasse* con el Cacif. Los síntomas eran evidentes, y Carlos Barreda me envió un día antes el siguiente mensaje por correo electrónico:

> Platicamos con Roberto Ardón [director ejecutivo del Cacif] y acordamos trasladar la reunión para mañana (martes 3 de junio) a las 16:30 hrs en Cancillería. Según lo que indica Roberto Ardón la reunión sería para darle continuidad a la última que tuvo lugar con el Presidente. La idea es discutir el camino a seguir (la ruta), luego de haber agotado la fase de explicaciones de los contenidos de cada una de las iniciativas. La

> reunión se perfila como política y todavía no sería para negociar (incluso ellos han planteado que tienen que retirarse a las 18:00 hrs.)

Y agregaba algo que era clave:

> Creo que Cacif busca ganar el mayor tiempo posible y evitar cualquier posibilidad de negociación real. Me parece que el sector privado ya tomó su decisión de oponerse a la reforma. La información que tenemos es que ya están trabajando en el Congreso de la República.

En esos días el presidente, Gustavo Alejos y otros funcionarios cercanos al sector privado como Carlos Meany, el ministro de Energía y Minas, y yo, sostuvimos reuniones con el Cacif y con el G-8. Ya no fueron convocados a estas reuniones Haroldo Rodas o Edgar Barquín, poniendo de manifiesto esa falta de continuidad de equipos de trabajo y de equipos negociadores, una debilidad institucional y gerencial que no permitía que le diéramos un buen seguimiento, especialmente político, a lo que hacíamos. Estas reuniones, un tanto desordenadas –lo cual ya no me sorprendía–, fueron convocadas por el presidente para explicar la propuesta de reforma o para justificarla, lo cual él hizo en algunas ocasiones destacando la importancia de financiar la seguridad, el desarrollo social y la gobernabilidad. En ocasiones se tocaban otros temas como la posibilidad de que Guatemala se adhiriera a Petrocaribe o los problemas de seguridad ciudadana.

Sin embargo, cuando se trataba del tema económico crecientemente se fueron volviendo instancias para escuchar las reacciones del sector privado frente a la propuesta de modernización fiscal y sobre las perspectivas económicas negativas en ese momento, lo cual tenía la inevitable consecuencia de convertirse en prolongados lamentos. Así, las críticas fueron pasando de cuestionamientos generales de la propuesta, a críticas basadas en lo negativo que resultaba aumentar los impuestos precisamente en un momento de crisis. Orbitaban en torno a añejos alegatos, como que la reforma castigaba la inversión al no contribuir a la certeza y erosionaba la competitividad al aumentar los costos en momentos especialmente inoportunos, debido a la crisis económica que se estaba viviendo. Era mejor combatir la evasión y hacer que el sector informal pagara los impuestos que le correspondía. También había diversidad: uno de los participantes lamentaba que narcotraficantes habían tratado de comprar su finca y otro tenía una posición bastante flexible en relación con la reforma del ISR. Contrastaban las posiciones más abiertas de personas como Rodrigo Tejeda y José Luis Valdés con las posiciones más duras de otros como Juan Luis Bosch y de Juan Miguel Torrebiarte. Estas se reflejaban no solo en lo que decían sino también en sus gestos: recuerdo una vez que Juan Luis Bosch, en presencia del presidente, hizo una presentación y luego abandonó la reunión sin escuchar reacciones.

Lamentablemente los síntomas de recesión de la economía mundial comenzaban a ser cada vez más evidentes, y Juan Luis Bosch era especialmente elocuente en destacarlas. Si bien todavía no había estallado la crisis financiera, era evidente que la economía mundial crecería menos, y que las locomotoras tradicionales que han jalado a la economía guatemalteca, como la economía norteamericana y europea, estaban desfalleciendo. Yo trataba de rebatir los argumentos de Bosch & Co. pero en esas reuniones yo estaba en franca minoría y, aparte de un apoyo general del presidente, no encontré apoyo entre los otros funcionarios de gobierno que estaban presentes con el G-8. Tomando en cuenta sus observaciones, así como las propias discusiones en el gabinete, el 18 de junio le envié al presidente un listado de argumentos, que trabajamos en el Ministerio, sobre la reforma tributaria para enfrentar la crítica del G-8 y asociados. Parte de lo que le envié al presidente era lo siguiente:

En primer lugar, ante al argumento de que la reforma no era oportuna en ese momento el documento planteaba lo siguiente:

> Nunca hay un momento ideal para una modernización fiscal. Siempre se podrán encontrar argumentos de coyuntura, políticos (problema Meyer, problema Otto Pérez) o económicos...
>
> Frente a los argumentos de coyuntura política debe reconocerse que temas profundos de agenda, de carácter estratégico como la propuesta de modernización fiscal, no deben depender de la ocurrencia o no de problemas políticos coyunturales. Pequeños ajustes pueden requerirse, pero no justifican postergar indefinidamente una reforma fundamental para el país. Más importante que lo anterior es que debe reconocerse que el capital político de un gobierno es mayor al principio de su gestión. En la medida que pasa el tiempo, tiende a depreciarse y tiende a perderse la oportunidad de hacer reformas. Es por ello que Ricardo Lagos recomienda que si se quiere impulsar una reforma fiscal debe hacerse al principio del gobierno.

En segundo lugar, el documento proponía como respuesta a la crisis, la gradualidad:

> Frente a una crisis como la actual, un ... argumento a favor de la modernización fiscal surge de la gradualidad en la implementación de la propuesta. Ello permite implementarla con un mínimo de daño para los sectores productivos. La desaceleración de la economía mundial no está prevista para ir más allá del 2009. En el caso de la propuesta de modernización fiscal la gradualidad se reflejará en que la tasa del régimen general, del 5%, se mantendrá en ese nivel en el 2009, en que la tasa impositiva aplicable a dividendos aumentará del 3 (actualmente mediante el timbre) a solo 5%, en que se permitirá deducciones de 100% del IVA para el pago del ISR por parte de trabajadores en relación de dependencia, y en que mecanismos más especializados de mayor control (como el control de precios de transferencias, a establecerse en el 2011) solamente se introducirán gradualmente.

Por último, había que enfrentar los argumentos más "clásicos" del sector privado, los que siempre mencionaban.

Frente al argumento de que hay que combatir la evasión antes de crear nuevos impuestos se proponía lo siguiente:

> La iniciativa que se está presentando está dirigida primordialmente a combatir la evasión tributaria. Los que ya están pagando lo que corresponde, sin magnificar sus costos y gastos, o sin disminuir sus ingresos, no pagarán más en el 2009... Únicamente serán las empresas que aparentan muy bajos ingresos netos (o pérdidas "permanentes") las que se verán obligadas a reportar

costos e ingresos más cercanos a la realidad y que por consiguiente tendrán que pagar más.

Frente al argumento de que las reformas tributarias son contrarias a la "certeza" que se requiere para realizar inversiones:

> La modernización fiscal significa que se establecen reglas claras para los inversionistas y para las personas en general. En vez de contar con impuestos temporales y extraordinarios (IEMA, IETAAP), se establece una base legal sólida con ingresos predecibles, que le permite tanto a las empresas como al Estado planificar bien sus gastos.

Frente al argumento de que los impuestos castigan la competitividad, al aumentar los costos de invertir:

> La competitividad de Guatemala no depende ni debe depender de la existencia de impuestos bajos. Depende de condiciones adecuadas de seguridad, de mano de obra calificada, de infraestructura, de capacidad empresarial y de un clima social y de negocios adecuado. Lograr que existan estas condiciones requiere más y mejor gasto público y no su reducción. Los países que actualmente están reduciendo sus impuestos son países que ya tienen grandes montos de recursos (México, con su petróleo y Estados Unidos y España con cargas tributarias cercanas o superiores al 30%). Reducir los impuestos en Guatemala es erosionar seriamente la capacidad del Estado de apoyar el desarrollo de la competitividad, de defender a los más pobres y de garantizar la gobernabilidad.

Pero se necesitaba algo más que argumentos para enfrentar la ofensiva del sector privado, y la tibieza y debilidad política del gobierno para avanzar se hizo evidente a principios de julio. De acuerdo con el cronograma ya ajustado que teníamos, correspondía presentar el proyecto de ley –que ya teníamos después de un arduo trabajo de los técnicos y asesores del Ministerio de Finanzas y de la SAT– al Congreso. Yo ya lo había enviado al secretario general de la Presidencia, para que pudiera ir con la firma del presidente al Congreso que, de acuerdo con los procedimientos normales, significaría que primero debía pasar a la Comisión de Finanzas para su dictamen y luego al pleno para debate y eventual aprobación.

Mi posición era que la discusión con el sector privado podía seguir, pero sin que impusieran un veto a la posibilidad de que se discutiera en el Congreso. El proceso de discusión con el sector privado a nivel técnico no era negativo, pero se había vuelto lento, y ellos mismos se habían adelantado al iniciar un cabildeo con el Congreso para impedir avances. Esto volvería a repetirse en el futuro, por cierto. En esas condiciones, considerábamos en el Ministerio que había que mantener el paso e involucrar directamente a otros actores políticos en el proceso –los diputados– aunque siempre abiertos al diálogo con el sector privado y a la posibilidad de introducir modificaciones a la propuesta, aun cuando ya estuviera en el Congreso. El apoyo mayoritario del Congreso estaba lejos de estar garantizado, pero al llevar el tema de la reforma allí, ampliábamos nuestros márgenes de acción.

El presidente no quiso dar ese paso. Los grandes empresarios le solicitaron reunirse con él, sin mi presencia, y él lo permitió y, peor aún, permitió que lo convencieran de que cambiara su posición. No sé qué argumentos utilizaron, qué promesas o qué amenazas. Pero la manera de detener el proceso fue volver a plantear el tema en el gabinete, ya con línea para que algunos expresaran su oposición. Para mí fue una ducha de agua fría. A los pocos días escribí lo que sentía en mi cuaderno de notas, que llevaba a todas mis reuniones. El texto de lo que pensé en aquel momento es el siguiente:

> El 3 de julio se iba a presentar el PMF [Programa de Modernización Fiscal, al Congreso]. El sábado anterior una reunión solicitada por el G-8 con el Presidente, y excluyéndome a solicitud de ellos, dio lugar a la decisión del presidente que se postergara. La decisión tomó la forma de lanzar el tema a la discusión en el gabinete, que al discutir el tema se dividió en dos: los representantes vinculados al sector privado, en contra de la MF, y los que tenían una orientación más social demócrata, que se pronunciaron a favor. Los argumentos en contra sonaron tristemente familiares, iguales a los que durante tantos años ha expresado el sector privado en contra de cualquier reforma tributaria.
>
> Quedó en el aire –como se pretendía–, creo (aunque también creo que se subestimó el grado de polarización que se generaría), la duda sobre el envío del proyecto al Congreso. En realidad GA [Gustavo Alejos] había hecho un cabildeo –parece que a instancias de AC [Álvaro Colom]– para que el sector empresarial del gobierno se pronunciara en contra de la MF. Mi reacción, aparte de expresar mi opinión a favor, etc., fue tratar de disimular el paso atrás, pidiendo que se informara que por el problema con Otto Pérez se había decidido –ante el clima desfavorable en el Congreso– no enviar la iniciativa al Legislativo. Pero era innegable: dimos un paso atrás.

> Pero AC parece haberse 'puesto la camiseta' de la MF después de esa reunión de gabinete. En particular, impulsó una reunión con el sector empresarial del gobierno y se lanzó en una campaña para obtener los votos en el Congreso para tres iniciativas (aprobar la ampliación presupuestaria, la MF y Petrocaribe). Impulsó la labor a favor de la MF frente al G-8 con una presentación donde destacaba los recursos con que se contaba y lo que se podía hacer con ello, en contraste con lo que se quería: p. ej. solamente podemos dar el 30% de seguridad con los recursos que tenemos. Tuvo una reunión con el G-8 con este enfoque. Yo no estuve presente porque estaba en una reunión de ministros de Finanzas en México, pero el resultado parece haber sido positivo, aunque condicionado. Por un lado el G-8 dijo que sí, que estaba de acuerdo con avanzar, pero por otro indicaron que se discutirían los "detalles" con los "técnicos" del Cacif al día siguiente.
>
> Sin embargo, cuando los "técnicos" (P. Pivaral, A. Boesche & Co.) llegaron y se reunieron con Gustavo A. [Alejos], Arnoldo N. [Noriega] y otros, la respuesta fue que la reforma era inoportuna, innecesaria y no-moderada (radical).

La necesidad de llegar a un acuerdo previo con el sector privado, antes de enviar un proyecto de ley al Congreso, o de no hacerlo y esperar a que la iniciativa de ley estuviera en el Congreso como base para negociar con el sector privado y sin darles un derecho a veto, volvió a plantearse más adelante. Tuvimos la oportunidad –rara en la vida real– de experimentar cuál estrategia podría ser mejor, si hacer esa consulta previa antes o durante el proceso de aprobación en el Congreso. Pero la realidad también se encargó de complicar el experimento. Hubo dos ocasiones en que llegamos a acuerdos con el sector privado y una en que no lo logramos, pero en los tres casos había un ingrediente que faltó –la decisión contundente y estratégica del presidente–, y que resultó más importante, como argumentaré después de explicar lo que ocurrió con cada caso.

Por otra parte, fui iluso al tener esperanzas con lo que en aquel momento llamé "la puesta de la camiseta" del presidente. Sospecho que él tenía sentimientos contradictorios y aquí se manifestaba quizás una de sus mayores debilidades: tomaba una decisión y luego la cambiaba, y dejaba en el aire una impresión de indecisión. Creo que posteriormente cobró conciencia de la necesidad prioritaria de avanzar en este campo, pero ya con un poder diluido. En este caso no quiso una confrontación directa con los empresarios y *El Periódico* del 11 de agosto de ese año lo cita: "Entendemos perfectamente el temor de los empresarios sobre el ISR... este queda para discutirse en diciembre, pero con el compromiso de un sustituto del IETAAP, hasta que salga la nueva ley del ISR".

Creo que un dirigente debe preservar sus espacios para cambiar e incluso para contradecirse en ciertas condiciones, pero una actuación continua de este tipo a la hora de impulsar acciones estratégicas termina por negar ese carácter prioritario de lo que se está haciendo. Y la reforma fiscal, sin negar la necesidad de que estuviera sujeta a negociaciones, y a juegos de cintura, requería esa voluntad y decisión firme, estratégica, decidida y contundente para poder ser exitosa.

Wikileaks posteriormente filtró un cable enviado desde la Embajada de Estados Unidos en Guatemala donde se informaba de una conversación sostenida el 8 de julio de ese año entre el embajador de Estados Unidos y el presidente, durante la cual éste le comunicaba al embajador –entre otras cosas– que no creía que el Congreso aprobara la reforma tributaria que se estaba proponiendo. Pero no era el Congreso; era el sector privado, que el presidente no se había atrevido a confrontar. Y lo que el presidente le comunicó al entonces embajador revelaba la ausencia de una voluntad presidencial de "jugársela" y de "ponerse la camiseta" de la reforma tributaria, a diferencia de lo que yo había creído percibir cuando escribí mis notas sobre el retroceso de la reforma. Me había equivocado, otra vez.

En todo caso, y como consecuencia del compromiso asumido por el presidente y su secretario privado con el G-8, se conformó un equipo facilitador para avanzar y en la práctica se inició una nueva etapa de negociación que culminó con una especie de acuerdo que básicamente postergó la presentación de la reforma del ISR, sujeto a que se llegara a un acuerdo con el sector privado –que continuaba ganando tiempo– y se convino avanzar con la parte de la iniciativa que tenía que ver con la tributación indirecta para presentarla inmediatamente al Congreso. Nuestro intento de impulsar una reforma integral, que incluyera al impuesto sobre la renta, había fracasado. El Cacif y algunos miembros del gabinete, incluyéndome, firmamos un acuerdo el 1 de agosto del 2008. Concretamente establecía que la propuesta de reforma del ISR se presentaría, sujeto a una discusión con el sector privado, a partir del 1 de enero del 2009, y que la propuesta de tributación indirecta (que incluía lo referente al IVA, vehículos, Código tributario y régimen aduanero) se presentaría a partir de agosto del 2008. También se acordó avanzar con mejoras en la transparencia del gasto y con la implementación de la agenda de competitividad.

El apoyo al ministro de Finanzas

Este retroceso me hizo reflexionar sobre otro tema, que se volvería repetitivo: ¿con cuánto apoyo contaba como ministro de Finanzas? En realidad, aquí también había otra limitación, que han enfrentado muchos de mis antecesores en Guatemala. A pesar de que mi nombramiento de alguna manera traía implícita la idea de que se implementaría una reforma tributaria, inicialmente Álvaro Colom no parecía totalmente convencido sobre la necesidad de impulsarla cuando comenzó su gobierno. Lo fuimos convenciendo posteriormente de que sí era necesaria y, quizás más importante, él mismo reconoció su prioridad posteriormente aunque ya tarde y sin "jugársela". En su gradual proceso de convencimiento jugaron un papel importante la propia realidad, que continuamente ponía de manifiesto los serios problemas que teníamos debido a la escasez de recursos, y el papel aclarador que en relación con este tema jugaron los miembros de su *staff* político.

Como indiqué, un reflejo de la posición original de Álvaro Colom es que como parte de su campaña prometió no aumentar los impuestos durante el primer año de su gobierno y la oposición y no pocos columnistas o comentaristas se encargaron, además, de difundir la noticia falsa de que Colom se había comprometido a no aumentar los impuestos durante su gobierno. Eso no era cierto, pero hay que reconocer que en el programa de gobierno de la UNE brillaba por su ausencia el tema de la reforma tributaria y la promesa electoral de no aumentar impuestos el primer año pesaba.

Antes de que yo dejara el gobierno hubo quienes me dijeron que fue un error fundamental no haber impuesto desde el principio la reforma fiscal, sin negociaciones. Pero esta crítica no es válida. Aparte de que impulsar inmediatamente y por la fuerza la reforma significaba no cumplir una promesa electoral, la dificultad de acumular el capital político que requiere este tipo de reforma también era un reflejo de una visión que sin mucha reflexión le atribuía un gran costo político (y financiero) a impulsar cualquier reforma tributaria.

Una gran lección es que es fundamental el manejo político de la reforma tributaria durante el proceso electoral. Aunque no se vuelva un tema central de la campaña, ello no debería evitar que se pierda de vista su importancia y que no se defina una buena estrategia política aplicable tanto al proceso electoral como de aplicación inmediata cuando se tome posesión del gobierno. Parte de esa estrategia podría incluir un acuerdo con otros candidatos para que las promesas electorales no signifiquen competir para ver quién cobra menos impuestos. Lo malo es que todo esto no se había hecho antes de que tomáramos posesión el 14 de enero del 2008.

Creo que la tibieza inicial del presidente en relación con la reforma tributaria también se refleja en las dudas que tuvo sobre mi proceso de elección como ministro de Finanzas. Aunque llegué con cierto prestigio al cargo, y el solo hecho de nombrarme ya daba una señal en el sentido de que se buscaría una reforma fiscal, mi nombramiento como ministro de Finanzas no era inicialmente seguro. Lo supe varios meses después de haber tomado posesión. Concretamente, el recién electo Álvaro Colom había contemplado que José Alejandro Arévalo fuera su ministro de Finanzas. Sin embargo, el expresidente Álvaro Arzú, con quien Álvaro Colom mantenía una relación política muy estrecha, y con quien José Alejandro Arévalo había sido ministro de Finanzas, le recomendó a Álvaro Colom que no le convenía contar con alguien que tuviera fidelidad política a otro líder en ese momento. Álvaro Colom estuvo de acuerdo con ello, pero esto ya era un indicador de una inicial tibieza en materia tributaria por su parte. José Alejandro Arévalo, diputado y militante de un partido –Unionista– que busca la restauración conservadora de Guatemala, no era una persona identificada con un proceso profundo de reforma fiscal, aun cuando hubiera participado como miembro del Grupo Promotor en la formulación de propuestas para avanzar en ese sentido.

La propia vinculación del presidente con cierta parte del sector privado y su apreciación sobre cómo debía manejarse la relación con ellos, que continuamente fluctuó entre la tolerancia y la confrontación abierta, generalmente lo inclinaba a buscar la conciliación y no el conflicto. Con ello se reducían los márgenes para impulsar lo que por su propia naturaleza resultaba altamente conflictivo. Y si bien logramos establecer una relación de mucha confianza después de varios meses –tal vez un año– de trabajo conjunto, el apoyo necesario posteriormente ya no solo demandaba del respaldo presidencial sino que también requería del apoyo político de Sandra Torres, dadas sus cuotas crecientes de poder. Su débil respaldo se volvió un problema más serio en la medida en que ella ganaba poder.

Capítulo II
Crisis tras crisis

La verdadera medida de las naciones es lo que hacen cuando están cansadas.

Winston Churchill

La primera crisis: inflación

La inflación es tan violenta como un ladrón, tan aterradora como un ladrón armado, y tan mortal como un asesino a sueldo.

Ronald Reagan

Pálido y descompuesto, hizo su mejor esfuerzo por enfrentar la arremetida de la primera dama, que en el seno del gabinete en pleno descalificó de manera tajante las medidas que, a pocas semanas de haber tomado posesión, José Carlos García anunció para enfrentar el inesperado auge de los precios de combustibles y de alimentos a principios de 2008. Se trataba del primer ministro de Economía del gobierno de Álvaro Colom: después de dos o tres arremetidas similares, y menos de dos meses más tarde, dejó el gobierno "por motivos de salud".

Quizás las medidas eran insuficientes, y además fueron planteadas por el ministro García sin evaluar lo que otros ministerios podrían hacer para enfrentar esta difícil situación, pero también era fundamental tomar en cuenta los límites de la política económica en ese momento: el aumento de precios se debía a que los precios de los combustibles y alimentos se habían disparado a nivel mundial. ¿Era realmente posible que el débil Ministerio de Economía, normalmente concentrado en negociaciones internacionales de tratados de libre comercio, la negociación de cuotas de importación y otras disposiciones arancelarias, la gestión de proyectos para que pequeñas y medianas empresas tuvieran acceso a crédito y un monitoreo primitivo de la inflación, detuviera los aumentos de precios de la gasolina o del pan ante los drásticos aumentos de los precios del petróleo y del trigo importados? No, no era posible.

El problema no era menor. En el mundo entero habían aumentado fuertemente los precios de la energía, como parte de un "boom" de precios de materias primas que se aceleró entre 2003 y 2008 y que incluyó a los minerales en particular. Este proceso inflacionario se comenzó a extender a los precios de alimentos en la segunda mitad de 2007, afectados por el aumento del precio del petróleo, de derivados como los fertilizantes e insecticidas, y por el alza de precios de biocombustibles. Especuladores financieros que invirtieron en estos productos le echaron más leña al fuego y contribuyeron a aumentar aún más sus precios.

En Guatemala aumentaron fuertemente los precios del trigo y del maíz desde marzo de 2008, con lo cual se incrementaron los precios del pan y de las tortillas. El precio del maíz alcanzó el precio más alto registrado y hubo presiones similares en otros productos esenciales como el arroz y la leche. También se elevó el precio de la gasolina, no solo a niveles sin precedente sino rápidamente. Ello se reflejó en que de marzo a julio de 2008 la tasa mensual de inflación más que triplicó la que había existido durante el mismo período en

2007. Si se mantenía la misma tendencia se podría llegar a una inflación anual de entre 15 y 20% o más, superada en la historia reciente de Guatemala solo en 1990, cuando se permitió una fuerte devaluación del quetzal.

Los países sudamericanos exportadores de minerales, petróleo y alimentos estaban experimentando un auténtico "boom" económico como resultado de los precios más altos de sus exportaciones. Lamentablemente, como advertí en un discurso que hice ante la Asamblea del BID en Miami a mediados de 2008 –puesto que en 2007 Guatemala fue sede de la Asamblea del BID le correspondía la Presidencia saliente de la Asamblea en 2008–, los países pequeños como los centroamericanos y caribeños, importadores netos de alimentos y combustibles, estaban siendo especialmente golpeados por este fenómeno: era una verdadera crisis.

Esta fue la primera de por lo menos cuatro crisis muy serias que enfrentamos durante mi período de dos años y medio como ministro de Finanzas. Hubo dos crisis económicas: el alza de precios de alimentos y combustibles a principios de 2008 y la crisis financiera mundial a fines de 2008 y todo 2009. En mayo de 2009 también enfrentamos la crisis política provocada por la muerte de Rodrigo Rosenberg. La erupción del volcán de Pacaya y la tormenta tropical Agatha fue la cuarta crisis, que nos golpeó fuertemente el año siguiente, en 2010. La crisis de la inseguridad también se puede agregar a las anteriores. Guatemala ha pasado de ser el país de la eterna primavera a ser el país de la eterna crisis, y el Estado no tiene la capacidad para enfrentarla adecuadamente.

No estábamos preparados para la primera crisis

del alza de precios de alimentos y combustibles, ni para la crisis financiera que luego estalló a fines de 2008, pero hicimos lo que pudimos por moderar su impacto lo más rápido posible, no sin entrar a una seria polémica sobre lo más conveniente. Las advertencias de Sandra Torres en el gabinete para que se hiciera algo rápido eran correctas: en cualquier país la inflación es políticamente sensible, y personas tan diferentes como el líder bolchevique Lenin y el economista británico Keynes lo habían reconocido hacía mucho tiempo. Además, en Guatemala existía una larga historia de estabilidad de precios que hacía que fuera políticamente aun más sensible que en otros países y esta inflación estaba golpeando especialmente a los más pobres: gastaban una proporción alta de lo que ganaban en alimentos y especialmente en pan y tortillas, cuyos precios se dispararon debido al aumento de los precios del trigo y el maíz.

Pero no se trataba simplemente de regular o congelar los precios, como propuso alguna vez Sandra Torres, en su todavía ambiguo papel de primera dama, asesora política del presidente y del gabinete, y conductora de la política social. En particular, no era posible que el Ministerio de Economía, el Ministerio de Energía y Minas u otra entidad del Estado pudieran efectivamente regular el precio del petróleo. La ley solo les permitía monitorear lo que ocurría y fomentar la competencia, como repetía frecuentemente el ministro de Energía y Minas, Carlos Meany. Ni siquiera podíamos utilizar una amenaza de regulación para negociar con los distribuidores de gasolina para que moderaran sus aumentos.

Había que reconocer esta debilidad y no solo desde una perspectiva técnica o económica. Había que hacerlo especialmente desde una perspectiva política, porque de lo contrario se podían hacer promesas irrealizables y levantar expectativas imposibles de cumplir, que después podían dar lugar a acusaciones de promesas incumplidas en el mejor de los casos, o a fuertes manifestaciones de descontento popular. O, aun peor, al no reconocerse la naturaleza real del problema se podrían implementar otras políticas –como hubiera sido ordenar el congelamiento de precios que, aparte de sus consecuencias, no se hubiera podido implementar– que empeorarían la enfermedad en vez de curarla.

También había que ser realista, y reconocer que el margen para reducir el precio de la gasolina, aunque se hubiera tenido la capacidad legal para hacerlo, era realmente pequeño; no convenía fijarlo –si se hubiera podido– por más de unas semanas a un nivel por debajo del precio internacional. Después lo más probable es que hubiera provocado escasez, pues para las gasolineras habría sido poco rentable venderle combustible a los dueños de automóviles, buses y camiones al menor precio, temporalmente congelado. Y seguramente habría surgido posteriormente un mercado negro en que se vendiera ilegalmente combustible a precios incluso mayores a los que hubieran existido sin congelarlos. Eso no quiere decir que no se podrían combatir abusos, pero ello era muy diferente a congelar, por decreto, los precios de los combustibles o de los alimentos. Y Sandra Torres terminó por aceptarlo.

Por otro lado, un subsidio para compensar el aumento del precio de los combustibles tendría un costo alto y se podía volver permanente. Es cierto que podría impedir cierto aumento de los precios para los consumidores, a un costo fiscal alto, pero beneficiaría de manera dispareja a distintos sectores de la sociedad guatemalteca y no daría una señal a otros productores de energía alternativa para reducir la alta y negativa dependencia que tenía la economía guatemalteca del petróleo importado. Es más, tuvimos que resistir a fuertes presiones –a veces procedentes directamente del ministro de Energía y Minas, Carlos Meany– para que se subsidiara el consumo del gas como se hacía entonces en El Salvador. Afortunadamente el entonces presidente de El Salvador, Elías Antonio Saca, le había explicado al presidente Colom dos desventajas de este subsidio: se podía volver una fuente permanente e importante de gasto público que era muy difícil de eliminar una vez establecido, y beneficiaba principalmente a la clase media y no a los pobres. No hubo necesidad de convencerlo.

Resultaba más realista reconocer los límites dentro de los cuales operábamos, y fomentar de manera decisiva inversiones en otro tipo de energía –como la hidroeléctrica– dentro de una perspectiva de más largo plazo, para poder utilizar una energía más barata en el futuro. La crisis estaba haciendo evidente una gran deficiencia del patrón de desarrollo de Guatemala: la ausencia desde hacía décadas de planificación de la generación de energía a pesar de que Guatemala tenía la capacidad para generar energía de bajo costo. Ahora lo estábamos pagando. Así que estábamos frente a un tremendo problema que no tenía soluciones fáciles.

La primera propuesta

...el Presidente de la República es un político por excelencia y sus asesores normalmente tratan de deslegitimar a sus colegas diciendo: es que él es un simple técnico que no entiende de política.

Noel Ramírez

Como en otros casos, hubo un choque inicial entre una posición integral –con un buen fundamento técnico y político– y una posición puramente política –legítima, por cierto– por atender un problema importante. Lo malo es que la segunda posición, articulada inicialmente por Sandra Torres, descalificaba a la posición anterior de antemano, acusándola de insuficiente y de excesivamente técnica, y planteaba soluciones que tenían que aplicarse a como diera lugar, sin fundamento técnico.

En este caso logró predominar finalmente la primera posición, políticamente realista y técnicamente seria, reflejada en 10 medidas que anuncié públicamente, en presencia del presidente Colom y del gabinete económico, el 12 de mayo del 2008. Pero ya estaban claras las tensiones existentes dentro del gobierno y ya había víctimas: la salida prematura de José Carlos García como ministro de Economía.

El programa de 10 medidas, coordinado por mí y compitiendo con el tiempo que debía dedicarle a la reforma tributaria, había sido formulado en el gabinete económico, que se reunía semanalmente e incluía al vicepresidente de la República, al Banco de Guatemala, al Ministerio de Finanzas y a los demás ministerios y entidades responsables de la política económica. Y una lección básica que surge de esta experiencia es que la denuncia de que cierta posición es excesivamente "técnica" y no "política" debe evaluarse con mucho escepticismo: generalmente no es otra cosa que una defensa retórica de otra posición que generalmente no tiene sólidos fundamentos técnicos ni políticos. El problema es que ante personas que no conocen del tema decir que la propuesta viene de "un simple técnico que no entiende de política", como explicaba Noel Ramírez, expresidente del Banco Central de Nicaragua, se vuelve un argumento descalificador que se expresa con facilidad y que puede convencer a algunos, especialmente si proviene de una fuente de creciente poder político. La ventaja que tuvimos fue que el gabinete económico tenía cierta credibilidad, nuestros argumentos eran sólidos y el presidente estaba de acuerdo con ellos.

El programa de las 10 medidas que propuso el gabinete económico incluía llegar a acuerdos voluntarios con empresarios privados para detener el alza de precios; asegurar el acceso a importaciones para grupos amplios de población; controlar la especulación y el acaparamiento; amortiguar el impacto social del aumento de precios; producir granos básicos y alimentos; generar inversión y empleo en la agricultura y el área rural; asegurar energía disponible en mejores condiciones; implementar una política macroeconómica prudente y coordinada; impulsar alianzas públicas-privadas; y favorecer una mayor competencia.

Límites de los acuerdos voluntarios

El interés del comerciante consiste siempre en ampliar el mercado y restringir la competencia.

Adam Smith

No fue fácil alcanzar acuerdos voluntarios para estabilizar los precios, la primera medida del programa de emergencia, aunque debo reconocer cierta apertura de algunos empresarios para hacerlo, aunque no sin dificultades. El propósito fundamental de la acción era evitar abusos y moderar los aumentos de precios, lo cual era especialmente importante si se trataba de alzas transitorias de los precios en los mercados internacionales, como ocurrió en los hechos. La política de diálogo que siempre impulsó Álvaro Colom era fundamental, pero a veces tenía exigencias fuertes, en términos del tiempo requerido y de las personas necesarias para ponerla en práctica. No había en los ministerios un gran número de profesionales con el manejo técnico y político que requería este tipo de negociaciones con empresarios, por lo que tuvieron que participar varios ministros o viceministros en ellas.

El nuevo ministro de Economía, Rómulo Caballeros, efectuó innumerables reuniones con empresarios y como contraparte de los empresarios también se establecieron grupos de trabajo que abarcaban no solo al Ministerio de Economía sino a otros como el de Energía y Minas, al propio Ministerio de Finanzas e incluso a la Cancillería. También intervinieron el secretario privado de la Presidencia, Gustavo Alejos, y el propio presidente Colom. Finalmente se lograron pocos acuerdos, pero en relación con tres productos importantes de la canasta básica: se logró que los precios de las partes oscuras del pollo, el pan y el aceite se mantuvieran estables en mayo y julio.

A su vez, con el acuerdo de los demás ministros de Economía de Centroamérica, Rómulo Caballeros logró que parte de las importaciones de carnes de aves, leche, maíz amarillo, arroz partido y harina de trigo no tuvieran que pagar arancel, y algo similar se hizo con la importación de abonos minerales. Simultáneamente, y congruente con la segunda medida propuesta, se avanzó en agilizar los procedimientos de importación o internación de productos a Guatemala. Esto resultó más difícil de lo previsto debido a que la oferta de varios productos estaba limitada en la práctica a un puñado de empresas que eran las únicas beneficiarias de los permisos de importación. Las cooperativas –con las cuales el gobierno estableció una relación privilegiada, que puede considerarse estratégica– fueron autorizadas para tener acceso a estos permisos y, con la cooperación de la Superintendencia de Administración Tributaria (SAT), de las autoridades portuarias, del Ministerio de Salud y del Ministerio de Agricultura, Ganadería y Alimentación (MAGA) se agilizó el trámite de permisos sanitarios, fitosanitarios y zoosanitarios. Algo se avanzó, y se logró que trámites de importación, registros, licencias y exámenes de leche, harina de trigo, arroz, maíz amarillo y pollo se redujeran de 35 a 7 días, pero no fue suficiente.

Quedó en evidencia la necesidad de contar con una política que fomentara una verdadera competencia, mediante la eliminación de algunas restricciones a la importación y la prohibición de las prácticas monopólicas de ciertos empresarios. La décima medida para enfrentar la escalada de precios proponía precisamente establecer una ley de competencia, pero no se pudo avanzar en ello debido a que el impulso de esta propuesta requería de un sentido de prioridad que simplemente no estaba ni en el poder ejecutivo ni en el legislativo, y a que los tiempos del Congreso eran muy lentos.

El Estado guatemalteco no cuenta con instrumentos efectivos para controlar la especulación y el acaparamiento, como lo proponía la tercera medida del programa de emergencia. Frente a esta limitación lo que se hizo fue monitorear precios, especialmente de la canasta básica y de los combustibles, divulgando casos de abuso y acudiendo a una especie de "persuasión moral" ante la ausencia de sanciones legales efectivas y realistas. En ello participaron el Ministerio de Energía y Minas, que tenía un sistema sencillo pero efectivo para monitorear los precios de la gasolina en distintas regiones del país, y la Diaco (Dirección de Atención y Asistencia al Consumidor) del Ministerio de Economía, con menor capacidad operativa frente a la inmensa tarea de proteger al consumidor.

Lo que quedó claro es que lo que se estaba haciendo era totalmente insuficiente y que lo que se requería, como en el caso anterior, era una legislación efectiva, de protección al consumidor, con una procuraduría del consumidor fuerte. Existía una propuesta en discusión en la Comisión de Defensa del Consumidor del Congreso, y de parte del Ministerio de Economía se hicieron esfuerzos para que avanzara, pero como me dijo en relación con otro proyecto de ley un buen conocedor de los procesos legislativos, el diputado Mariano Rayo del Partido Unionista: "los tiempos en el Congreso son otros", y cuando dejé el Ministerio de Finanzas la propuesta todavía estaba allí.

Entre lo social y lo rural

Fue más positivo lo que se hizo para amortiguar el impacto social del aumento de precios –la cuarta medida propuesta– por medio de transferencias de efectivo a las familias más pobres aunque esto no se hizo como acción de emergencia sino como parte de un programa bien estructurado que en ese momento comenzaba a concretarse. El programa Mi Familia Progresa, condicionando las transferencias a que las madres e hijos asistieran a centros de salud y a que los hijos atendieran la escuela, también servía para atender la difícil situación que enfrentaban los más pobres, especialmente debido a que los precios de lo que más consumían, los alimentos, estaban aumentando.

Lo que correspondía hacer era reasignar recursos para que Sandra Torres impulsara este programa. Yo había participado, como director del Instituto Centroamericano de Estudios Fiscales (Icefi), en una larga y ambiciosa investigación acerca de la educación –en la que también había participado Ana de Molina, posteriormente ministra de Educación– y habíamos recomendado como propuesta central establecer un programa de transferencias condicionadas como el de Mi Familia Progresa, así que no necesitaba ser convencido sobre su conveniencia. Como parte de la preparación y presentación del estudio, en el Icefi habíamos tenido reuniones con una serie de dirigentes políticos, incluyendo los que ahora estaban en la oposición, y programas de gobierno del Partido Unionista y del Partido Patriota incluían la implementación de un programa de transferencias condicionadas. Ahora, como le dije una vez al presidente ya en calidad de ministro de Finanzas, ese programa debía ser apoyado con o sin la primera dama. Y, como parte de la readecuación presupuestaria para atender este programa hicimos en el Ministerio de Finanzas un análisis de la situación de los subsidios que entonces existían en Guatemala, e identificamos varios que podían eliminarse para favorecer un programa más efectivo, como Mi Familia Progresa. Ya para agosto de 2008 había más de 180 mil personas provenientes de familias extremadamente pobres que se beneficiaban de este programa, en contraste con 128 mil atendidos mediante ayuda alimentaria del Programa Mundial de Alimentos –la respuesta tradicional y transitoria de gobiernos débiles frente a problemas de seguridad alimentaria–, aparte de otros programas entonces a cargo del MAGA que se ampliaron gradualmente, como la refacción escolar y otras formas de ayuda alimentaria.

El MAGA supuestamente amplió entre mayo y agosto de 2008 sus programas de apoyo a la producción alimentaria, la quinta medida propuesta, y según lo reportado por este ministerio casi medio millón de productores fueron beneficiados por diversos programas de apoyo, incluyendo especialmente el suministro de insumos. Nunca me quedó claro cuánto de esto era realmente nuevo, para atender la emergencia, o simplemente una continuación de lo que ya tenían previsto como parte de su programa regular. El MAGA, totalmente debilitado después del proceso de privatización de servicios básicos como los de extensión agrícola y de investigación sufrido durante el gobierno de Álvaro Arzú, y con un sinnúmero de mal coordinados proyectos de cooperación externa –generalmente cascarones que mantenían una estructura administrativa con pocos recursos y sin resultados claros–, tenía una capacidad ejecutiva muy limitada.

Raúl Robles, el primer ministro de Agricultura, no pudo aumentar su eficacia y no supo enfrentar adecuadamente los cuestionamientos que se le hicieron en el Congreso, por lo que finalmente tuvo que abandonar el cargo. Contrastaba el estilo político de Raúl Robles con la capacidad gerencial de Roberto Dalton, uno de los dueños de una de las comercializadoras de fertilizantes más importantes del país y que a la vez trabajaba en la promoción del desarrollo rural –con el Programa de Desarrollo Rural (Prorural)– que incluía algunos programas que distribuían fertilizantes, por lo cual algunos medios de comunicación planteaban que existía un conflicto de intereses. En todo caso, fue solo bien entrado 2009, cuando Mario Aldana –tercero de los cuatro ministros del MAGA que conocí durante mis dos años y medio de gestión– estaba de ministro de Agricultura, que se logró –con el apoyo complementario de Prorural– comenzar a fortalecer en cierta medida la atención a la capacidad productiva de la población rural. Pero lamentablemente no contaban con suficientes recursos financieros.

Álvaro Colom quería que la atención a la capacidad productiva del área rural fuera una de las "patas" básicas de su estrategia de desarrollo, junto con los programas de cohesión social, pero su estrategia quedó coja, porque esa pata fue una de las principales víctimas de la ausencia de una reforma tributaria, que le hubiera podido trasladar los recursos financieros requeridos y porque también tenía cierta ambivalencia sobre el tema, como veremos más adelante. Y esta falta de recursos, combinado con el desorden administrativo y la falta de claridad que entonces existía, tampoco permitió que a mediados de 2008 se pudiera generar un monto fuerte y adicional de inversión y empleo en la agricultura y en el área rural, con la colaboración de Agexport (la Asociación Guatemalteca de Exportadores), como se pretendía con la sexta medida del programa de emergencia para enfrentar el alza de precios de alimentos y combustibles.

La nueva matriz energética

Fue distinto el caso de las acciones en el ámbito de la energía. Por un lado, el Ministerio de Energía y Minas redefinió las tarifas de luz de manera que en agosto de ese año se redujo lo que tenía que pagar la pequeña y mediana industria así como los usuarios residenciales de menor consumo, que en ese momento sumaban alrededor de 3.5 millones de habitantes. Por otra parte, Carlos Meany y sus colaboradores tuvieron bastante éxito en movilizar a inversionistas para apostar por una energía más barata, que sustituyera al petróleo. Ya para agosto de 2008 el Ministerio de Energía y Minas contaba con una lista de proyectos de inversión, propuestos por empresarios, que incluía 23 proyectos de generación de energía hidroeléctrica, 3 a base de carbón y otros más tentativos que utilizarían el viento u otros recursos renovables como fuente de energía. Varios de estos proyectos se concretaron posteriormente y ello se reforzó con un acuerdo de interconexión eléctrica con México promovido de manera persistente y exitosa por Alberto Cohen, presidente del Instituto

Nacional de Electrificación Eléctrica (INDE) y empresario importador de medicamentos.

La fuerte alza de precios del petróleo fue un verdadero detonante para impulsar lo que Carlos Meany llamaba el cambio de la matriz energética de Guatemala, para que dependiéramos menos del petróleo. A pesar de que Meany a menudo entraba en conflicto con Luis Ferraté, el ministro de Ambiente y Recursos Naturales, por diferencias fundamentales que tenían acerca de cómo utilizar los recursos naturales, Meany tenía una buena capacidad para impulsar sus posiciones ante el gabinete y de comunicarlas a la prensa. Era empresario –y sus posiciones sobre la tributación lo delataban– pero no formaba parte del grupo de empresarios nacionales que junto con socios extranjeros habían aprovechado la extrema debilidad del gobierno de Jorge Serrano, en un momento de crisis energética, para acordar contratos leoninos de generación de energía –proveniente de bunker o del bagazo de la caña– con el gobierno. Estos contratos eran los responsables de que la energía en Guatemala estuviera entre las más caras de Centroamérica y que hacía muy difícil que la economía guatemalteca fuera competitiva frente al mundo.

La crisis fue una oportunidad que Meany y el gobierno en general aprovecharon para reforzar la transición hacia una nueva matriz energética. Pero lamentablemente no se pudo aprovechar la crisis de precios de la misma manera para estimular el aumento de la oferta de alimentos de Guatemala. En los dos casos hubo un aumento de precios que podría servir como estímulo para que productores aumentaran su oferta de energía o de alimentos. Pero la situación de los productores en cada sector era diferente. Se podía aumentar la generación de energía hidroeléctrica o de energía generada por el carbón con la acción de pocos inversionistas grandes, que en algunas ocasiones eran amigos del propio ministro de Energía. En el caso de la producción de alimentos la heterogeneidad rural –reflejada en la coexistencia de grandes y modernos complejos agroindustriales con pequeños productores que tenían técnicas de producción primitivas y poco o ningún crédito– requería de esfuerzos más grandes y complicados. Para comenzar, requería de una claridad de propósitos –especialmente del MAGA y de la Secretaría de Seguridad Alimentaria– que, a diferencia del Ministerio de Energía y Minas, no tenían originalmente. Y a esta ausencia de claridad de propósitos y de una estrategia para alcanzarlos, se sumaban dos graves debilidades, especialmente evidentes en el MAGA: la institucional, con serios problemas de gestión, y la financiera, con escasos recursos.

Petrocaribe y Venezuela

Escoger en política no es entre el bien y el mal, sino entre lo preferible y lo detestable.

Raymond Aron

En el ámbito de la energía una propuesta que comenzamos a discutir seriamente fue la posibilidad de que Guatemala se incorporara a la iniciativa venezolana de Petrocaribe, que consistía en obtener petróleo que se podría pagar posteriormente, en condiciones muy favorables. Inicialmente no imaginé que debido a esta iniciativa llegaría a observar de cerca al presidente Chávez de Venezuela. Pero aparte del posible costo político que en Guatemala tendría un apoyo proveniente del presidente Chávez de Venezuela, el problema con esta iniciativa era que no favorecía una reducción directa del precio del petróleo sino que más bien significaba postergar el pago de la factura petrolera. Equivalía a un préstamo de largo plazo en condiciones extremadamente favorables: se cobraría inmediatamente a los consumidores en Guatemala pero el gobierno dejaría de pagar a Venezuela por entre 20 y 25 años, de manera que los recursos captados a los consumidores pasarían entonces a estar disponibles para el gobierno durante ese período de tiempo.

Para tratar este tema fuimos a Maracaibo, Venezuela, el presidente, el canciller, el ministro de Energía y Minas, la primera dama y yo, además de otras personas, y comenzamos a realizar las gestiones correspondientes. En la asamblea periódica de Petrocaribe, con delegaciones centroamericanas y caribeñas que casi siempre incluían a los presidentes o primeros ministros, ratificamos la decisión del gobierno de Guatemala de ser parte de Petrocaribe y de iniciar el complejo y prolongado proceso de adhesión. Aunque no tuve mayor oportunidad de hablar directamente con Chávez, estuve presente en un par de reuniones que en esa ocasión tuvimos con él el presidente Colom, Sandra Torres y los demás ministros. Era evidente que le interesaba mucho que Guatemala entrara a este programa de cooperación, y especialmente al Alba (Alianza Bolivariana para los Pueblos de Nuestra América), que suponía una relación económica y política más estrecha con Venezuela, y que para entonces ya incluía a Belice, Bolivia, Cuba, Ecuador, Jamaica, Guyana, Honduras, Nicaragua, República Dominicana, Surinam, otras islas del Caribe y a la propia Venezuela.

Chávez también percibía con claridad que este programa no nos entusiasmaba y ello era cierto: los miembros de la delegación guatemalteca presente en Maracaibo estábamos convencidos de que no debíamos ser parte del Alba y las filtraciones de Wikileaks confirman que el canciller, Haroldo Rodas, le comunicó esto claramente al embajador de Estados Unidos. Pero como buen político, Chávez buscaba crear algún ambiente favorable en torno a objetivos o percepciones comunes, de izquierda, y con buen humor hizo referencia no solo a la historia política de Guatemala sino también a parte de su historia literaria y en particular a Miguel Ángel Asturias. Sospecho que tenía alguna información de inteligencia que indicaba que en el gobierno de Álvaro Colom había asesores exguerrilleros, o algo por el estilo, y recuerdo que cuando me vio y a no recuerdo qué otra persona, supuso que éramos parte de ese grupo y lo dijo abiertamente, con ese estilo caribeño extrovertido y abierto, tan diferente al que nos caracteriza a la mayoría de guatemaltecos.

En la noche del día de la Asamblea el presidente Chávez invitó a todas las delegaciones de los países que entonces estaban en Petrocaribe a una cena. Esta se realizó en un salón con paredes color crema, con multitud de mesas con manteles blancos donde nos sentamos todos los miembros de las delegaciones mientras éramos custodiados por soldados con boinas rojas alineados a los lados y en la parte trasera del salón. Al frente y en alto, sobre un escenario, estaba colocada una larga mesa donde estaban sentados y dándonos la cara cada uno de los presidentes y primeros ministros, en medio de los cuales estaba Chávez. Allí escuchamos un discurso de más de una hora sobre la solidaridad latinoamericana y el socialismo del siglo

XXI. ¡Parecía un costo pequeño comparado con las ventajas de no tener que pagar una buena parte de la factura petrolera por 20 años!

Sin embargo, al final de cuentas los resultados de esta gestión fueron limitados. Aparte de la cooperación que significaba postergar el pago de la factura petrolera, que era la esencia de Petrocaribe, también se discutieron otras posibilidades, incluyendo apoyo financiero para productores guatemaltecos de manera que pudieran ampliar sus exportaciones de alimentos a Venezuela –algo que Nicaragua aprovechó sustancialmente–, recursos e insumos para la construcción de vivienda, y financiamiento para la construcción de un hospital pediátrico, algo fuertemente apoyado por Sandra Torres. A los pocos meses, con la crisis financiera que estalló en septiembre de 2008, el precio del petróleo se desplomó y Petrocaribe dejó de ser tan atractivo; poco a poco dejó de ser prioritario. Al final solamente se concretó, hasta donde sé, el apoyo para la construcción del hospital pediátrico.

El surrealismo venezolano que vivimos esos días duró poco, puesto que volvimos rápidamente a Guatemala, donde el aumento del precio del petróleo estaba recibiendo mucha atención por parte de la prensa y de la oposición, aunque con poca seriedad en relación con posibles soluciones. En el Congreso hice presentaciones sobre Petrocaribe y di las explicaciones del caso a distintas bancadas y también lo hizo el ministro de Energía y Minas, Carlos Meany. Pero la respuesta de diputados de oposición, como Alejandro Sinibaldi del Partido Patriota, fue presionar para que se quitaran los impuestos –especialmente el IVA– a los productos cuyos precios estaban aumentando, sin entender que el IVA no era un impuesto aplicado a las ventas finales sino a todo el proceso productivo: por eso se llama impuesto al valor agregado, que se aplica al "valor" que se agrega en cada transacción. No entendía que aunque el IVA no se aplicara a los importadores, que era lo que proponía, de todos modos se le aplicaría a los consumidores. En el Congreso, el viceministro Carlos Barreda, y el director de Análisis y Evaluación del Ministerio de Finanzas, Ricardo Barrientos, lograron rebatir sus argumentos de manera contundente. No fue la última vez que se hizo evidente el desconocimiento técnico de Alejandro Sinibaldi.

En todo caso, el IVA aplicado a la venta de combustibles era una proporción pequeña del costo total de producción de estos bienes, por lo que su impacto habría sido limitado y restringido solo a un corto instante si el alza de precios hubiera continuado, pero su eliminación debilitaba seriamente las finanzas públicas. Además, los importadores de varios de estos productos eran muy pocos y no había ninguna garantía de que redujeran sus precios aun cuando se les quitaran los impuestos.

Al orientar la discusión a la necesidad de disminuir los impuestos, Alejandro Sinibaldi y otros buscaban ganar popularidad y notoriedad con su propuesta de reducir la tributación y, por supuesto, hacían más difícil que avanzáramos con nuestra propuesta de reforma tributaria. La propuesta que hacían era en realidad una cortina de humo, que simulaba una aparente solución que no era tal, y que al reducir los ya escuálidos ingresos tributarios debilitaba al Estado, como lo deseaban tantos representantes como portavoces del sector privado. Afortunadamente la propuesta no prosperó en el Congreso.

Una política macroeconómica prudente

No es bueno mirar demasiado lejos; nuestra capacidad de predicción es leve, nuestro control sobre los resultados infinitesimal.

John M. Keynes

La octava medida del plan de emergencia incluía una política macroeconómica prudente y coordinada para no alimentar las presiones inflacionarias provenientes del exterior o, incluso, para moderarlas. En lo que se refiere a la política fiscal manejada por el Ministerio de Finanzas, se continuó manteniendo un nivel modesto de gasto público, pero no tanto como un objetivo explícito de la política fiscal para no alimentar la inflación, sino más bien debido a que el presupuesto que el Congreso aprobó durante el gobierno anterior para el 2008 era bastante menor que en años anteriores, medido como proporción de la economía en su conjunto (calculado por medio del producto interno bruto). En ello también había incidido una subestimación de los ingresos tributarios previstos para el 2008, lo cual sospechábamos que había sido una maniobra de Carolina Roca para que no hubiera duda de que podía cumplir con las metas tributarias que le correspondía cumplir a la SAT ese año.

En todo caso, ante fuertes presiones inflacionarias correspondía evitar que aumentara la brecha entre ingresos y gastos del Estado –el déficit fiscal–, para no fomentar aún más la inflación. El déficit fiscal podía generar estas presiones en la medida en que se cubría con más crédito o con recursos de caja del gobierno. Durante el primer semestre de 2008 logramos contener el déficit, e incluso generar un reducido superávit fiscal por la vía de un crecimiento bajo del gasto público; después esperábamos contar con una reforma tributaria que nos permitiera gastar más pero sin aumentar el déficit.

Por otra parte, la Junta Monetaria –que aprueba las orientaciones de política del Banco de Guatemala y que incluye a representantes del sector privado, gobierno, Universidad de San Carlos y Congreso– también tomó acciones a iniciativa de María Antonieta del Cid, presidenta del Banco de Guatemala. Tuve suerte en contar como contraparte en el ámbito monetario a María Antonieta del Cid, una funcionaria pública de alto nivel y de primer orden, con experiencia previa como ministra de Finanzas. Explicaba sus posiciones en la Junta Monetaria con una combinación de soltura y firmeza, siempre respaldada hábil y disciplinadamente por los técnicos del Banco de Guatemala y por su vicepresidente, Julio Suárez.

Las propuestas de política que impulsó María Antonieta del Cid, y que contaron con el respaldo del resto del gabinete económico, reflejado en las votaciones en bloque de los ministros de Agricultura, Economía y Finanzas en la Junta Monetaria, fueron dos. En primer lugar, impulsó un aumento de la tasa de interés de corto plazo que el Banco ofrecía a los que compraban los títulos que el Banco vendía en el mercado financiero. Al volver estos títulos más atractivos, los que tenían recursos los compraban y así disminuía el monto de dinero en efectivo en la economía. Esto le permitía al Banco reducir más la liquidez y se enviaba una señal en el sentido de que el costo del crédito sería mayor: se restringía así el crecimiento de la demanda de bienes y servicios. De esta manera se reducía la posibilidad de que las presiones inflacionarias surgidas del aumento de precios de combustibles y alimentos se pudieran magnificar y extender a otros sectores. La Junta Monetaria aprobó esta medida, aunque los representantes de Cacif, Max Quirín y Sergio de la Torre, mantuvieron su proverbial oposición a un aumento de la tasa de interés, con argumentos que parecían una letanía que se repetía y repetía. Concretamente argumentaban que la tasa de interés más alta castigaba a la inversión, lo cual podía ser cierto con aumentos fuertes de la tasa, pero los aumentos propuestos nunca superaron un punto porcentual. Además, como les respondimos tantas veces, había otros determinantes más importantes de la inversión, como contar con trabajadores saludables y bien educados, lo cual requería que el Estado contara con más recursos para financiar esa inversión en capital humano.

En segundo lugar, la Junta Monetaria también permitió que hubiera más flexibilidad en cómo podía evolucionar la relación entre el quetzal y el dólar –u otras monedas– para que el quetzal se pudiera apreciar o depreciar más que en el pasado. Esto le permitía a la economía guatemalteca enfrentar choques externos con más flexibilidad, y en la práctica significó que se permitiera una mayor apreciación del quetzal en 2008. Al significar que se requerían menos quetzales por cada dólar se abarataron las importaciones, puesto que se requerían menos quetzales que antes para comprarlas. Ello compensaba parcialmente el efecto negativo de los precios más altos de productos importados como los alimentos y los combustibles.

ALIANZAS PÚBLICO-PRIVADAS: LA PRIMERA VUELTA

La novena medida del programa de emergencia incluía el impulso de alianzas público-privadas para estimular las inversiones privadas mediante ciertas garantías suministradas por el Estado, en especial en infraestructura. Se buscaba así liberar recursos públicos para utilizarlos en desarrollo social y seguridad en la medida en que proyectos de infraestructura eran financiados por el sector privado. Esta no era una medida de aplicación inmediata porque requería la aprobación de una ley por el Congreso, proceso largo aun cuando el tema estaba en discusión desde el gobierno anterior. La propuesta se discutió de manera prolongada en la Comisión de Economía y Comercio Exterior del Congreso, presidida entonces por Mariano Rayo, convencido promotor de esta iniciativa, y que combinaba una seria capacidad de trabajo con un estrecho vínculo con el sector privado. Este favorecía fuertemente el proyecto de ley de alianzas público-privadas, que abría espacios para la inversión privada con un riesgo acotado, puesto que el Estado suministraría ciertas garantías o derechos, como el cobro de un peaje, que le permitiría al inversionista recobrar su inversión de manera segura.

La iniciativa representaba cierto riesgo para el Estado ya que asumir la obligación legal de darle garantías al inversionista privado podía significar el compromiso posterior de compensar al empresario si el Estado no podía cumplir con su obligación legal. Esto ocurrió en Colombia con una carretera que no se pudo construir debido al conflicto armado existente en la región por donde pasaba. Como ya no había tráfico, la empresa ya no captó recursos del peaje, y el gobierno colombiano tuvo que compensarla, puesto que había asumido el riesgo en caso de que la empresa no pudiera cobrar el peaje. Por consiguiente, asegurar una distribución equitativa de estos riesgos era parte fundamental de lo que se discutía, además de determinar quiénes estarían representados en el consejo de la institución o agencia que impulsaría el proceso.

A la Comisión de Economía del Congreso se le hizo llegar una nueva iniciativa que mejoraba la versión anterior. No fue aprobada durante el período cubierto por el plan de emergencia, pero finalmente sí lo fue en 2010.

Fortalezas y debilidades del plan de emergencia

> *Escrito en idioma chino, la palabra crisis tiene dos caracteres: uno que representa peligro y otro que representa oportunidad.*
>
> John F. Kennedy

A pesar de la debilidad del Estado para enfrentar la primera crisis, en lo que se refiere a la inflación no lo hicimos mal. El plan de emergencia cumplió con su cometido y desterró el peligro inmediato de la inflación. Logró moderar las presiones inflacionarias causadas por el aumento de los precios de combustibles y alimentos importados antes de septiembre de 2008, y este proceso se revirtió totalmente a partir de ese momento, cuando estalló la crisis financiera mundial y provocó una gran deflación, con caídas drásticas de los precios de los alimentos y combustibles. El resultado más concreto del programa es que el alza de la tasa de inflación mensual se detuvo en agosto, antes de la deflación causada por la crisis financiera global. En julio la inflación mensual en Guatemala fue de 14.2%, ya en agosto se había logrado reducir a 13.7%, y luego se comprimió más en septiembre. Ello contrasta con Costa Rica, donde hubo un aumento de la inflación en agosto a 15.6%, que incluso aumentó más en septiembre, o en Nicaragua, donde la tasa mensual de inflación se mantuvo por encima de 20% hasta octubre.

Pero aparte de su éxito, la implementación del plan de emergencia también puso de manifiesto serias fallas del Estado guatemalteco para responder a este tipo de crisis. Las respuestas más oportunas fueron impulsadas por dos mujeres efectivas: las de la política monetaria, respaldada por la sólida institucionalidad del Banco de Guatemala y por su presidenta, y las transferencias condicionadas de efectivo promovidas por la vía del nuevo programa Mi Familia Progresa, implementado con férrea determinación y buen sentido gerencial por Sandra Torres. Contaba con una institucionalidad precaria y en vías de construcción, pero 180 mil personas en una situación de pobreza ya eran atendidas con transferencias de efectivo en agosto de 2008. La política energética también convirtió a la crisis en oportunidad por medio de nuevas tarifas y mediante la puesta en marcha de proyectos de generación de energía y de interconexión con México que comenzaron a reducir la dependencia del petróleo.

En otros ámbitos se hizo más evidente la crónica debilidad del Estado guatemalteco para actuar, y quizás ésta sea la conclusión más importante de lo que intentamos hacer. La búsqueda de acuerdos voluntarios de estabilización de precios con el sector privado tuvo un éxito limitado a pesar de un involucramiento intenso de ministros y viceministros en negociaciones que en la mayor parte de los casos fracasaron. Un crecimiento moderado del gasto público evitó un aumento del déficit fiscal durante el período de más presiones inflacionarias en 2008, lo cual fue positivo, aunque no se logró reducir futuros déficit fiscales por medio de una reforma tributaria, lo cual hubiera sido ideal para darle a la política fiscal y al Estado mayor capacidad de actuar frente a situaciones de crisis.

En el ámbito de la competencia y la protección al consumidor la ausencia de legislación apropiada continuó siendo evidente, sin avances significativos en estas áreas en el Congreso. Tampoco hubo una adecuada respuesta en el ámbito de la producción de alimentos, especialmente debido a debilidades institucionales, falta de sentido de dirección e insuficientes recursos. Eventualmente, en 2010, se logró la aprobación de la ley de alianzas público-privadas, aunque ello ya no permitió que se pudieran reasignar recursos destinados a la infraestructura para la seguridad y el desarrollo social.

La crisis financiera mundial

El pánico golpeó a los mercados, se extendió la incertidumbre, se evaporó la liquidez, y bancos centrales en todo el mundo le lanzaron salvavidas a bancos grandes y pequeños y a instituciones financieras de todo tipo... esta crisis, aunque un caso de libro de texto, era más grande, más rápida y más brutal que cualquiera que se hubiera visto antes. Era un pánico del siglo XIX moviéndose a la velocidad del siglo XXI.

Nouriel Roubini y Stephen Mihm

A las 6 de la tarde del 15 de octubre de 2008 estaba yo frente a más de mil empresarios o gerentes del sector privado reunidos en un hotel capitalino como parte del Séptimo Encuentro Nacional de Empresarios (Enade). La gran mayoría eran hombres con traje oscuro y corbata, acompañados de algunas mujeres con vestidos elegantes, además de un equipo numeroso de edecanes, mujeres jóvenes y guapas. Nos encontrábamos en una inmensa y bien iluminada sala, con grandes pantallas que proclamaban los logros de la Guatemala empresaria. Había un ambiente de confianza y de autocomplacencia, reforzado por la presencia multitudinaria de hombres y mujeres, posiblemente aún sin entender las consecuencias de la crisis económica mundial que a partir de septiembre estábamos enfrentando. No dejé de aprovechar la atenta invitación que me habían hecho Edgar Heinemann, Felipe Bosch y Pablo Schneider de la Fundación para el Desarrollo de Guatemala (Fundesa), para hacer una exposición franca ante ese mundo tan diferente al que yo normalmente frecuentaba. Comencé exponiendo lo siguiente:

> Es fácil ser dramático en estos momentos. Los acontecimientos en el mercado financiero internacional durante las últimas semanas lo han sido. La quiebra del mayor banco de inversión de Estados Unidos, la adquisición de otro por un importante banco comercial, la intervención del gobierno federal estadounidense acompañada de las acciones de la Reserva Federal para conceder masivos préstamos de emergencia –incluyendo a una importante empresa de seguros–, el establecimiento y alza de los montos de depósitos garantizados y la decisión conjunta de varios países europeos y, después, de Estados Unidos, de inyectar recursos en los bancos comerciales para darles liquidez o capitalizarlos, son las más recientes manifestaciones de la crisis financiera que ha tomado de repente proporciones históricas.

Luego expuse que había que reconocer que los retos eran gigantescos y que enfrentarlos requería de políticas claras y coherentes por parte del sector público, de las instituciones internacionales y del sector privado. Propuse cinco desafíos estratégicos para avanzar: garantizar la estabilidad macroeconómica, fortalecer la competitividad, favorecer la generación de energía y producción de alimentos mediante políticas sectoriales aprovechando sus mayores precios, impulsar la cohesión social y la seguridad y, por último, impulsar un proceso de modernización fiscal que aparte de la reforma tributaria incluyera mayor gasto público para tratar de compensar la reducción del consumo y de la inversión privados que resultaría de la crisis. Los empresarios y gerentes, muy respetuosos, aplaudieron cuando terminé.

Estos temas, incluyendo la política fiscal de carácter

contracíclico que anuncié en esa ocasión, serían retomados como parte de un programa de emergencia que comenzamos a contemplar a partir de entonces, en un contexto internacional de ideas menos dogmáticas que algunos años antes. Ya para ese momento existía en América Latina –incluyendo a Guatemala– un cuestionamiento fuerte sobre la forma en que se había manejado la crisis de la deuda externa de la década de 1980, cuando se había acudido a severos recortes de gasto público y a la privatización, liberalización comercial y desregulación de la economía para enfrentar los problemas de entonces. Este conjunto de recetas, llamado el "Consenso de Washington", con sus mandamientos sobre cómo debía América Latina estabilizarse y crecer, era para muchos una ofensa a la inteligencia y una negación de la necesidad de ajustar las políticas a las circunstancias de cada país.

Tampoco se negaba que algunas de las recomendaciones del Consenso de Washington eran apropiadas, como la necesidad de mantener la estabilidad de precios y evitar grandes fluctuaciones del tipo de cambio o inmensos déficit fiscales. Pero ya había pasado mucha agua bajo el río, y entre numerosos economistas y políticos conocedores del tema prevalecía cierto pragmatismo alejado de las visiones extremas que exigían escoger entre Estado y mercado o entre populismo o socialismo y liberalismo. El mundo era más complejo y los matices eran indispensables.

En enero de 2008, cuando tomé posesión de mi cargo como ministro, ya sabíamos que la economía mundial, liderada por la norteamericana, estaba entrando en una recesión. Pocas semanas después, en el restaurante Hacienda Real ubicado en la carretera a El Salvador, cené informalmente con Alberto Barreix, funcionario del BID, quien me recomendó asegurar un buen acceso a recursos externos –incluyendo los del BID– para cubrir lo que podría ser una caída de la recaudación de impuestos resultante de la seria recesión que venía. Como dice un cliché, si Estados Unidos estornuda, a nosotros nos da pulmonía.

Coincidente con las opiniones de Barreix, de parte del personal técnico del Ministerio de Finanzas me hicieron llegar un primer análisis sobre perspectivas fiscales con dos escenarios. Un escenario era optimista y concluía que la recesión no tendría mayores consecuencias y que la recaudación tributaria se mantendría más o menos igual. El otro escenario, "pesimista", intentaba simular lo que ocurriría con una recesión en Estados Unidos y, con base en un estudio del Fondo Monetario Internacional (FMI) que indicaba que Guatemala no era tan vulnerable a las fluctuaciones de la economía norteamericana como los demás países centroamericanos, concluía que habría menor crecimiento, quizás de un 0.5% menor al 4 ó 5% esperado, y que el impacto fiscal sería relativamente menor, quizás de unos US$30 millones menos que lo contemplado originalmente. Se hacía notar que la principal víctima de la recesión sería el impuesto sobre la renta, debido a una reducción de los ingresos de los exportadores, aunque se reconocía que podría reducirse un poco el IVA porque habría una desaceleración del crecimiento de las remesas y, por consiguiente, del consumo.

El análisis era serio pero las conclusiones erróneas. Lo mismo ocurrió con las evaluaciones de todos los organismos internacionales y con gran número de analistas reconocidos. Hubo expertos, como Nouriel Rubini, que le habían advertido desde el 2006 a organismos como el FMI que problemas en el mercado inmobiliario se extenderían al mercado financiero y provocarían una recesión no solo en Estados Unidos sino en el mundo entero, pero no los tomaron en serio. En junio de ese año (2008) todavía tuvimos una reunión de ministros de Finanzas de las Américas en México, con presencia de Hank Paulson, el secretario del Tesoro de Estados Unidos, y de Strauss-Kahn, director gerente del FMI, donde se manifestaron diversas preocupaciones por la recesión y la falta de liquidez en la economía de Estados Unidos. Hubo cierto reconocimiento por la forma en que el secretario Paulson, de manera decidida, estaba enfrentando ese problema, y en la reunión hice un discurso haciendo notar los serios problemas que teníamos en Centroamérica y el Caribe derivados del aumento de los precios de los alimentos y los combustibles. Pero ni Barreix ni los analistas del Ministerio de Finanzas, ni los expertos de los organismos financieros internacionales, ni otros ministros de finanzas, ni yo, tuvimos la capacidad de predecir o de al menos alertar sobre la gran y extrema magnitud de la crisis. La credibilidad de la profesión económica sufrió un duro golpe. El golpe quizás hubiera sido menor si hubiéramos recordado con humildad lo que Keynes había dicho hacía varias décadas: "Nuestra capacidad de predicción es leve, nuestro control sobre los resultados infinitesimal."

¿Debíamos o no apretarnos el cinturón?

Los hombres prácticos, que se creen exentos por completo de cualquier influencia intelectual, son generalmente esclavos de algún economista difunto. Los maniáticos de la autoridad, que oyen voces en el aire, destilan su frenesí inspirados en algún mal escritor académico de algunos años atrás.

John M. Keynes

Mientras tanto, y como resultado de la negociación fallida de la reforma tributaria con el sector privado –en julio de 2008–, se había constituido un "grupo facilitador" para tratar el tema de la reforma fiscal así como para tratar otras preocupaciones sobre la economía nacional. Aunque era cada vez más evidente que no habría un acuerdo sobre la reforma fiscal, también era innegable que estábamos frente a una crisis que iba a reducir los ingresos de todo el mundo, incluyendo los de los empresarios. Con Mario García Lara, Arturo Montenegro, Lizardo Sosa y Federico Linares nos reunimos ocasionalmente pero con resultados fructíferos, a veces en oficinas pero en un par de ocasiones para almorzar en un restaurante, y discutimos lo que podría hacerse para enfrentar la crisis, además de lo que correspondía hacer en el ámbito fiscal.

Del FMI también recibí una amigable e informal asesoría por medio de conversaciones en torno a algún almuerzo en un restaurante de la zona 10 con Alfred Schipke, entonces representante residente del FMI para Centroamérica, y que vivía en Guatemala. El 18 de julio de 2008 Schipke me habló específicamente sobre la conveniencia de no reducir el gasto público y de contemplar un déficit fiscal transitoriamente más grande. Esto contrastaba con lo que algunos empresarios y observadores recomendaban: ante la reducción del crecimiento económico y de la generación de empleo y de ingresos, que obligaba a consumidores y empresarios a "apretarse el cinturón", el Estado también debía hacer lo mismo.

Yo no estaba de acuerdo con esta visión empresarial. El gasto público no debía reducirse sino que incluso debía aumentar, transitoriamente, para compensar el menor consumo e inversión del sector privado o, por lo menos, mantener su nivel. En vez de contar con recursos que estarían en los bancos sin utilizarse, porque los empresarios no querían invertir y no requerían crédito, convenía que el sector público tuviera acceso a estos recursos y los invirtiera para compensar el escaso dinamismo privado. Otra opción era obtener recursos del exterior para cubrir el gasto público, con el mismo propósito. Una vez comenzaran a crecer el consumo e inversión privada, entonces convendría moderar el crecimiento del gasto público. Esto, que se conocía como una política fiscal contracíclica, era lo que yo consideraba adecuado, especialmente después de que estallara la crisis financiera global. No había inventado nada nuevo: estaba en línea con lo que el gran economista británico John M. Keynes había propuesto como respuesta a la Gran Depresión hacía 80 años. Posteriormente pensé que si había un funcionario del FMI, que a su vez era académico muy respetable –Schipke era simultáneamente profesor en la Universidad de Harvard, a donde volaba cada 7 ó 15 días para dar clases– apoyando la idea de una política fiscal contracíclica, íbamos por la vía correcta.

A su vez, el tema de la crisis comenzó a desplazar

de la agenda nacional al tema de la reforma tributaria. Para comenzar, el 22 de julio, en la primera reunión del Grupo Facilitador con el presidente y conmigo, comenzaron a plantearse temas que iban bastante más allá de lo puramente tributario o fiscal. Fomentar la inversión y la competitividad, aprovechar Petrocaribe para financiar proyectos estratégicos, implementar un plan multimodal de proyectos de infraestructura, impulsar la nueva matriz de energía, y aprobar la ley de alianzas público-privadas eran parte de las propuestas, aun cuando el grupo continuó concentrándose en una propuesta fiscal de acuerdo con lo que el presidente había negociado con el poderoso grupo de grandes empresarios del G-8.

Luego, ya en octubre, una de las primeras manifestaciones de la crisis fue la reducción del acceso a recursos externos por parte del sector privado, incluyendo un recorte de los recursos que el Banco Centroamericano de Integración Económica (BCIE) otorgaba a los bancos nacionales, que eran importantes clientes del BCIE. Personeros de la banca guatemalteca como Federico Linares y José Pivaral, entonces presidente del Cacif, nos comunicaron su preocupación inmediatamente. Federico Linares, que era miembro del Grupo Facilitador que originalmente fue nombrado para negociar la reforma tributaria y después para contribuir a la formulación del programa de emergencia para enfrentar la crisis financiera mundial, combinaba la capacidad de asesorar, facilitar contactos y llevar a cabo cabildeos a favor del sector privado sin provocar confrontaciones. Economista respetado, fue de los primeros en Guatemala en plantear la necesidad de medidas contracíclicas para enfrentar la crisis. Entendí que podían ser monetarias –reduciendo la tasa de interés y facilitando recursos de corto plazo para el sistema financiero– o fiscales –aumentando el gasto público– para estimular la demanda interna, aunque sospecho que en ese momento él estaba pensando más en lo monetario, que reduciría en términos más inmediatos el efecto de las presiones que estaba sufriendo la banca.

En el gobierno tardamos en darnos cuenta del impacto tan fuerte que tendría la crisis en Guatemala. Las primeras reacciones en el gabinete económico y en la Junta Monetaria fueron que no había un contagio financiero, y se comenzaron a dibujar escenarios futuros que podrían ocurrir a la luz del menor crecimiento de los países desarrollados. Inicialmente el Banco de Guatemala redujo las proyecciones de crecimiento del PIB para el 2009, pero todavía estaban por encima de un 3% –el crecimiento real en el 2009 fue de 0.6%–, y se suponía que la carga tributaria, sin reforma, se mantendría más o menos constante, sin grandes contratiempos –en la práctica bajó de 12.1% del PIB en 2008 a 10.3% del PIB en 2009–. También hubo, por parte del Banco de Guatemala, una subestimación especialmente grande de la reducción de las importaciones, que al estar sujetas a la aplicación de aranceles y del IVA, condujeron a una reducción dramática de los ingresos tributarios. Estos problemas técnicos también me convencieron de que era indispensable fortalecer la capacidad del Ministerio de Finanzas Públicas para hacer sus propias proyecciones de crecimiento económico, lo cual fue posteriormente apoyado por una misión del FMI, que hizo propuestas concretas para avanzar en ese sentido.

En noviembre tuvimos un encuentro técnico de economistas de países cercanos, auspiciado de manera muy oportuna por el Programa de Naciones Unidas para el Desarrollo (PNUD) y la Comisión Económica para América Latina y el Caribe (CEPAL, también de Naciones Unidas), con la presencia de William Pleitez de El Salvador, Néstor Avendaño de Nicaragua, Hugo Noé Pino de Honduras, Juan Carlos Moreno y Jorge Mattar de la oficina de la CEPAL de México, y Mauricio Valdés del PNUD. Por parte del gobierno participamos Rómulo Caballeros, ministro de Economía, y yo. Dedicamos una larga mañana de un sábado, en un ambiente cordial y distendido en el salón de un hotel capitalino, a hablar abiertamente sobre los efectos de la crisis y acerca de las respuestas requeridas. Se destacó la conveniencia de implementar una política fiscal contracíclica y de prevenir un debilitamiento del sector financiero, así como la necesidad de definir un nuevo conjunto de políticas y de buscar consensos sobre ellas para enfrentar lo que amenazaba con convertirse en una segunda Gran Depresión, similar a la ocurrida en la década de 1930. El aumento del gasto público debía concentrarse en ejecutar inversiones en infraestructura y en asegurar transferencias de efectivo para los sectores vulnerables, junto con implementar planes de producción de alimentos. También debían asegurarse más recursos de los organismos multilaterales de financiamiento.

En la Junta Monetaria los técnicos del Banco de Guatemala, encabezados por Oscar Monterroso, gerente económico, comenzaron a darle un cuidadoso y muy completo seguimiento a la crisis mundial y a las respuestas bastante radicales que estaban dando algunos países, especialmente los desarrollados, donde se habían originado los problemas. Aunque con un menor número de técnicos, en el Ministerio de Finanzas comenzamos –con la incorporación posterior de Waleska García– a darle un estrecho seguimiento a la crisis también, y en el gabinete económico se inició la discusión de lo que en la práctica era transitar de la primera crisis, la de alzas de los precios de alimentos y combustibles, a la segunda, causada por la crisis financiera mundial.

Como parte de estas discusiones se escucharon diversas opiniones. Uno de los dirigentes históricos del cooperativismo guatemalteco, Rodolfo Orozco –persona con una amplia experiencia política y con visión de país que simultáneamente defendía y trascendía los intereses de este movimiento– junto con otros personeros del sector, hizo una amplia presentación al gabinete económico. Destacó la importancia del aumento de la producción agropecuaria y las propias capacidades de las cooperativas para enfrentar la crisis: fuerte contraste con la presentación que pocos meses antes había hecho Juan Luis Bosch al presidente en la casa de la zona 14. Y poco a poco fueron surgiendo los posibles componentes de lo que podía ser un programa de emergencia para enfrentar lo que ya se estaba sufriendo y lo que venía.

Con la excepción del FMI los aportes de los organismos financieros internacionales y de las instituciones centroamericanas fueron limitados. Recuerdo un programa supuestamente centroamericano, de la SIECA, que ni siquiera contenía propuestas en materia de política fiscal, que precisamente debía estar entre los componentes centrales de un programa de emergencia para enfrentar lo que fue la Gran Recesión. Otros organismos que como el Banco Mundial o el Banco Interamericano de Desarrollo habían hecho diagnósticos y propuestas bastante concretas para enfrentar el auge de los precios de alimentos y combustibles ahora tardaron en reaccionar. El propio FMI había tardado en reconocer la gran magnitud de la crisis.

Los gobiernos estaban avanzando más rápido, y el aumento del gasto público para compensar la reducción del consumo y de la inversión privada era parte de la respuesta. En enero de 2008 Chile acordó aumentar su gasto público de manera que su déficit fiscal pasó desde un superávit (más recursos que gasto) en 2008 a un déficit de 3.9% del PIB en 2009, superior al déficit que nosotros estábamos proponiendo. Y, por supuesto, en otros países desarrollados, como Estados Unidos, el Reino Unido y España, el déficit fiscal superó el 10% del PIB en 2009.

Ya en la defensa del presupuesto para 2009 ante el Congreso en octubre y noviembre de 2008 y en diversos eventos me había tocado defender un proyecto de presupuesto "desfinanciado". No se había logrado aprobar la reforma tributaria para aumentar la captación de impuestos, y con la crisis bajarían los ingresos de empresas y personas y se reduciría aun más la recaudación. En condiciones normales hubiera correspondido reducir el presupuesto ya que los ingresos esperados originalmente no se estarían concretando. Pero me pareció que no por eso había que reducir el presupuesto sino que más bien había que buscar otros recursos –deuda, para ser claros– con el objeto de poder financiar ese gasto que ya no estaría cubierto por lo recaudado como impuestos. Así que la idea de que la política fiscal debía tratar de compensar, aunque fuera parcialmente, el menor gasto privado en un momento de crisis ya estaba implícito en el presupuesto propuesto para 2009.

No dejó de darse cierta lucha intelectual en torno a este tema en Guatemala. Los ideólogos más conservadores de Guatemala, que probablemente sean los más conservadores de América Latina, planteaban que así como todos los ciudadanos se estaban inevitablemente apretando el cinturón, así también debía hacerlo el Estado. Sonaba a sentido común, pero sin darse cuenta eran verdaderos esclavos de economistas muertos, como había dicho Keynes. Estaban volviendo a principios del siglo XX, cuando esa había sido la teoría imperante, y sin reconocer que había tenido graves consecuencias en el mundo y en Guatemala. La idea de que ante la crisis el Estado tenía que "ajustarse el cinturón" fue responsable de prolongar la Gran Depresión durante varios años, y no solo a un año y medio como ocurrió en el 2008-9. Pero eso no impedía que columnistas como Ramón Parellada expresara en *Siglo XXI*, el 14 de agosto de 2008, lo siguiente:

> Guatemala necesita, ahora más que nunca, que el Gobierno se apriete el cinturón, que reduzca su gasto y se concentre en lo más importante y prioritario, que es la seguridad y justicia y, a la vez, reduzca la carga fiscal a sus ciudadanos... Lo lógico sería reducir el gasto y lo mismo la carga fiscal.

En Guatemala la Gran Depresión había coincidido con la dictadura de Jorge Ubico, que había "ajustado el cinturón" del Estado mediante la reducción o postergación de salarios, el despido de trabajadores públicos y el congelamiento de obras, agravando la crisis en vez de moderarla. Estas eran las políticas "procíclicas", que empeoraban el ciclo depresivo en que se encontraba la economía, en vez de tratar de salir de ese ciclo.

Roxana Baldetti Elías, diputada de oposición del Partido Patriota y jefe de su bancada, retomó el argumento del presupuesto excesivo, y cuando expuso el 7 de julio de 2009 los hechos que motivaron mi segunda interpelación en el Congreso, desde lo alto de su curul en el salón plenario –en forma de anfiteatro– del Congreso, dijo lo siguiente:

> Quiero recordarle, señor ministro, que la bancada del Partido Patriota no estuvo de acuerdo con este presupuesto, porque avizorábamos que los efectos de la crisis mundial no permitirían recaudar los tributos propuestos y que las acciones del gobierno del presidente Colom derivarían en más endeudamiento y la profundización de la crisis que hoy precisamente estamos viviendo.

En otras palabras, había que recortar el presupuesto, reducir inversiones y posiblemente despedir empleados públicos, como lo había hecho Ubico. No estoy seguro si estaba plenamente consciente de ello, pero eso era lo que estaba proponiendo. Y al final de esa primera intervención, mientras yo la observaba –como todos los que eran interpelados– desde una de las curules en lo bajo del hemiciclo del Congreso, agregó:

> Nuevamente lo hemos citado esta vez a una interpelación para plantear una realidad amarga, la situación de las finanzas públicas del país, luego de la presentación y aprobación irresponsable de un presupuesto que desde un principio era imposible de alcanzar, que usted lo sabía y que se hizo hacer ciego. Por esa situación, señor ministro, está citado esta tarde, y esperamos

> que en los siguientes días le podamos demostrar a los compañeros representantes, pero más importante, al pueblo de Guatemala, cómo se ha manejado el gobierno de la socialdemocracia en un tema tan importante como el tema económico.

¿Debíamos entonces asegurar que el Estado "se apretara el cinturón" otra vez? La diputada Baldetti Elías tenía una buena capacidad para comunicarse con la prensa y para enviar mensajes sencillos a la población, y volvía a repetir el mismo argumento. Se expresaba con fuerza y seguridad, lo cual le aseguraba un liderazgo incuestionable en la bancada del Partido Patriota. Mi impresión era que ni a ella ni a sus correligionarios les interesaba el contenido de lo que discutíamos sino que lo importante era estar en línea con lo que los medios querían comunicar y en contra de lo que el gobierno pretendía hacer. La consigna era oponerse. No importaban los argumentos contrarios que desde la primera interpelación, hacía apenas seis meses, les había yo explicado cuando estábamos formulando el programa de emergencia para enfrentar la crisis financiera: buscábamos que el mayor gasto público compensara la anemia de la actividad económica privada, transitoriamente.

Pero la diputada y otros que favorecían que el Estado se apretara el cinturón, repetían y repetían estas afirmaciones sin fundamento hasta convertirse en un coro de "verdades", un método de comunicación muy efectivo, como lo reconocieron los responsables de la propaganda oficial tanto en la Alemania nazi como en la Unión Soviética. En Guatemala veníamos arrastrando esa práctica desde hacía tiempo. Lo ilustró claramente Francisco Pérez de Antón cuando el licenciado Ortiz de Saldaña, un protagonista de su novela *La guerra de los capinegros,* se refirió a personajes de la Colonia que "Repiten aforismos sacados de viejos códigos."

Desde octubre de 2008 sabíamos que teníamos que hacer algo especial, y la experiencia del programa de emergencia para enfrentar el alza de precios de alimentos y combustibles ya nos había demostrado de manera muy concreta que este tipo de orientaciones de políticas era útil y necesario. Reflexionamos en el ministerio sobre la posible respuesta guatemalteca a la crisis financiera mundial con base en los diversos aportes que nos habían dado, y finalmente le pedí a Gabriel Castellanos, que en ese momento era asesor del ministro, que preparara un borrador con base en lo que conversamos. Sus conocimientos de economía y su experiencia como antiguo vicepresidente del Banco de Guatemala resultaban muy útiles. También incorporamos sugerencias del Grupo Facilitador, especialmente en relación con los temas de seguridad, vivienda y empleo, además de destacar la importancia de cómo se le daría seguimiento. Un comisionado de alto nivel o un consejo especial fueron sugeridos, y los miembros del grupo estaban de acuerdo con la implementación de políticas contracíclicas. Y como indiqué antes, en mi primera interpelación en diciembre del 2008 le anuncié al Congreso los elementos básicos del programa, pero sin que generara mayores comentarios, aparte de la solicitud de que les hiciera llegar una copia.

Pasé los últimos días de diciembre de 2008 en una casa en la playa, en el Pacífico, que logré alquilar con mi esposa, y que con el tiempo se convirtió en un retiro de fin de semana –cuando se podía– que me ayudó a mantener la cordura frente a las presiones. Allí pude revisar con cierta tranquilidad el borrador que se convertiría en el Programa Nacional de Emergencia y Recuperación Económica (PNERE), y que sería la respuesta del gobierno a la crisis. Después de diversas consultas e intercambio electrónico de textos, incluyendo consultas con los miembros del Grupo Facilitador, de ministros y del presidente, estábamos listos para presentar el PNERE en enero de 2009.

Confieso que por esos días de fin de año el retroceso en relación con la reforma fiscal me hizo preguntarme si valía la pena seguir en el Ministerio, y mi propio viceministro Carlos Barreda, uno de los pilares en los cuales habíamos basado nuestras gestiones de reforma así como el principal impulsor de las acciones a favor de la transparencia fiscal, me presentó su renuncia para que fuera vigente a partir de 2009. Argumentó que quería dedicarse de lleno a la política en la UNE y traté de disuadirlo pero no lo logré.

La crisis estaba alejando cada vez más las posibilidades de progresar con la reforma fiscal y en el Congreso no habíamos tenido éxito en avanzar ni con la versión más moderada de reforma, limitada a mejoras del IVA sin aumentar su tasa, cambiar el impuesto sobre vehículos y fortalecer la administración tributaria. La razón principal por la cual había aceptado ser ministro de Finanzas, impulsar la reforma tributaria, se estaba haciendo muy difícil. Pero las dudas sobre mi papel duraron poco: por una parte había que seguir con los esfuerzos por impulsar la reforma hasta donde se pudiera, y yo sentía que no habíamos agotado todas las posibilidades de avanzar, y por otra teníamos enfrente la crisis financiera global, que exigía una respuesta rápida e integral y ante lo cual renunciar habría sido equivalente a una mezcla de cobardía e irresponsabilidad.

La segunda propuesta: el PNERE

No hay viento a favor para el que no tiene puerto de destino.

Montaigne

De un lado del salón están los vitrales con imágenes de los conquistadores y del otro las de los indígenas, con lo que se transmite una visión entre romántica y bucólica de la historia guatemalteca. En el centro cuelga un inmenso candelabro dorado que decían había sido de oro hasta que uno de nuestros jefes de Estado militares lo sustituyó por hojalata dorada. Frente a la entrada hay una especie de escenario, un poco más alto que el resto del local, alfombrado en color rojo oscuro, y dentro de ese escenario se encuentran las banderas de Guatemala, Centroamérica y de los pueblos indígenas. Es el salón principal del Palacio Nacional, donde se ofrecen banquetes, se celebran reuniones y se hacen muchas cosas más. El 28 de enero de 2009 presenté allí el Programa Nacional de Emergencia y de Recuperación Económica, junto con el presidente y el gabinete económico. El PNERE había sido discutido en el gabinete económico, donde se recogieron diversas recomendaciones, y luego lo presenté al gabinete general, donde fue aprobado.

Con el presidente discutimos no solo el contenido del programa sino también la forma de organizar su seguimiento, para evitar que se convirtiera solamente en un documento simbólico sin impacto. Acordamos con el "*staff* político" –integrado por Arnoldo Noriega,

Haroldo Rodas, Fernando Fuentes Mohr y Hugo Rodas– la composición de la Comisión Ejecutiva, que incluiría al presidente y a varios ministros y secretarios, y luego de discutirlo con el presidente él aceptó nuestra propuesta. Lo mismo hicimos en relación con la composición de lo que al principio se llamó un "Comité de Crisis" –con representación de gobierno, social y privada– y que después se transformó en el Comité de Coyuntura.

Para asegurar un seguimiento más concreto el presidente estuvo de acuerdo en nombrar a Marco Vinicio Cerezo Blandón, joven economista y político que había sido candidato presidencial y luchador por la protección del medio ambiente, además de ser hijo del expresidente Vinicio Cerezo. Los miembros del grupo facilitador habían insistido en que el director ejecutivo tuviera capacidades de líder y ejecutor, así como posibilidades de mantener una buena comunicación con los distintos sectores del país. Nos pareció que Marco Vinicio cumplía con estas condiciones, al mismo tiempo que era cercano al gobierno y a sus principales orientaciones políticas. Supe posteriormente que el sector privado hubiera preferido a algún representante o aliado de ellos, pero desde el principio nos había parecido que era indispensable mantener la autonomía de la política económica y del gobierno.

El programa buscaba ser bastante concreto y en relación con cada política que proponía se incluían acciones específicas y el nombre de instituciones responsables. Se incluían la política fiscal contracíclica, de seguridad, de empleo, de protección social y políticas sectoriales prioritarias –que incluían desarrollo rural, energía y vivienda–, la agenda de competitividad, la política monetaria, cambiaria, crediticia, financiera y bancaria, la integración centroamericana y la transparencia y calidad del gasto. Frente a una crisis severa que generaba una gran turbulencia este programa nos daba un sentido de dirección que era indispensable, además de ser un instrumento para enfrentar las consecuencias más directas de la crisis y para buscar soluciones compartidas ante este gran problema. Con ello en mente se propuso que en el Comité de Coyuntura participaran Rodolfo Orozco del sector cooperativo, Federico Linares del sector privado, Rigoberto Dueñas del movimiento sindical, Arnoldo Noriega como representante de la Presidencia, María Antonieta del Cid como presidenta del Banco de Guatemala, Julio Héctor Estrada como director ejecutivo del Programa Nacional de Competitividad (Pronacom), Edgar Barquín como superintendente de Bancos, yo como ministro de Finanzas y otros invitados especiales de acuerdo con lo que se tratara en las reuniones. Teníamos ahora un claro sentido de dirección o puerto de destino –como había indicado Montaigne– que nos permitía orientar nuestra embarcación en medio de una severa tormenta.

La prioridad: protección social

> *Ayudar a los más necesitados en una época de crisis, por medio de mayores recursos para salud y para los desempleados, es lo correcto moralmente; también es una forma de estímulo económico mucho más efectivo que reducir el impuesto sobre ganancias de capital.*
>
> Paul Krugman

El PNERE representaba continuidad y cambio. Su continuidad se reflejaba en que cubría temas que ya habían sido incluidos en el programa de emergencia para enfrentar el problema del alza de precios de combustibles y alimentos. Éstos eran las políticas de protección social, de desarrollo rural y de energía, pero el que realmente tenía la máxima prioridad en el programa de gobierno de la UNE, de Álvaro Colom y de Sandra Torres, era la cohesión social. La propuesta de protección o cohesión social en el PNERE era simple, concisa y al grano: había que asegurar una asignación presupuestaria que consolidara el programa de transferencias condicionadas en efectivo Mi Familia Progresa, había que evaluarlo, y había que ampliar otros programas –llamados presidenciales– de asistencia social: Bolsa Solidaria, Escuelas Abiertas y Comedores Solidarios.

En el PNERE se hacía notar que Mi Familia Progresa (Mifapro) no solo buscaba asegurar que niños y niñas asistieran a centros de salud y a escuelas, sino que también buscaba compensar en el corto plazo los efectos de la crisis financiera y de la recesión económica mundiales sobre la población pobre y desposeída del país. Además, se pensó que la economía dirigida a atender a los sectores de menores ingresos –productores de alimentos, comedores populares, tiendas, vendedores ambulantes– sería estimulada por una inyección de recursos que estarían gastando personas que al estar en una situación de extrema necesidad gastaba rápidamente lo que el gobierno le transfería. Ello era totalmente congruente con lo que planteaba Paul Krugman, premio Nobel de Economía, al indicar que aumentar el gasto social en un momento de crisis era la respuesta correcta en términos morales y económicos. Extender Mifapro era la prioridad número uno y se cumplió, como veremos más adelante. Demuestra cómo una prioridad clara, con apoyo político total del poder ejecutivo, puede avanzar a pesar de los cuestionamientos continuos por parte de medios de comunicación y de portavoces conservadores.

La prioridad de Mi Familia Progresa también tenía costos de oportunidad, como le llamamos los economistas. Al establecerlo como prioridad, y dada la escasez de recursos humanos y financieros, ese costo se reflejaba en otras actividades que se dejaban de hacer. Lo ilustra un compromiso del PNERE aparentemente menor, que era la realización de encuestas trimestrales de empleo, que tendrían que haber sido realizadas por el Instituto Nacional de Estadística (INE). Pero aquí la prioridad era clara –yo diría que excesiva–: hubo un vuelco total del INE para concentrarse casi exclusivamente en la realización de censos locales para identificar las necesidades que debía satisfacer Mifapro y ello impidió que se destinaran recursos a las encuestas. No fue sino hasta fines del 2010 que se comenzó a preparar una encuesta de empleo y pobreza con el apoyo de organismos financieros internacionales, pero la oportunidad de contar con un seguimiento continuo de las consecuencias de la crisis sobre el mercado de trabajo se había perdido.

Personas en la dirección de este programa que no encajaban con los objetivos específicos de la primera dama en relación con el mismo, eran rápidamente sustituidos. Ello ocurrió, en particular, con María Castro que, en un afán por administrar el programa con un estricto criterio técnico que a veces detenía su ejecución, fue despedida sin contemplaciones a pesar de su conocimiento del tema.

La estabilidad macroeconómica, de nuevo

Uno a uno a mis hombres con ellos tapé los oídos y, a su vez, a la nave me ataron de piernas y manos en el mástil, derecho, con fuertes maromas y, luego, a azotar con los remos volvieron el mar espumante.

Homero

De acuerdo con la mitología griega recogida en la obra de Homero, *Odisea*, cuando Ulises navegaba con el propósito de regresar a su hogar en Ithaca, puso en cierto momento cera en los oídos de sus marinos y les pidió que lo amarraran al mástil del barco en que estaban para evitar que las sirenas lo atrajeran y se estrellara contra los riscos. En nuestro caso el PNERE planteaba la necesidad de un acuerdo con el FMI, lo cual significaba que de manera voluntaria restringíamos el margen para ampliar el déficit fiscal: contribuía a que pudiéramos resistir las presiones de mayor gasto de nuestras "sirenas" de manera que no cayéramos en la turbulencia de los desequilibrios macroeconómicos. Así, aunque planteábamos aumentar el déficit fiscal, lo hacíamos dentro de ciertos límites.

La política fiscal contracíclica, que era la primera iniciativa del PNERE, planteaba estimular la economía mediante un déficit fiscal moderado del sector público de *alrededor* de 2% del PIB, y luego proponía fortalecer la SAT, optimizar el gasto sin reducir el gasto social, y aprobar el proyecto de ley de modernización tributaria indirecta, presentado en agosto de 2008 al Congreso. Como expliqué tantas veces, se proponía mantener o aumentar el gasto público aun cuando los ingresos públicos cayeran, con lo cual se estimulaba a la economía aun cuando *transitoriamente* ello diera lugar a un déficit fiscal más grande, que tendría que ser cubierto con mayor endeudamiento.

En Guatemala existe una amplia desconfianza y posición crítica frente a la posibilidad de que el Estado pueda endeudarse. Parece no tomarse en cuenta que cuando otros actores lo hacen está justificado. Por ejemplo, una familia en una situación de emergencia, como cuando enfrenta la enfermedad grave de una hija, puede acudir a préstamos de parientes y amigos para cubrir temporalmente esa necesidad especial. Los miembros de un hogar que desean comprar una casa o un automóvil, siempre que tengan ingresos esperados de cierto nivel, también pueden acudir a créditos. Las empresas normalmente acuden a crédito para realizar inversiones e incluso para asegurar una gestión ordenada de su capital de trabajo. Un gobierno también puede y debe acudir a lo que en todo el mundo se conoce como crédito público, y es por ello que el Ministerio de Finanzas de Guatemala antes se llamaba Ministerio de Hacienda y Crédito Público.

Por otra parte, Guatemala es uno de los países de América Latina que menos endeudado está. Si se mide la deuda como proporción de la economía –es decir, como porcentaje del producto interno bruto– Guatemala tenía una deuda que equivalía a un 23% del PIB en 2009, en contraste con 49% para el conjunto de América Latina; es decir, menos de la mitad. Es cierto que los impuestos que se pagan en Guatemala son bajos, y eso limita la posibilidad de endeudarse más, pero incluso tomando en cuenta ese factor –los ingresos del gobierno en vez de los ingresos del país– resulta que Guatemala todavía tiene posibilidades de endeudarse sin peligro de caer en una situación de quiebra o insolvencia. Es por ello que a Guatemala, a diferencia de la gran mayoría de países de América Latina, no se le obligó a entrar a procesos de renegociación de su deuda externa cuando tuvo lugar la crisis de la década de 1980.

Por supuesto, existen ciertos lineamientos que conviene seguir en materia de crédito público y quisiera destacar tres. El primero es que el gasto público debería financiarse principalmente con impuestos, como se estableció en el Pacto Fiscal acordado en 2000 por las principales fuerzas sociales y políticas del país. El crédito o la deuda solamente debe ser un complemento de estos ingresos tributarios. Una familia o una empresa tampoco puede vivir solo de préstamos; tiene que vivir de acuerdo con lo que gana. El segundo lineamiento es que hay que tomar en cuenta los ingresos tributarios esperados, y entonces endeudarse solo en la medida en que se pueda pagar esa deuda en el futuro. Ocurre lo mismo en un hogar, que no puede endeudarse más allá de lo que podrá pagar en el futuro tomando en cuenta lo que gane en los años que vienen. El tercer lineamiento es que conviene utilizar préstamos para financiar proyectos que generen ingresos futuros, de manera que la deuda se pueda pagar con los ingresos que generan estos proyectos. Por ejemplo, si se construye una autopista con un préstamo podría pagarse ese préstamo con el peaje que se cobrará a los que utilicen la carretera. Sin embargo, existen casos de emergencia, como en 2009, en que este lineamiento se debe flexibilizar, de manera que también se pueda utilizar crédito para cubrir necesidades inmediatas de gasto ante una drástica caída de la tributación.

En 2009 nos endeudamos más para cubrir una brecha entre los ingresos del Estado y sus gastos –el déficit fiscal– que superó el 2% del PIB. En el PNERE ya planteamos que el déficit del sector público podía ser de alrededor de 2% del PIB. Al plantear que sería aproximado –"alrededor de"– también buscamos ser flexibles, tomando en cuenta nuestras propias limitaciones para predecir lo que iba a ocurrir.

Pero queríamos que este déficit se diera dentro de ciertos límites, y en ese sentido nos pareció importante que el PNERE anunciara desde que se formuló la posibilidad de llegar a un acuerdo con el FMI. Tampoco se trataba de llegar a un déficit del 5 ó 6% del PIB, como había ocurrido durante la dictadura militar del general Lucas García a principios de la década de 1980, y que generó un tremendo desorden financiero que duró varios años. Queríamos establecer límites al déficit fiscal y para ello nos podía ayudar el FMI. El acuerdo con el FMI era como el compromiso de Ulises con sus marineros para resistir a las sirenas y para evitar estrellarse contra los riscos, a diferencia de lo ocurrido como resultado de la irresponsabilidad de la dictadura militar de Lucas García.

Todos los miembros del grupo facilitador, del gabinete económico y el gabinete general, además del presidente, estaban de acuerdo en contar con un convenio con el FMI. No escuché ninguna expresión de oposición abierta ni supe de alguna disidencia subterránea en relación con esta propuesta, aunque no estoy seguro si todos comprendían sus implicaciones. Con el acuerdo con el FMI no solo se buscaría comunicar a la comunidad internacional que la economía guatemalteca estaba estable y que tendríamos financiamiento adicional si lo requeríamos, sino que también esperaba que contribuyera a imponer ciertos límites para evitar un aumento excesivo del gasto público, aunque al mismo tiempo se contemplaba en el acuerdo un aumento del gasto social. Además, el acuerdo respondía a una política de gobierno, explícitamente expresada en el PNERE, y no a una imposición de condiciones por parte de un ente externo. Eduardo Weymann, excelente economista y antiguo ministro de Finanzas injustamente condenado por la firma de un acta de la SAT que había sido falsificada, repetidamente me había mencionado esta ventaja de los acuerdos con el FMI, y yo estaba totalmente de acuerdo con ello. Un acuerdo con el FMI bien negociado es un apoyo para el ministro de Finanzas.

Aparte de lo anterior el PNERE también planteaba compromisos en el ámbito monetario o financiero, lo cual fue propuesto por la presidenta del Banco de Guatemala, María Antonieta del Cid, junto con otros funcionarios del Banco. Se mantenía el objetivo de no permitir que la inflación aumentara, pero evitando que ello pudiera –por ejemplo, restringiendo la expansión del crédito– ir en contra de la reactivación económica. También se asumía un compromiso de proveer temporalmente de liquidez –en dólares o quetzales– para el sistema financiero si era necesario, y se mantenía una política cambiaria flexible. Se planteaba obtener más recursos externos –deuda– para cubrir la política de estímulo que se pretendía impulsar, incluyendo recursos del BCIE para la Franja Transversal del Norte, así como más recursos –también deuda– para el sector privado. Con base en las recomendaciones de Edgar Barquín, entonces superintendente de Bancos, se incluyeron propuestas para fortalecer tanto la supervisión como la solvencia de entidades bancarias, además de modificar las leyes bancarias, lo cual estaba siendo impulsado conjuntamente por el Banco de Guatemala y la Superintendencia.

Como parte de la política monetaria contracíclica se redujo la tasa de interés "líder", que es la que el Banco de Guatemala aplica cuando vende títulos en el mercado financiero, y que se toma como un indicador de las restricciones al crédito. En una situación de recesión normalmente se justifica disminuir la tasa de interés, para así reducir el costo del crédito y favorecer la inversión. Sin embargo, en una situación de recesión severa esta política tiene un efecto limitado, porque otros factores, como el mayor riesgo de que las inversiones fracasen en un contexto deprimido e incierto, resultan en que las empresas no demandan crédito. En estos casos, como lo había señalado J. M. Keynes hacía décadas, lo que se justificaba era un aumento transitorio del gasto público para dinamizar la economía. De todos modos, como en otros países del resto del mundo, en Guatemala también redujimos la tasa de interés líder, que los representantes del Cacif en la Junta Monetaria siempre favorecían, insistentemente. La Junta Monetaria acordó hacerlo en 2008 y luego en abril de 2009, pero ya en esta ocasión teníamos algunas dudas porque aunque el Banco de Guatemala bajaba su tasa de interés, los bancos no lo hacían. Nos reunimos, María Antonieta del Cid y yo, con los presidentes de los principales bancos comerciales –Banco Industrial, G&T Continental y Banrural– en dos ocasiones pero a pesar de que expresaron su voluntad de reducir sus tasas, no hubo cambios significativos.

Resulta ilustrativo un mensaje electrónico que me envió Erick Coyoy, viceministro de Finanzas que acudió el 22 de abril de 2009 a una reunión de la Junta

Monetaria a la que yo no pude asistir y sobre lo cual me informó lo siguiente:

> Juan Alberto: La tasa líder fue recortada en el 0.5% que propuso el Banguat. Queda ahora en 5.75%. Los representantes del Cacif argumentaron para que la rebaja fuera mayor, pero no fueron convincentes en sus argumentos. Se basaron en que el sector productivo necesita acceso al crédito barato para propiciar la reactivación, pero Banguat presentó los datos de tasas de interés para préstamos nuevos, como usted lo solicitó, y han permanecido invariables desde diciembre.

De manera que aunque el Banco de Guatemala bajara su tasa de interés (la "tasa líder") los bancos comerciales continuaban sin reducir las tasas suyas, poniendo de manifiesto las limitaciones de acudir a esta política, en ese momento, para estimular la economía.

La ambivalencia presidencial

> *...un príncipe debe actuar siempre con firmeza, porque si no está dispuesto a remediar la adversidad, con el mal si es necesario, el pueblo lo juzgará como poco sincero y nadie le agradecerá los bienes recibidos.*
>
> Maquiavelo

Álvaro Colom era un presidente inteligente y con experiencia política pero sin mayoría en el Congreso y con una bancada dispersa, oportunista y sin principios, y además con una primera dama que le imprimía gran fuerza a sus propios proyectos a costa de otros del gobierno si era necesario. Estaba sometido a presiones contrapuestas del sector empresarial y de otros grupos sociales como los campesinos, los maestros o los trabajadores del Estado, y enfrentaba medios de comunicación que criticaban y magnificaban lo negativo de cualquier decisión que tomara.

Varias propuestas del PNERE se insertaban dentro de un contexto conflictivo como el descrito y lo más frecuente en estos casos es que la respuesta presidencial fuera ambivalente, sin definiciones precisas, casi como una estrategia de sobrevivencia política frente a condiciones extremas. Algunas dimensiones de la política laboral, como el trabajo a tiempo parcial, o de la política de desarrollo rural, como la relación entre el MAGA y Prorural, o la explotación de petróleo y la minería, serían ejemplos de esta ambivalencia presidencial. Y creo que esa ambivalencia también explica la cantidad de renuncias que hubo durante su gobierno, al menos durante el período durante el cual fui ministro. Aunque originalmente el presidente había apoyado determinada propuesta, posteriormente no asumía posiciones claras, o las cambiaba. El propio tema tributario era quizás el mejor ejemplo de esta posición. Los casos de ambivalencia presidencial generalmente involucraban al sector privado, aparte de otros sectores políticos o sociales. Convencer, negociar y actuar en casos como estos no era fácil y por ello estoy convencido de que la profesión más difícil de todas es la de ser un buen político.

En el PNERE se proponía regularizar el trabajo a tiempo parcial mediante reformas legales consensuadas, aunque no se hacía referencia a la adopción del Convenio 175 de la Organización Internacional del Trabajo (OIT) sobre este tema, que era lo que el Cacif quería y a lo cual los sindicatos se oponían. La ambivalencia del presidente ante la polarización que generaba el tema, acompañado de las dificultades del Cacif de ceder parcialmente ante organizaciones sindicales de manera que la reforma de la legislación laboral pudiera incluir algunos elementos del Convenio 175 –aunque no todo–, pero que no involucrara una suscripción formal del Convenio por parte del Congreso, impidió que se llegara a un acuerdo.

En lo que se refiere al desarrollo rural continuaba manifestándose la dualidad o esquizofrenia reflejada en un MAGA más tradicional que iba por un lado y Prorural, con una gestión más empresarial e innovadora, por otro. No hubo quien combinara el poder político y la capacidad gerencial –como lo hacía Sandra Torres– en este ámbito, y la difícil búsqueda de equilibrios políticos por parte del presidente en este campo se reflejó en que en menos de tres años de gobierno hubo cuatro ministros de agricultura. Posteriormente, ya en el 2010, se intensificó el diálogo y el debate sobre una iniciativa de ley sobre el desarrollo rural, un marco amplio y muy declarativo que algunos de los diputados que conducían el diálogo sobre el tema consideraban que no iba a ningún lado, a pesar de los esfuerzos de algunos miembros del ejecutivo y de organizaciones campesinas y no gubernamentales por empujarlo. Mientras tanto los representantes agrarios del sector privado seguían el proceso con atención con la consigna clara de que se evitara condicionar el derecho a la propiedad privada a la tierra. Pero no había un empuje decisivo, presidencial o político-partidista: en la práctica se aparentaban cambios para no cambiar.

A su vez, los problemas dentro del Ministerio de

Economía tenían ciertos parecidos con una guerra de baja intensidad, o de guerra popular prolongada. Dentro del Ministerio coexistía de manera incómoda el Programa Nacional de Competitividad (Pronacom). Primero fue dirigido por Carlos Enrique Mata Castillo (el "Baby" Mata), importante y bien intencionado empresario que era uno de los dueños de la franquicia de la Pepsi Cola en Guatemala, aunque con dudoso sentido de la práctica política, que renunció a su cargo gubernamental en agosto de 2009. Posteriormente Juan Carlos Paiz, exitoso empresario en la industria del pan tomó la dirección de Pronacom, aunque renunció a principios de 2011. Durante esta época el director ejecutivo fue Julio Héctor Estrada, hijo de Fanny de Estrada, mujer animada de gran mística, de constancia y de fuerza para impulsar iniciativas a favor del desarrollo de las exportaciones no tradicionales. Ella tenía una relación cercana con Álvaro Colom desde que éste fue empresario exportador de textiles, promotor de las exportaciones no tradicionales y responsable de formular la primera propuesta integral –que se concretó en el decreto 29-89, Ley de Fomento y Desarrollo de la Actividad Exportadora y de Maquila– de legislación que establecía incentivos tributarios para este sector.

Estos antecedentes y la necesidad de mantener buenas relaciones con esta parte más "moderna" del empresariado guatemalteco probablemente expliquen la ambivalencia presidencial que también existía –como en el MAGA– en relación con el Ministerio de Economía. La propia Sandra Torres favorecía que el Ministerio de Economía asegurara una atención crediticia a mujeres y pequeños productores a través de fideicomisos gestionados por el Ministerio, en vez de asignarle prioridad a las mejoras en el ámbito de la logística para reducir el costo de las exportaciones, que era lo que favorecía la agenda de competitividad. Algunos ministros, como Rubén Morales, pretendieron equilibrar estas inquietudes, pero las tensiones asociadas a la búsqueda de estos equilibrios probablemente expliquen la renuncia de este ministro durante el primer semestre de 2010. A su vez, altos funcionarios de este ministerio, y alguno de los ministros que estuvo en el cargo, no veían con buenos ojos a Pronacom, que percibían como una especie de "gheto" institucional al servicio del sector privado, con un monto importante de recursos externos y con acceso directo al presidente.

Los planteamientos de Pronacom, establecido hacía muchos años, generalmente eran correctos y congruentes con la necesidad de mejorar la productividad y competitividad de Guatemala –aunque tendían a ignorar la necesidad de que el Estado contara con más recursos y que atendiera a los más necesitados–, pero no lograban integrarse o compatibilizarse con las orientaciones estratégicas del gobierno de Álvaro Colom. La prioridad de lo social y lo rural no estaba clara en la agenda de competitividad. Además, sus portavoces planteaban una prioridad adicional que no era compartida por la mayor parte del resto del gobierno, que era la promoción de la minería. Esta divergencia era seria porque el desarrollo de la minería era una prioridad del Cacif: concebía su crecimiento como una fuente de recursos –regalías– para el Estado de manera que éste no tuviera que acudir a una reforma tributaria. Me extrañó que Carlos Amador, presidente de Cacif de 2010 a 2011 y empresario que había tenido éxito en la industria del *software* como exportador de programas de cómputo de diverso tipo, insistiera en la minería como prioridad del desarrollo guatemalteco. Un enfoque más actualizado hubiera propuesto una definición estratégica de nuestro desarrollo para que girara en torno a los servicios, como el turismo, los centros de llamadas y las exportaciones de servicios financieros, técnicos, educativos, de negocios y de entretenimiento, como ya se estaba dando en muchos países de Centroamérica y el Caribe. Me pregunto si esta insistencia en la minería, con la evidente intención de que sirviera como fuente de recursos para el Estado de manera que éste no tuviera que cobrar impuestos adicionales, no podría interpretarse como cierta dependencia conceptual –amplia en nuestro medio– ante los dictados ideológicos de nuestra rancia aristocracia terrateniente.

En el gabinete económico se discutió el tema de la minería y, sin dejar de reconocer su importancia, quedó muy claro que no era prioritaria. Creo que el presidente, consciente del carácter conflictivo de la minería, pero probablemente influenciado por su relación cercana con ciertos grupos empresariales, incluyendo al propio círculo de Carlos Meany, manifestó cierta ambivalencia no solo en relación con la minería en un sentido amplio sino, más específicamente, en lo que se refiere a la renovación de un contrato de explotación petrolera situado en un área protegida en el Petén por parte de la empresa Perenco.

En esta área el PNERE proponía la ejecución de proyectos específicos de generación de energía –térmica, de carbón e hidroeléctrica– y, de fundamental importancia, la interconexión con México, que daba la oportunidad de importar energía a un costo bajo y que se había acordado impulsar desde 2008 pero sin concretarse en un flujo sostenido de energía sino hasta 2011, debido a la oposición y al cabildeo de los ineficientes generadores privados de energía en Guatemala. En 2010 la prórroga del contrato de Perenco se volvería un largo y agónico proceso de toma de decisiones que, independientemente de sus consecuencias, fue políticamente costoso, con mucho desgaste, debido a lo prolongado que resultó llegar a una decisión final.

Inversión y construcción en la práctica

Claro que puede haber hombres corrompidos en instituciones sanas, pero cuando las instituciones se están corrompiendo muchos de los hombres que viven y trabajan en ellas se corrompen necesariamente.

A. Wright Mills

La política de empleo incluida en el PNERE buscaba "evitar que la contracción económica causada por la crisis financiera global resulte en un aumento significativo del desempleo". Una pieza central era asegurar la ejecución de un conjunto concreto de obras de infraestructura, incluyendo a la Franja Transversal del Norte, el Puerto de Champerico, escuelas y centros de salud, así como obras de mantenimiento, "con especial atención a la utilización intensiva de mano de obra". Ello, junto con los programas sociales y de desarrollo rural eran los que tenían mayores consecuencias presupuestarias en el sentido de que iban a requerir mayores asignaciones presupuestarias, ya sea como resultado de más recursos o debido a una reasignación de los recursos disponibles. Ahora bien, mientras había algunas acciones que dependían básicamente del poder ejecutivo, había otras que dependían en buena parte del Congreso. En este caso la Franja Transversal del Norte dependía de financiamiento externo, que había sido negociado con el BCIE, pero que requería, por ser préstamo, la aprobación del poder legislativo. Lo mismo ocurría con una buena proporción de la inversión en infraestructura, puesto que ante la reducción de ingresos tributarios como resultado de la crisis, había que obtener otros recursos –bonos, préstamos del exterior– para financiar esa inversión que ahora no solo se requería para cubrir necesidades pendientes de atender desde hacía mucho tiempo sino que también se buscaba que generara más empleo en un momento en que el sector privado no estaba invirtiendo.

Lamentablemente la ejecución de inversiones en infraestructura estaba sujeta a una dinámica compleja y muchas veces perversa, sujeta a presiones contrapuestas que incluían desde intereses nacionales o locales legítimos hasta la más descarada corrupción. Como veremos en el próximo capítulo, el propio proceso de negociación sobre las obras de infraestructura dentro del Congreso, en que prevalecían criterios políticos inmediatos y de interés personal, incluyendo el objetivo de ejecutar obras con empresas afines para obtener recursos financieros que luego servirían para financiar campañas electorales o simples negocios, marcó la selección de obras en el presupuesto aprobado para el 2009 y de otras iniciativas legislativas. En el caso de la Franja Transversal del Norte un diputado por encima de toda sospecha me informó que la empresa beneficiaria del contrato correspondiente había asegurado el voto mayoritario mediante transferencias considerables hechas a un buen número de diputados.

Hubo observadores o economistas nacionales y extranjeros que me preguntaron por qué no habíamos aumentado aun más el gasto en inversión durante el 2009. La razón era muy simple: fue el resultado del largo período de tiempo que duró el Congreso para aprobar los bonos requeridos para que el gobierno contara con los recursos para financiar esa inversión. En Guatemala no se puede, como en otros países, o como se podía hacer en el pasado en la misma Guatemala, que el banco central financie el presupuesto con un incremento en la emisión monetaria, o "poner a funcionar la maquinita", como dicen algunos, que es equivalente a imprimir un montón de billetes para cubrir el gasto público; la Constitución lo prohíbe. Por consiguiente, si se quiere gastar más hay que cubrirlo con deuda, y cualquier deuda debe ser autorizada por el Congreso. Ya la historia había demostrado que el gasto público financiado con la emisión de billetes fomentaba la inflación y la depreciación de la moneda, como había ocurrido como consecuencia de los excesos de la dictadura del general Lucas García.

Aparte de buscar nuevos mercados para las exportaciones guatemaltecas y el turismo, mejorar servicios portuarios y ampliar la enseñanza del inglés, el PNERE retomó la propuesta que se había hecho en el programa de emergencia de impulsar la aprobación por el Congreso de la Ley de alianzas para el desarrollo para facilitar la realización de estas inversiones público-privadas, como mencioné anteriormente. Esta era la acción más importante de Pronacom y otra de las prioridades del Cacif puesto que significaba negocios con escaso riesgo y al mismo tiempo podía reducir las necesidades de recursos para el gobierno en la medida que éste no tuviera que invertir en infraestructura, puesto que lo haría el sector privado.

En este caso el presidente estaba de acuerdo con la iniciativa, sin mayores ambivalencias. Sin embargo, la negociación fue compleja debido a que se combinó una propuesta inicial heredada del gobierno anterior, una gestión propia del diputado Mariano Rayo –que en buena parte reflejaba las posiciones del sector privado–, una bancada de la UNE que originalmente se oponía a esta propuesta por temor a que pudiera facilitar la privatización de ciertos servicios públicos –especialmente sociales–, y una participación de Pronacom –y concretamente de Juan Carlos Paiz– y del Ministerio de Finanzas que favorecían la propuesta pero siempre que se cumpliera con algunas condiciones, y que no necesariamente coincidían. En la discusión y revisión de la propuesta también se contó con el apoyo de Eduardo Bitrán, consultor del BID que había sido ministro de obras públicas de Chile, y con asesoría del FMI.

Finalmente la Ley de alianzas para el desarrollo de infraestructura económica fue aprobada por el Congreso en el 2010 aunque lamentablemente con una adición –promovida por el diputado Mariano Rayo– que aseguraba la representación del Cacif y de la Cámara de la Construcción en el consejo de dirección de la agencia que sería responsable de evaluar proyectos de alianzas público-privadas, lo cual hacía que el sector privado participara como juez –en el Consejo– y parte –como empresas que ejecutarían las inversiones– del proceso. Era evidente el conflicto de intereses.

Otros problemas que enfrentó la ejecución de algunas propuestas en el PNERE, como el de la vivienda, resultaban de la dificultad de trascender intereses particulares, de ir un poco más allá, tomando en cuenta los intereses del país. Por sugerencia del grupo facilitador el PNERE incluyó el tema de la vivienda y en particular el compromiso de establecer dos fondos, uno de financiamiento de vivienda (Fovi) y otro de garantía (Foga), además de promover el crédito rural. Esto se convirtió en lo que para mí sería un símbolo de la incapacidad guatemalteca de llegar a acuerdos concretos a pesar de no tener grandes diferencias sobre el tema.

Siguiendo las sugerencias de Lizardo Sosa y de un equipo de la Asociación de Investigaciones y Estudios Económicos y Sociales (Asies) que conocía del tema, y con apoyo del Banco Mundial, tratamos de aprovechar un fideicomiso que ya existía en el Banco Centroamericano de Integración Económica (BCIE), con algunos recursos disponibles, para convertirlo en el Fovi. Esto llevó meses de discusiones entre funcionarios del BCIE y de los ministerios de Finanzas y Comunicaciones junto con representantes del sector de la construcción, principalmente Jorge Montenegro, antiguo presidente de la Cámara de la Construcción y presidente del Cacif en el 2009. También intervino el Banco de Guatemala y la Superintendencia de Bancos para asegurar que el Fovi no pudiera provocar una crisis financiera, como había ocurrido con el mercado inmobiliario de Estados Unidos y de España.

Para mí fue una experiencia muy frustrante, ya que teníamos toda la voluntad para impulsarlo y fuimos avanzando con muchas dificultades para superar una inimaginable serie de trabas técnicas y burocráticas que impedían establecer el Fovi. Crear un fideicomiso resulta relativamente fácil pero no queríamos crear otro más. Lamentablemente modificar uno tomaba meses y a veces años y esto, tomando en cuenta que queríamos un fideicomiso bien regulado y transparente, en parte explicó los atrasos con la creación de este fondo. Cuando había reuniones del Cacif con el gobierno, Montenegro no perdía ocasión para criticarnos por no concretar esta iniciativa, pero en la recta final los obstáculos que impidieron avanzar se debieron a desacuerdos entre él y los funcionarios del BCIE responsables del tema. La propuesta que estaba surgiendo del largo proceso de discusiones no se ajustaba totalmente a lo que él quería. Hubo quienes me indicaron que se estaban confundiendo intereses públicos y privados, pero no lo pude comprobar. Con mi salida del Ministerio de Finanzas ya no supe más del tema.

Riesgos compartidos

No todas las acciones convenidas con el Cacif fueron un fiasco. En el PNERE se propuso continuar con la labor de la Mesa Riesgo-País, una instancia conjunta de diálogo y cooperación entre el sector público y privado para favorecer gestiones ante calificadoras de riesgo para mejorar la calificación de Guatemala en el exterior. Representantes del sector público y privado nos reuníamos con cierta periodicidad en el salón principal de reuniones del Ministerio de Finanzas en el piso 18, orientados por Mario Marroquín, exfuncionario guatemalteco del Banco Mundial, y Mario García Lara, exvicepresidente del Banco de Guatemala.

Como parte de lo convenido en estas reuniones viajamos dos o tres veces a Nueva York, y una vez a

Bruselas y París, para presentarle a las agencias calificadoras, directamente en sus sedes, nuestra visión de cómo iba la economía guatemalteca, incluyendo nuestra visión de otros aspectos –como la seguridad– que incidían en el desempeño financiero del país. Puesto que nos convenía a todos que la imagen que se diera de Guatemala en el exterior fuera buena –al sector privado porque con mejores calificaciones les reducían el costo de crédito obtenido en el exterior y al gobierno porque la mejor imagen ayudaba al país política y económicamente– logramos ponernos de acuerdo en exposiciones que normalmente hacíamos la presidenta o el vicepresidente del Banco de Guatemala y yo. Esto era complementado luego mediante una sesión de preguntas y respuestas en que participábamos todos.

El tema tributario siempre fue un tema resbaloso pero llegamos a acuerdos: yo planteaba los planes, de manera previamente convenida, y no hubo ninguna expresión de oposición aun cuando sabíamos que era difícil que nos pusiéramos de acuerdo en la práctica. Nos poníamos de acuerdo con base en una presentación preparada por técnicos del Ministerio de Finanzas y del Banco de Guatemala y lográbamos presentar una imagen de unidad público-privada.

Estas misiones se realizaron en un ambiente de cordialidad, y participaron la presidenta o el vicepresidente del Banco de Guatemala, José Pivaral, Jorge Montenegro, Luis Felipe Samayoa, Mario Marroquín y yo, además de algún otro representante privado. Invitamos a diputados –y específicamente a Mario Taracena y Mariano Rayo, presidentes de las comisiones de Finanzas y Economía– pero nos anunciaron que por compromisos imprevistos en el Congreso no nos podían acompañar. Me hubiera gustado ver más actuaciones conjuntas como ésta, con base en un liderazgo de gobierno y con participación del sector privado y otros sectores sociales o políticos, pero adentro de Guatemala había fuerzas centrífugas que lo dificultaban.

El vínculo entre emergencia y transparencia

Lo que el estadista más ansía es producir un cierto carácter moral de sus conciudadanos, es decir, una propensión a la virtud [excelencia] y a la ejecución de acciones virtuosas.
Aristóteles

Aunque mi propósito principal al aceptar ser ministro de Finanzas era fortalecer la capacidad financiera del Estado guatemalteco, contribuyendo a que tuviera más recursos, también tenía como objetivo fundamental aumentar la transparencia con que se utilizaban los recursos. Ello era parte del enfoque integral de las finanzas públicas, y como resultado de ello impulsamos desde enero de 2008 la constitución de un Viceministerio de Transparencia, originalmente a cargo de Carlos Barreda, y que a partir de 2009 hasta mediados de 2010 estuvo bajo la responsabilidad de Ricardo Barrientos. Con la aprobación de la Ley de acceso a la información pública (decreto 57-2008) el Ministerio de Finanzas, junto con otras instituciones como la SAT, desempeñó un papel de vanguardia no solo al transformarse en un Ministerio abierto y bastante transparente sino también mediante el apoyo a otras entidades para establecer sus unidades de información y en cumplir la nueva ley.

Como parte de estos esfuerzos también aprovechamos el PNERE para avanzar más, e incluimos en este programa desde acciones legislativas como reformar a la Ley de contrataciones del Estado y apoyar la aprobación de una ley para combatir el enriquecimiento ilícito, hasta acciones de control administrativo, incluyendo un reglamento sobre fideicomisos. En un contexto de emergencia en los que muchas obras se trataban de impulsar rápidamente y sin el adecuado análisis ni la correspondiente justificación técnica, pensamos que también era importante consolidar el Viceministerio de Transparencia dentro del Ministerio de Finanzas. A partir de allí definimos una agenda ambiciosa: crear un observatorio ciudadano del gasto público, constituir un sistema de registro de contratos de infraestructura, ampliar el registro de documentación de Guatecompras, y dar seguimiento a los proyectos de inversión mediante una articulación del Sistema Nacional de Inversión Pública (SNIP), administrado por la Secretaría de Planificación y Programación (Segeplan) y el sistema integrado de administración financiera (SIAF), administrado por el Ministerio de Finanzas. Avanzamos con todas estas iniciativas –y quizás tratamos de abarcar demasiado– aunque en un lapso más prolongado del que originalmente habíamos contemplado, como veremos en el próximo capítulo sobre el presupuesto.

En muchos casos avanzamos con el apoyo del vicepresidente, Rafael Espada, que generalmente estuvo dispuesto a apoyar las acciones dirigidas a aumentar la transparencia. Recuerdo los innumerables cuadros y adornos en su oficina de la vicepresidencia, y especialmente un poster donde la socialdemocracia alemana simbólicamente vencía al fascismo y al comunismo así como fotografías de Robert Kennedy, todo lo cual delataban su condición de persona progresista y al mismo tiempo cercano a Estados Unidos. Los recuerdos en su oficina contrastaban con una gran pintura de cuerpo entero de Pedro de Alvarado, el sanguinario y prepotente conquistador de Guatemala, que le había regalado el alcalde de la ciudad de Guatemala y que el vicepresidente había colocado en un lugar discreto en otro salón de reuniones.

Rafael Espada fue siempre muy colaborador en relación con las iniciativas que impulsábamos desde el Ministerio y aunque a veces tenía ciertas tensiones con otras autoridades del gobierno, generalmente no las tuvo conmigo, con la excepción de una que otra declaración de él que no encajaba exactamente dentro de lo que estábamos haciendo o de la cual él buscaba desentenderse a pesar de que era una acción de gobierno. Alguna vez lo escuché decir que consideraba que la política era parecida a lo que hacían los médicos: requería un buen diagnóstico y luego acciones, como las operaciones quirúrgicas, hechas con base en un equipo bien preparado, con buena coordinación y con un buen procedimiento. Esto sonaba bien aunque me recordaba lo que alguna vez me había dicho Mario Solórzano: un dentista o un médico eran buenos artesanos puesto que seguían procedimientos establecidos, pero la política requería de algo más. Me parece que Rafael Espada, notable cirujano reconocido como tal en Estados Unidos, tenía un afán de protagonismo que era parte de su lucha por incidir en lo que hacía el gobierno pero subestimó –al menos inicialmente– lo difícil que era la acción política.

Creo que la mayor parte de guatemaltecos y guatemaltecas subestiman lo que se requiere para ser un buen político: pocos reconocen lo difícil que es ser un político de verdad y de altura, un verdadero estadista. Lo demuestra la cantidad de intentos –fracasados, en el pasado, y seguramente en el futuro también– de innumerables empresarios, académicos, abogados y militares que quieren ser candidatos a presidente porque tuvieron relativo éxito en su área de trabajo. No reconocen que ser un buen político es muy diferente. No reconocen que ser un político de altura, un estadista, requiere comunicar una visión de país de largo plazo y articularla con la implementación hábil –con cintura, como se dice comúnmente– de políticas públicas concretas, y hacerlo todo con firmeza y con el respeto efectivo de los valores éticos. Es fácil decirlo...

Por otra parte, Rafael Espada no supo aprovechar las fortalezas de la propia Vicepresidencia, que tenía un espacio de acción muy amplio aunque sin una burocracia que le permitiera concretar o darle seguimiento a muchas de las acciones que él impulsaba en el ámbito propiamente político. Quizás una ausencia de focalización o de visión estratégica le impidió ejercer un grado de influencia parecido al de alguno de sus antecesores, a lo cual se agregaba el espacio ganado por Sandra Torres, que reducía su campo de acción. Además, no contaba con una burocracia establecida ni pudo constituir un cuerpo durable e incisivo de asesores y operadores políticos. Esta situación de la Vicepresidencia contrastaba con el Ministerio de Finanzas, que además de contar con una burocracia establecida, también había constituido –por medio de un cambio en el reglamento del ministerio– una incipiente burocracia nueva para trabajar en el tema de la transparencia, lo cual se concretaba no solo en un viceministro de Transparencia de la categoría de Carlos Barreda o Ricardo Barrientos, economista el primero y matemático el segundo –y ambos con un gran olfato político–, sino también en una Dirección de Transparencia dentro de ese viceministerio, con profesionales también muy distinguidas y efectivas. Hacía mucho tiempo que el sociólogo Max Weber había dicho que: "La razón decisiva por la cual ha ocurrido el progreso de la organización burocrática siempre ha sido su superioridad puramente técnica sobre cualquier otra forma de organización".

¿Salón del Pueblo o Coliseo Romano?

El diálogo es por substracción, en sordina, con interrogaciones, fintas, puntos suspensivos, paréntesis: anfibológico, resbaloso, semicifrado y reticente.

Luis Cardoza y Aragón

Tuvimos presentaciones o intercambios sobre el PNERE con diversos grupos sociales y políticos que, aparte de una exposición resumida de su contenido durante mi primera interpelación, había incluido explicaciones más amplias en sesiones subsiguientes convocadas por la Comisión de Economía y Comercio Exterior del Congreso. Estas sesiones, dirigidas entonces por el diputado Mariano Rayo, se llevaron a cabo en el llamado Salón del Pueblo. Era mi salón favorito en el Congreso: tiene inmensos murales en la parte superior de las cuatro paredes que rodean el alto salón, inspirados en los muralistas mexicanos y con un recuento de la historia guatemalteca desde la época de los mayas hasta la Revolución del 44, incluyendo a la Reforma Agraria impulsada por aquella época. Imagino que se permitió que estos murales se deterioraran durante un buen tiempo con el consentimiento o pasividad de los representantes de las fuerzas políticas que contribuyeron a frustrar la Revolución de 1944 por medio del golpe de Estado apoyado por la intervención de Estados Unidos en 1954. Sin embargo, ya en la década de los noventa un presidente del Congreso, Edmond Mulet, logró que algunos de los pintores originales pudieran renovar y recobrar estos bellos murales.

En ese salón nos tocó hacer presentaciones del contenido y del grado de avance del PNERE, con participación no solo del coordinador, Marco Vinicio Cerezo, sino también con la de otros miembros del Comité de Coyuntura. La naturaleza mixta y plural de este grupo, que incluía a funcionarios públicos y a personas representativas de distintos sectores como Rodolfo Orozco, Federico Linares y Rigoberto Dueñas, contribuyó a darle a estas reuniones un ambiente en que no se limitaban las intervenciones de los diputados a la crítica y a la fiscalización de funcionarios públicos, sino que en ocasiones incluía sugerencias y propuestas, y moderaba los brotes agresivos que en ocasiones caracterizaban al entonces presidente de la Comisión de Economía del Congreso.

Durante la primera mitad del 2009 sólo hubo un comentario menor de la oposición representada por el Partido Patriota sobre el PNERE cuando se llevó a cabo una reunión de la Comisión de Economía del Congreso. Allí el diputado Fredy Viana del PP se refirió rápidamente a la falta de indicadores y a la ausencia de referencias al clima de negocios, pero de allí no pasó, aunque hubiera sido la oportunidad para que hiciera más críticas y sugerencias. Y si bien estar presente en las sesiones en la Comisión de Economía no era un paseo por el bosque, las interpelaciones eran diferentes, más duras y con aires de espectáculo, por lo que todos los ministros las veían con gran desasosiego. Durante mi segunda interpelación, en julio de 2009, las preguntas y los comentarios del diputado Fredy Viana fueron un verdadero contraste con la mayor parte de las observaciones más informadas hechas por los diputados en las sesiones en la Comisión de Economía.

Las interpelaciones de ministros en el Congreso tenían analogías con un coliseo romano, pero estos parecidos no se limitaban a la forma arquitectónica del anfiteatro sino que también se extendían a la humillación y búsqueda de la muerte política del interpelado. La escena de las interpelaciones siempre era la misma: los diputados en lo alto de un hemiciclo con una pendiente bastante aguda que permite concentrar a un número considerable de diputados –más de 150– en un espacio apretado y con butacas incómodas de madera oscura, y el interpelado en lo más bajo del recinto, en el mismo tipo de butacas para diputados pero que se reservan para el ministro de turno.

Sin embargo, el ambiente del Congreso 2008-2012 parecía anteponerse al propósito aparentemente dramático de humillación y muerte política del interpelado: mientras un diputado hacía las preguntas y el ministro las respondía, solo un pequeño número de diputados –principalmente de la bancada interpelante– ponía cierta atención, y la mayor parte del resto de diputados conversaban entre sí, leían o escribían en sus computadoras o hablaban por celular. El presidente del Congreso, que durante mi segunda y tercera interpelación fue Roberto Alejos, a veces estaba presente y en ocasiones se ausentaba, quedando un vicepresidente o incluso alguien de menor rango de la directiva del Congreso como responsable de la conducción del proceso. La prensa seguía con cierta atención el espectáculo la primera semana, pero después de varios días el número de periodistas mermaba considerablemente y la interpelación dejaba de ser una noticia, lo cual también reducía la presión sobre el ministro y volvía menos atractivo el evento para los propios diputados interpelantes.

De esta manera se depreció considerablemente lo que de acuerdo con la Constitución se suponía que era un verdadero juicio político, como me lo hizo notar al final de la segunda interpelación el diputado Oliverio García Rodas. El deterioro aumentó todavía más cuando se convirtió en una forma de impedir que la agenda del Congreso avanzara, como ocurrió con mi segunda y tercera interpelación, o cuando se volvía un instrumento de chantaje o negociación donde el ministro era un simple peón en un juego más amplio entre el gobierno y una bancada del Congreso, como sucedió en varias ocasiones. Era una manera en que minorías parlamentarias ejercían un poder de veto, contrario al espíritu de la democracia.

En ocasión de mi segunda interpelación en julio del 2009 el diputado Viana inició su sesión de preguntas de mi segunda interpelación haciendo una referencia a la Constitución, lo cual uno esperaría que pudiera ser un marco de referencia de cierta altura para efectuar una interpelación, pero a continuación intentó inmediatamente insinuar una relación malsana o de corrupción entre el Instituto Centroamericano de Estudios Fiscales (Icefi), centro de investigación que yo había dirigido antes de ser ministro, y mi cargo como ministro. No pudo demostrar la existencia de esa relación malsana o de contratos con el gobierno al que yo pertenecía porque no existía, pero reflejaba bien las tácticas políticas de la oposición: hay que comenzar por tratar de descalificar a la persona. Tampoco tuvo éxito en descalificar a la asesora legal del Ministerio que en ese momento me acompañaba, Alma Quiñones. En ambos casos el diputado se basó en información parcial o simplemente falsa para hacer sus denuncias. Una de las preguntas sobre el Icefi era si había hecho estudios para el gobierno, a lo cual respondí que había hecho un estudio para el gobierno anterior pero ninguno para el de Álvaro Colom. Otra pregunta se refirió a cuánto ganaba Alma Quiñones en Aeronáutica Civil a lo cual le respondí, como era la verdad, que ni trabajaba ni ganaba nada allí. Pero eso no impidió al diputado Viana concluir con sarcasmo que "El señor ministro ha reconocido que han [el Icefi] realizado estudios para el gobierno de Guatemala..." y que "Ciudadanas así debemos de tener, que prestan servicios y no cobran".

La descalificación de mi persona fue parte consistente de la estrategia de la bancada del PP en mi interpelación. Unos días antes, al principio de la interpelación, el diputado Alejandro Sinibaldi había concluido que yo tenía unos ingresos millonarios. Con base en los datos de mi salario, bonos, dietas, gasto en gasolina y celular como ministro durante el mes de abril del 2009 yo había reportado ingresos totales de cerca de 58 mil quetzales, es decir, algo más de US$7 mil.

Pero lo que le interesaba al diputado Sinibaldi no eran consideraciones sobre lo que debe ganar o no un alto funcionario de gobierno, o las precisiones aritméticas de sus ingresos, sino que le interesaba descalificarme, al igual que el diputado Viana. Y a pesar de que el diputado Sinibaldi posteriormente empapeló la ciudad de Guatemala con posters y vallas con fotos en que presentaba una gran sonrisa, no le parecía correcto que un ministro de Finanzas pudiera sonreír o permanecer tranquilo ante la presión que buscaban ejercer en esta interpelación:

> Usted más o menos tiene ingresos de un millón doscientos mil quetzales al año. Es decir, cerca de cuatro millones ochocientos mil, casi cinco millones en cinco años... en cuatro años. Por eso, señor ministro, lo veo tan tranquilo, tan sonriente, y a veces tan cínico ante esta crisis.

Información incompleta e insinuaciones similares también caracterizaron las preguntas y comentarios del diputado Viana sobre el PNERE. Los problemas comenzaban por no entender cuándo había comenzado la crisis financiera mundial. Yo ya había explicado que desde principios de 2008 –cuando tomamos posesión– había indicios de una desaceleración del crecimiento económico de Estados Unidos, pero que la crisis financiera no había estallado sino hasta septiembre de 2008. Pero para el diputado Viana parecía que la crisis financiera había reventado antes, incluso previo a que tomáramos posesión (enero de 2008):

> Al inicio dije que yo iba a demostrar la responsabilidad política del señor ministro por negligencia y otras figuras que van a demostrar la ineptitud para desempeñar el cargo. Resulta que [el] gabinete

> económico chileno, en reunión de emergencia para diseño del plan para afrontar crisis lo realizó en noviembre de 2007, y el Internet de Guatemala conoció la situación hasta 2008; hay que mejorar esa Internet.

Para el diputado la desaceleración del crecimiento de los Estados Unidos a principios del 2008 era LA crisis, mientras que la crisis financiera internacional –calificada como la peor crisis económica mundial en los últimos 60 años– no parecía estar en su radar. Como consecuencia, confundía lo que habían sido medidas iniciales para responder a la desaceleración económica de Estados Unidos en países como Chile y México, con lo que eran las respuestas a la crisis financiera que estalló en septiembre de 2008:

> Bien, señor ministro, el gobierno de Guatemala, con su agilidad que le ha caracterizado, comparado con Chile y México, fue hasta enero de 2009 que publicó, dio a conocer el plan, o el programa –perdón– de emergencia económica.

Tuve que responder que, más bien, estos países presentaron sus planes para enfrentar la crisis financiera en enero del 2009: "O sea que tenemos que los tres países: México, Guatemala y Chile, anunciaron sus planes de emergencia y recuperación el mismo mes de 2009."

Otra crítica del diputado Viana era que el PNERE no tenía objetivos, ni metas ni presupuesto: "Programa sin objetivos, sin metas, sin medición de impacto y sin presupuesto, ¡vaya seriedad de documento!" El diputado no entendía que esto no era un proyecto, con una identificación de objetivos específicos, actividades, metas, insumos y presupuesto. El PNERE era más amplio, como traté de explicarle al pleno del Congreso:

> En el Programa Nacional de Emergencia y Recuperación Económica se identifican las grandes políticas y acciones que se requieren para promover el empleo y asegurar la protección social; es un enfoque amplio e integral, es una propuesta de emergencia, como lo indica su nombre. ... la formulación de este documento fue el resultado de un trabajo conjunto con distintos actores sociales, incluyendo participantes del sector privado; refleja un consenso de amplios sectores y da un sentido de dirección; claro, donde incluso no sólo se toma en cuenta los aspectos puramente económicos sino también se toma en cuenta otros, como la seguridad en la medida que pueda afectar los temas económicos.

Y hubiera podido agregar lo que se decía en la justificación del documento del PNERE:

> En síntesis, la crisis económica financiera internacional está afectando negativamente a la economía real del país, comprometiendo el nivel de actividad económica y la generación de empleo. Por eso, se impone la necesidad de mitigar los efectos económicos y sociales de este fenómeno...

Lo cual debía lograrse con el PNERE. Estaba claro: había que evitar que aumentara el desempleo y mitigar sus consecuencias sociales.

Sin embargo, el diputado Viana no quiso entrar a esos temas, sino que limitó su único comentario y pregunta sobre el contenido del PNERE al tema de los idiomas:

> Señor ministro, quiero manifestarle que nosotros los patriotas confiamos en Guatemala y somos amantes

> y somos convencidos de una educación intercultural y multilingüe para que la prosperidad llegue a este país, pero me llama la atención que en su plan de emergencia aparece como una de las líneas de trabajo la profundización del conocimiento del inglés; yo hubiera querido escuchar 'idiomas mayas', pero es 'profundización del idioma inglés'.

Me sorprendió la pregunta: ¿sería una trampa? En todo caso, era una propuesta menor que el sector privado había sugerido incluir y que estaba directamente vinculada a la necesidad de generar empleo, en este caso en las centrales de llamadas o *call centers* en particular, y respondí que eso no era incompatible con un enfoque multiétnico, pluricultural y multilingüe. A continuación el diputado se refirió a las perspectivas negativas de crecimiento de la economía y hasta allí llegaron sus preguntas y comentarios.

Antes de eso el Comité de Coyuntura había avanzado con reuniones de seguimiento, y un resultado importante de este trabajo había sido que, con base en los compromisos ya establecidos, se definió lo que era la agenda legislativa del PNERE: la emisión de bonos para financiar la inversión pública, la de alianzas para el desarrollo, la reforma de la tributación indirecta, la aprobación del préstamos para la Franja Transversal del Norte y la reforma de la ley de contrataciones del Estado. Cada una de éstas ya tenían su propia vida política y dinámica, pero el PNERE las ubicaba dentro de un marco ordenado que fortalecía su prioridad. Esto era especialmente cierto en relación con las leyes para reducir la violencia –una contra la delincuencia organizada y otra sobre la competencia penal en procesos de mayor riesgo–, que aparte de contribuir a reducir la inseguridad para los ciudadanos en general, eran fundamentales para crear un clima de negocios más favorables para Guatemala. En seguridad el PNERE proponía apoyar la implementación del Acuerdo Nacional de Seguridad, y se destacaba la necesidad de movilizar recursos adicionales para ampliar el presupuesto en seguridad, conformar una comisión anticontrabando, combatir el lavado de activos e impulsar gradualmente el sistema de prepago en el transporte de la ciudad de Guatemala. En este último caso se consideraba que al no tener que utilizar efectivo se reducía el interés en asaltar a los autobuses. Algunas de estas iniciativas avanzaron y fueron aprobadas por el Congreso, aunque con un ritmo muy diferente al requerido para implementar un programa de emergencia.

¿CUÁL FUE EL IMPACTO DEL PNERE?

El PNERE buscaba fundamentalmente mitigar los efectos económicos y sociales de la crisis financiera mundial, y lo logró. Aunque una evaluación amplia del PNERE realizada por Marco Vinicio Cerezo Blandón a principios de 2010 señaló que de un total de 83 actividades previstas se realizaron 57, equivalentes a casi un 70% del total, lo realmente importante es que los costos económicos y sociales de la crisis se redujeron mediante una buena combinación de políticas macroeconómicas y sociales. Las políticas macroeconómicas incluyeron un aumento del gasto público –aunque con altibajos y dificultades en el camino para financiarlo, como veremos en el próximo capítulo–, el suministro de liquidez en quetzales o en dólares para las entidades financieras que transitoriamente lo requerían, y una reducción modesta de la tasa de interés. También se permitió que el quetzal se devaluara un poco, con lo cual los exportadores y receptores de remesas recibían más quetzales por cada dólar recibido.

Analistas independientes habían previsto que la economía decrecería. Desde el 6 de marzo de 2009 Miguel Gutiérrez había advertido en *El Periódico* del peligro que el crecimiento de la economía fuera cercano a cero o incluso negativo para finales de 2009. Tres meses más tarde, el 8 de junio de 2009, y aún antes de que estallara la crisis financiera mundial, Miguel Gutiérrez le explicaba al mismo medio lo siguiente:

> Nuestra proyección es que la economía se contraerá -1.5 por ciento este año, pero esta cifra podría ser de hasta -2 por ciento si ocurre un recorte del gasto público por la caída de la recaudación.

Sin embargo, y a diferencia de los vecinos de Guatemala, cuyas economías se contrajeron –México en casi un 7%, y Honduras y El Salvador en torno al 2%– en Guatemala la economía creció –modestamente, en un 0.6%, pero creció– y lo anterior se dio dentro de límites que no fomentaron una gran inflación o un quetzal que perdía todo su valor. En síntesis, lo logrado no incluyó solo evitar un decrecimiento sino también que Guatemala fuera uno de los pocos países del continente americano con un crecimiento económico positivo.

La expansión del gasto público se dio dentro de los límites acordados con el Fondo Monetario Internacional, y se cumplieron con todos los requisitos convenidos con este organismo, de manera que no solo se mantuvo la credibilidad internacional en materia macroeconómica sino que incluso mejoró. También se cumplió con el compromiso de no sacrificar el gasto social, que incluso aumentó durante el período que estuvo vigente el acuerdo. Lamentablemente no se logró aprobar una reforma tributaria, que hubiera magnificado de manera significativa esa credibilidad, pero en reconocimiento de que Guatemala había enfrentado bien la crisis –y también tomando en cuenta el cabildeo que habíamos hecho con el sector privado– la agencia calificadora Moody's elevó la calificación de Guatemala a principios de 2010. La prensa escrita destacó poco esa noticia –si la calificación hubiera bajado habría sido noticia de primera plana– pero observadores y analistas se dieron cuenta, ante lo cual uno de ellos le atribuyó este éxito al sector privado. Y si hubiera bajado la calificación y en vez de tener un crecimiento modesto pero positivo hubiéramos tenido un decrecimiento, ¿quién hubiera sido el responsable?

En su columna del 5 de enero de 2010 José Raúl González, que tendía a reproducir parte del pensamiento de los sectores empresariales más conservadores de Guatemala, admitió que Guatemala era de los países menos afectados por la crisis, pero el mérito no podía ser del gobierno:

> El Gobierno presume que Guatemala fue el país menos afectado durante la reciente crisis financiera internacional y de ser el que tiene mejores perspectivas de crecimiento. El Fondo Monetario Internacional (FMI) es del mismo criterio. Yo también lo comparto; sin embargo, la pregunta de fondo es ¿de quién es el mérito por semejante logro? El mérito no puede estar en la gestión gubernamental.

González admitía que el FMI había elogiado las políticas implementadas, pero el FMI también estaba equivocado y, además, las famosas medidas contracíclicas que él había criticado ahora parecían no haber sido suficientes:

> El FMI elogia la gestión oficial diciendo que su política económica "incluye políticas monetarias y fiscales moderadamente contra-cíclicas, flexibilidad del tipo de cambio, la reorientación del gasto hacia las necesidades sociales y la infraestructura, y el fortalecimiento de la supervisión y regulación del sector financiero." Un elogio que choca con la realidad. Para todos los efectos prácticos, no hubo las tales "medidas contra-cíclicas.

Si hubiéramos seguido la política fiscal procíclica, de amarrarle el cinturón al Estado y reducir su gasto hubiéramos tenido una contracción económica similar a la de Honduras o El Salvador y Moody's no hubiera mejorado nuestra calificación. Pero la mitigación de los efectos de la crisis no fue solo económica. Hubo un esfuerzo especial por el lado social, reflejo de la prioridad absoluta que tenía en el gobierno, y Moody's también tomó en cuenta esto: era un tema de crecimiento equilibrado y de gobernabilidad. En particular, el gasto que más aumentó fue el gasto social, en parte por las transferencias de efectivo a las familias pobres, y en parte por la construcción y especialmente reparación de centros de salud y de escuelas, así como por la contratación de más maestros y trabajadores de la salud para atender la nueva demanda de servicios de educación y de salud que generaban estas familias pobres. Como indicó el FMI, el gasto social llegó a niveles no alcanzados en décadas –la verdad es que nunca– en Guatemala. A veces fue un gasto atropellado, como ocurrió con el Ministerio de Educación, y otras veces era más ordenado, como sucedió con Mi Familia Progresa, pero el resultado positivo no puede negarse y era doble: protegía a los sectores más pobres –a fines de 2009 a más de medio millón de familias, equivalentes a más de dos millones y medio de personas– y al mismo tiempo estimulaba a la economía, pues el dinero en manos de los pobres, a diferencia de los ricos, se gastaba en bienes y servicios locales y no se ahorraba o invertía en el exterior.

La inversión pública no tuvo un desempeño equivalente al del gasto social y si se toma todo el año como referencia, incluso disminuyó como proporción de la economía en su conjunto, es decir, del PIB. Esto se debió a que los diputados tardaron varios meses en aprobar los bonos que propusimos para financiar este tipo de gasto. En particular, no fue sino hasta agosto del 2009 que el Congreso aprobó Q3 mil millones en bonos y fue entonces que de manera activa se pudo financiar la inversión pública, especialmente en infraestructura. Esto refleja las dificultades propiamente institucionales –ante el Congreso– de implementar una política fiscal contracíclica ágil, puesto que no pudo mantenerse el aumento de la inversión que se dio en marzo y abril debido a la ausencia de recursos, y no fue sino a partir de agosto que realmente se disparó la inversión pública, elevándose de algo menos de Q500 millones por mes en agosto a cerca de Q1 mil millones por mes en diciembre. A pesar de que había indicios de que la calidad de esta inversión dejaba mucho que desear, y que había un lado oscuro que se discutirá en mayor medida en el próximo capítulo, su aumento también contribuyó a estimular la economía y a generar empleo.

Hubo programas cuya implementación se atrasó, como algunos de los proyectos de ley en el Congreso, aunque éste aprobó varios préstamos, dos leyes de seguridad y reformas a la Ley de contrataciones del Estado. Algunas de las áreas en que no se logró avanzar fueron el Fondo de Vivienda (Fovi), el apoyo a proyectos de agricultura competitiva convenida con la Asociación Guatemalteca de Exportadores (Agexport), la reforma tributaria, más inversiones en los principales centros turísticos, la regularización del trabajo a tiempo parcial, y la encuesta trimestral de empleo. El cumplimiento de otras se rezagó, como la aprobación de la Ley de alianzas para el desarrollo de infraestructura económica, recursos adicionales para la enseñanza del inglés y la creación del Observatorio Ciudadano del Gasto Público. Pero lo anterior no impidió que el PNERE, con base en lo cumplido, logró mitigar los efectos económicos y sociales de la crisis financiera mundial en el 2009.

Sin dejar de reconocer el esfuerzo de todos los guatemaltecos, así como de algunos sectores a los que les fue especialmente bien por contar con precios favorables a pesar de la crisis, como ocurrió con el azúcar, hubo ciertos protagonistas centrales en la respuesta efectiva del gobierno, reconocida como tal por la mayoría de observadores nacionales y externos del desempeño económico nacional. Como en el caso de la respuesta a la crisis asociada al aumento de los precios de alimentos y combustibles, la respuesta a la segunda crisis volvió a involucrar a dos mujeres, Sandra Torres con sus programas sociales y María Antonieta del Cid con su política monetaria –especialmente la facilitación inmediata de recursos en un primer momento– pero la respuesta a la crisis también involucró al Ministerio de Finanzas y a un número importante de diputados, con sus propias razones. En particular, diputados de la UNE y de otras bancadas aliadas lograron superar la continua oposición de bancadas, como la del PP, que no querían que la política fiscal pudiera contribuir a evitar los peores efectos de la crisis financiera mundial. No le hicimos caso a todos aquellos que propugnaban por que el Estado "se amarrara el cinturón".

La tercera crisis: el caso Rosenberg

El brillo del poder se eclipsa ante el brío de la justicia.
Artigas

El PNERE nos había dado un marco de ordenamiento de la política económica y al mismo tiempo había establecido una instancia útil de relacionamiento entre el gobierno y otros sectores, incluyendo al sector privado. La relación del gobierno de Álvaro Colom con el sector privado fluctuó, durante el período durante el cual fui ministro, entre períodos buenos y malos, pero durante los primeros meses del 2009 hubo cierto acercamiento y perspectivas de llegar a ciertos acuerdos, además, de que también pudiera existir cierto acercamiento con el Partido Patriota (PP) y, especialmente, con Otto Pérez. Yo consideraba que ello era esencial para poder avanzar con la reforma tributaria, y en la medida que lográramos acercamientos o alianzas con diversos sectores también podíamos tenerlos con rivales políticos como el PP. Sin embargo, en el gabinete no había muchos que simpatizaran con mi idea de llegar a acuerdos con el PP; Sandra Torres favorecía la confrontación más que la cooperación con ellos y al propio presidente no le entusiasmaba avanzar con lo que podría haber sido una agenda compartida en algunos temas. Todavía no olvidaban lo difícil y encontrada que había sido la contienda electoral previa. Pero yo sentía que ahora había perspectivas de acercamientos, no solo desde la perspectiva fiscal sino más amplia. Lamentablemente la crisis desencadenada por la divulgación de un video en que el abogado Rodrigo Rosenberg anunciaba, antes de morir, que si era asesinado ello sería responsabilidad del presidente, de la primera dama y del secretario privado de la Presidencia –además de uno de los principales financistas de campaña y allegado al círculo del presidente–, interrumpió este proceso. Se suspendieron las reuniones, se organizaron marchas de protesta y las declaraciones confrontativas se multiplicaron. Frustrado, escribí las siguientes notas pocos días después de esta nueva crisis, en torno al 15 de mayo de 2009:

> El caso R [Rosenberg] interrumpió, entre otras cosas (más importantes), un proceso de acercamiento que estábamos impulsando con el sector privado. Una vez más, lo que era un proceso impulsado con cierto cuidado, con negociaciones, conversaciones o alianzas, se rompió. El Comité de Coyuntura se había reunido el martes, y habíamos tenido una reunión fructífera, franca y, al final de cuentas, de apoyo al gobierno, especialmente frente al Congreso para que se impulsaran las cinco iniciativas legislativas pendientes (emisión

de bonos, tributación indirecta, APD, FTN y reforma a la ley de contrataciones).

Acordamos en la misma reunión realizar reuniones de cabildeo, frente al Congreso y a otros actores. Alguien sugirió que nos reuniéramos con el presidente, y aunque AN [Arnoldo Noriega] se opuso con base en el argumento de que ya estaba hastiado de tantas reuniones, hice prevalecer la idea de que sí tuviéramos una reunión que, además, me pareció que podía ser motivadora.

La cena se realizó, con buenas perspectivas, aunque motivó cierta especulación que AC [Álvaro Colom] condicionara su reunión con OP [Otto Pérez] a que no se tratara el tema del MDF o de los archivos. Pero esto se interrumpió con el asesinato de Rosenberg. Posteriormente hubo una reunión AC-OP pero el seguimiento se interrumpió ante una nueva guerra de ST [Sandra Torres], reflejada en declaraciones de MT [Mario Taracena], que interrumpieron temporalmente el necesario diálogo.

El caso Rosenberg ha sido descrito de manera concisa, objetiva y bastante completa en la revista norteamericana *The New Yorker* en su edición del 4 de abril del 2011, con implicaciones muy amplias que requieren de muchas páginas. Quisiera limitarme a hacer dos observaciones y a reproducir un mensaje que envié en ese momento a Tomás Rosada, quien en ese momento estaba en el BID en Washington, y que me había expresado alguna inquietud sobre el asunto. Por una parte, este hecho retrató de cuerpo entero a una buena parte de la sociedad guatemalteca, que quiso ver en este "asesinato" –así lo habíamos concebido casi todos– el resultado de una mezcla de abuso estatal, corrupción y salvajismo de tres personas que no tenían nada que ver con ello –el presidente, su esposa y el secretario privado de la presidencia– y que además convirtió esta absurda percepción en la base de un movimiento para derrocar al gobierno si era posible. Representó la más clásica combinación de rumores, desconfianza y manipulación de la sociedad guatemalteca. Representó el abuso del poder por parte de grupos privilegiados, acostumbrados a manipular, y eso se combinó con la desconfianza. No era la Guatemala profunda sino la Guatemala del agujero negro, sin salida, apartada del resto del mundo. Además, el golpe de Estado de Honduras ocurrido ese mismo año es un ejemplo de lo que podía ocurrir. Afortunadamente la investigación de la Comisión Internacional Contra la Impunidad en Guatemala (CICIG) significó que el poder de estos grupos pudo ser controlado por la justicia, cumpliéndose en este caso el deseo del prócer uruguayo José Artigas.

Por otra parte, el caso Rosenberg desequilibró al gobierno y lo debilitó en su segundo año, ya golpeado por una sucesión de dos crisis económicas, reduciendo su margen de maniobra y provocando dentro del propio gobierno reacciones comprensibles pero extremas ante lo que eran prejuicios y expresiones de absoluta intolerancia por parte de sectores que en retrospectiva eran manipulados o manipulaban. La intolerancia externa dio entonces lugar a la intolerancia dentro del gobierno y recuerdo que en la primera reunión de gabinete en que tratamos el caso Rosenberg hice un llamado a la serenidad que afortunadamente tuvo algún impacto en un contexto en que parecía que era lo que menos había.

El hecho generó todo un clima de tensión que se

reprodujo en redes sociales y otros ámbitos. Tuve un intercambio sobre el tema con Tomás Rosada, que entonces se encontraba en el BID trabajando como parte del equipo técnico centroamericano que respaldaba a los gobiernos en sus gestiones para obtener préstamos o apoyo técnico para Guatemala y los demás países de la región. Me transmitió un mensaje de Hugo Maúl, economista respetado y profesor en la Universidad Francisco Marroquín, donde expresaba su preocupación acerca de los acontecimientos y veía, correctamente –creo yo– que la situación estaba conduciendo a una polarización. Sin embargo, y ahora que conocemos los resultados de la seria investigación que hubo sobre el tema por parte de la CICIG, creo que tampoco imaginó que lo que en la práctica fue el suicidio planificado de R. Rosenberg estaba maquiavélicamente dirigido a desestabilizar al gobierno. Textualmente Hugo Maúl decía lo siguiente:

> La mara del gobierno no escucha a nadie. En todo ven conspiración y falta de legitimidad. Me sorprende el silencio y la lealtad hasta la última consecuencia de gentes como Juan Alberto y Ana de Molina... El punto es que si gente como J. Alberto y Ana no utilizan su liderazgo para darle un poco de sentido a lo que sucede adentro, no veo quien lo haga. Si el domingo ellos sacan a "su gente", nadie sabe qué puede pasar. Por supuesto que tienen el derecho de sacar a su gente, pero no en busca de confrontación directa. Si a la situación actual le sumas unos cuantos buses quemados, unos cuantos golpeados y un "muerto" adicional, de seguro se arma un lío fenomenal. Esta onda no es de ricos contra pobres; o de UNE contra oposición. Esto es de que se haga justicia, justicia por todos los que han caído en esta violencia incontenible; de que los

procesos sean transparentes y que se mantenga la independencia de las instituciones del Estado.

Hugo Maúl también aseguraba que era imposible comunicarse conmigo:

> Según la gente del Icefi, ellos no tienen mayor llegada con J. Alberto. Les creo. ...A vos te contestan el teléfono. Llamalos y deciles que les corresponde tener la cabeza fría y no permitir desmanes. Algunos de nosotros no tenemos esa oportunidad. Cada quien está haciendo lo que puede del lado en dónde nos tocó estar. No te quedés callado. Hablá con J. Alberto y Ana y demándales que jueguen el papel que las circunstancias demandan.

Ya se tenía contemplada una manifestación de apoyo al gobierno, como lo hacía notar Hugo Maúl, y en ese contexto le respondí a Tomás con siete reflexiones:

> Primero, es fundamental la serenidad y cordura. El efecto del video ha sido fundamentalmente emotivo. Frente a ello hay que tener la cabeza fría. Vea el programa de J. Bayly [novelista peruano y presentador de un programa de televisión donde se comentó el tema] para contar con otras perspectivas, más frescas que las que se generan en este agujero negro. Una pregunta básica: ¿a quién le convenía la difusión de este video?
>
> Segundo, este es un momento de apoyo. Horas antes de que usted me enviara este mensaje mi hermana me habló y me dijo: "¿En qué te puedo apoyar?". Como resultado del video se ha desatado una campaña terrible, que tiene un fondo político, que ha tenido como objetivo darle un golpe técnico al gobierno (llevar al

presidente al Congreso para un antejuicio) o para que renuncie de una vez por todas. Los que difundieron el video y los participantes en las manifestaciones contrarias al gobierno (las iniciales) permiten saber en parte de dónde viene esto, además de otros intereses políticos y financieros que también se han movilizado para impulsar este proceso. Es un grupo pequeño pero bien organizado y con recursos. Tiene capacidad para movilizar y convencer a otros. Ha logrado involucrar a un número importante de jóvenes guatemaltecos vinculados a las universidades privadas, principalmente la Marroquín, asegurando una presencia fuerte en Internet. Buena parte de la prensa escrita también ha apoyado esta iniciativa de pedirle la renuncia al presidente. Parte del sector privado también se ha involucrado en esto. Frente a ello, el gobierno necesita apoyo, desde el personal hasta el político.

Tercero, estamos frente a un riesgo básico de ingobernabilidad y de crisis financiera. Al núcleo básico que ha impulsado este proceso le interesa crear caos. Una renuncia del presidente en el momento actual equivale a ingobernabilidad. La campaña contra Banrural, que ha incluido distribución de volantes y la contratación de personas para difundir (aparte de Internet) noticias de problemas en el banco amenaza a todo el sistema financiero. Ya hubo conatos similares en el pasado, en contra de G&T y del Banco Agrícola Mercantil. Aparte del componente político hay una dimensión financiera importante en todo esto. Esto también apunta a ciertos protagonistas en este proceso.

Cuarto, como parte de la lucha por la gobernabilidad hay una medición de fuerzas. Lo que inicialmente se iba a transformar en una manifestación para pedirle la renuncia al presidente Colom afortunadamente ya se está transformando en una reivindicación más amplia por paz y justicia. Pero esa transformación –que en las próximas horas veremos cuán auténtica es– no es el resultado de la buena fe de las fuerzas que han aprovechado para denunciar el gobierno sino de una reacción ante el peligro de que exista otra manifestación pro-Colom. Si la segunda no se hubiera planteado no hubiera habido negociación en relación con la primera y el grupo que ha impulsado esto desde el principio tomaría el control de las calles. Ante el peligro de una mayor polarización algunos actores como Cacif han adoptado una posición más moderada, aunque cambiante y no muy confiable. Contar con una manifestación alternativa ha dado lugar a que en vez de contar con verdaderos choques entre grupos extremos pueda reflejarse en una concentración en un lugar y otra en otro, bien separados (espero). Reconozco que hubiera sido mejor realizar la manifestación pro-Colom otro día, pero la dinámica social y política no es tan fácil de controlar y mi capacidad de incidencia es limitada en este ámbito específico.

Quinto, no son ciertas algunas de las apreciaciones de Hugo M. Con él nos vimos hace una semana en el programa de Alfred Kaltschmidt. Es cierto que no tenemos un intercambio continuo pero tampoco es imposible comunicarse conmigo. Y con Fernando Carrera mantenemos comunicación bastante continua. Este viernes hablamos por teléfono porque estas mismas fuerzas que están contribuyendo a la ingobernabilidad y al caos financiero transmitieron un mensaje falso del Icefi que llamaba a la renuncia del presidente Colom.

Sexto, lo que se plantea en el video de Rosenberg tendrá que aclararse con una buena investigación (y espero que CICIG y nuestros organismos funcionen), pero también hay que enmarcarlo dentro de un contexto más amplio de búsqueda de la ingobernabilidad y el caos, para sacar a este gobierno y sustituirlo por otro. Vivimos en un país complicado pero por eso mismo es tan importante esa frialdad para analizar la situación y para identificar los peligros que existen y de dónde vienen. Todavía falta información, mucha, y especialmente sobre los crímenes en particular. Pero la acción política a que ha dado lugar la difusión del video tiene orígenes que no es tan difícil vislumbrar.

Séptimo, somos un gobierno muy moderado y no confrontativo. Pero en el fondo hay un gran temor a que programas como Mi Familia Progresa tengan un efecto político importante, que impida que las fuerzas más conservadoras puedan tomar el control del gobierno en las próximas elecciones. También hay temor de que temas como la reforma fiscal y otras, que favorecen las fuerzas progresistas, puedan ser parte de una agenda que no le gusta a esas rancias y atrasadas fuerzas que ahora favorecen la ingobernabilidad. Pero esos son otros temas, que los opositores políticos a un programa como el de Mi Familia Progresa o de cohesión social tendrán que afrontar dentro del marco de la ley y con base en una lucha política como la que se da en todos los países. No es algo que justifique las acciones a favor de la ingobernabilidad y del caos financiero.

Afortunadamente no hubo enfrentamientos violentos y poco a poco fue bajando la intensidad de la confrontación. Al determinar claramente lo que había ocurrido la CICIG le dio la razón a quienes veíamos en esto una iniciativa política para debilitar al gobierno. Y ese debilitamiento fue serio.

El país de la eterna crisis

Todavía hubo dos crisis más, pero que me tocó enfrentar solo parcialmente. La primera fue la erupción del volcán Pacaya y la tormenta tropical Agatha, que provocaron destrozos serios que fueron cuantificados en varios millones de quetzales. Yo había tomado el avión la mañana del jueves que comenzó a caer la ceniza del volcán Pacaya, pues debía asistir a una reunión de ministros de Finanzas en Lima. Todavía asistí a la reunión el viernes y luego tenía previsto asistir a otra en Brasilia, pero recibí la llamada del presidente el sábado solicitándome regresar. No pude entrar por el aeropuerto de Guatemala así que volé a San Salvador, donde me esperaron con un automóvil del Ministerio de Finanzas que me llevó por tierra a Guatemala. Llegué directamente a una de las primeras reuniones de la Coordinadora Nacional para la Reducción de Desastres (Conred), donde casi a diario se analizaba lo que ocurría y las respuestas coordinadas del gobierno, ahora bajo una dirección muy ejecutiva del presidente, que me hubiera gustado observar en otras áreas de gobierno.

La Secretaría de Planificación y Programación de la Presidencia (Segeplan), bajo la dirección de Karin Slowing, junto con la Conred y otras instituciones, le dieron seguimiento a lo ocurrido. Una misión de un conjunto de diversos organismos, bajo la coordinación de la Comisión Económica para América Latina y el Caribe (CEPAL) de Naciones Unidas hicieron una evaluación de los costos, y Segeplan hizo una estimación del gasto público requerido para realizar la reconstrucción. La estimación fue integral, pero sin un criterio de escasez, es decir, sin tomar en cuenta los recursos disponibles del gobierno. Por ello le comuniqué alguna vez a Karin Slowing que sus estimaciones de requerimientos de inversión y gasto corriente eran "ciencia ficción". Sin embargo, ponían claramente de relieve que si Guatemala quería enfrentar riesgos derivados de este tipo de desastres, o de otros asociados al cambio climático, tendría que contar con muchos más recursos y con un Estado más fuerte y mejor organizado. Lo mismo se aplicaba a la otra crisis que ya era evidente cuando me fui y que empeoró: el efecto del crimen organizado internacional, y especialmente del narcotráfico. También requeriría un tremendo esfuerzo fiscal para cubrir las necesidades de equipo moderno y de personal necesario para enfrentarlo. Guatemala, cansada, no estaba preparada para estas crisis. Pero hay que recordar lo que dijo Winston Churchill: "La verdadera medida de las naciones es lo que hacen cuando están cansadas."

Capítulo III
Luces y sombras del presupuesto

El presupuesto es el esqueleto de la sociedad, desnudado de cualquier ideología engañosa.

Rudolf Goldscheid

La pareja presidencial y la prioridad de la cohesión social

Esta actitud de admirar y casi adorar a los ricos y poderosos, y de despreciar o al menos a dejar de lado, personas de pobre y mala condición, es la más grande y universal causa de la corrupción de nuestros sentimientos morales.

Adam Smith

El presidente, el vicepresidente y la primera dama presidían la sesión. Fue la primera reunión de gabinete, en enero de 2008, en el amplio, moderno y un tanto aséptico salón de reuniones de Casa Presidencial donde desde hace algún tiempo diversos gobiernos celebran las reuniones de gabinete. En algún momento se permitió que entraran periodistas a tomar fotos y al día siguiente salió la foto del presidente con su esposa al lado, acompañados por el vicepresidente y el conjunto del gabinete. Mi hijo Alberto, al verla, me hizo un comentario perspicaz y revelador:

–Parece una monarquía.

Había parecidos. El primer visual mensaje que

recibimos estaba claro: la primera dama no solo iba a estar en el gabinete sino que estaría a un nivel equivalente al del vicepresidente. La primera lectura del ejercicio del poder era contundente: la influencia que ya Sandra Torres había desplegado durante la campaña y antes, en el seno de la UNE, se extendería ahora al gobierno. Su participación en el gabinete sería determinante y cogobernaría. La relación entre el presidente y la primera dama había comenzado, entiendo, como una relación empresarial y política y, no obstante el vínculo sentimental que se desarrolló posteriormente, el entendimiento político continuó siendo fundamental. Y desde el principio del gobierno se comenzó a mencionar la posibilidad de que ella sucediera al presidente Colom como próxima presidenta. Nunca recibí órdenes ni instrucciones de Sandra Torres, pero su influencia indirecta se reflejaría eventualmente en la orientación del presupuesto.

A esta relación política entre Álvaro Colom y Sandra Torres se unía un convencimiento ideológico que se convertiría en la orientación política más importante del gobierno: había que privilegiar el desarrollo social y la atención a los más pobres. Desde mi perspectiva ni Álvaro Colom ni Sandra Torres tenían una orientación ideológica de izquierda de tipo fundamentalista ni muy fuerte, aunque la orientación de Álvaro Colom a favor de los más vulnerables, su apoyo al desarrollo social, su convicción democrática y su deseo de hacer que el Estado se fortaleciera eran congruentes con una visión socialdemócrata. Esta prioridad se reflejaría en propuestas como el PNERE pero, más importante, se reflejaría en el aumento del gasto público para impulsar el desarrollo social.

Estaba claro que la ideología no era la fuente de

inspiración del presidente Colom ni de su primera dama. En el caso de Álvaro Colom su sensibilidad y conciencia ante la desigualdad y la terrible situación de los pobres en Guatemala, ya vivido de manera muy concreta como director del Fondo Nacional para la Paz (Fonapaz), y su propio origen familiar, como sobrino de Manuel Colom Argueta, hacían que la atención a los más pobres fuera una orientación muy sentida por él. Creo que la mayor parte del gabinete compartía esta visión y era algo que nos unía. Me alegró percibir que no compartíamos esa admiración por los ricos y poderosos, ni el desprecio por las personas pobres y de mala condición, que Adam Smith había denunciado como fuente de corrupción de los sentimientos morales de una sociedad y que ha sido tan evidente entre algunos guatemaltecos.

A esta convergencia política de Álvaro Colom y de Sandra Torres se agregaban algunas diferencias, en buena parte de personalidad. El Álvaro Colom que traté durante su período presidencial era una persona conciliadora, simpática –contador de chistes–, "entradora", capaz de establecer una relación cercana y calurosa con las personas con que trataba. Combinaba estas características de su propia personalidad con una convicción política de que los grandes problemas debían resolverse prioritariamente por la vía de acuerdos y diálogos. Su fuerte convicción religiosa también garantizaba la fe en un futuro mejor, que todo político debe tener. Álvaro Colom era un creador de confianza y de esperanza, como lo reflejan el significado de las siglas de la UNE (Unidad Nacional de la Esperanza), y evadía la confrontación, con un estilo de resolución de problemas que privilegiaba el transcurrir del tiempo y las negociaciones como vía para avanzar. Su experiencia como empresario y su profesión de ingeniero civil, además, le daban un toque pragmático que no necesariamente se manifestaba en la superficie pero que siempre estaba allí.

La Sandra Torres que conocí durante esta época coincide con la percepción general de ella como un "tractor", que empujaba lo que ella creía que era necesario, muchas veces sin tener en cuenta las consecuencias inmediatas. Inteligente y también con sentido del humor, le interesaban los resultados rápidos, lo cual impulsaba con una combinación de capacidad gerencial y autoritarismo. El propio embajador de Estados Unidos, Stephen McFarland, la había reconocido como la mejor gerente del gobierno, en un informe filtrado por Wikileaks.

No faltaba quien dijera que se requería una posterior patrulla de atención a emergencias para atender a los heridos y los daños provocados después de la implementación de sus programas o acciones; y la prisa por hacer las cosas no siempre iba acompañada de la mejor asesoría. Incidía para que despidieran a funcionarios sin contemplaciones, en ocasiones justificadamente y en otras con base en un torpe criterio de fidelidad política. Se dio así una convergencia política entre dos estilos políticos totalmente diferentes que, al combinarse, dieron lugar a un avance acelerado pero conflictivo en el ámbito del desarrollo social, que manejaba la primera dama, mientras se avanzaba a un paso más lento –o se retrocedía– en otros temas.

Estas prioridades no favorecieron avanzar en el ámbito económico y especialmente en el de la política fiscal. Álvaro Colom consideraba que la economía debía ponerse al servicio de lo social y que no se debía privilegiar el tema económico, como había ocurrido con otros gobiernos. Yo estaba de acuerdo con que lo social ameritaba una atención especial, prioritaria, como parte de un proyecto de renovación que también incluía, por supuesto, la obtención de los recursos para financiar esa política social. No comparto la visión de que la mejor política social es una buena política económica. Es como si quisiéramos caminar con una sola pierna: deja a los que no se benefician del crecimiento económico y del empleo totalmente marginados, desprotegidos. No se trata de contar con un inmenso gobierno, pero sí de un gobierno que le da una mano a los que se quedan atrás, y por eso la idea de la solidaridad es tan importante. Además, darle menor prioridad a la educación y a la salud de los trabajadores tampoco es una buena política económica. Para aumentar la productividad, y por consiguiente los ingresos empresariales y salariales, se requiere que el gobierno invierta en la gente: el sector privado guatemalteco, con algunas excepciones, no se ha caracterizado por asegurar con sus propios recursos que sus trabajadores estén sanos y sean educados. Por consiguiente, yo coincidía con el presidente y la primera dama en asignarle prioridad a la política social, especialmente a la luz de nuestra historia de tantos rezagos y desigualdades. Estaba de acuerdo en que ello tendría que reflejarse en una reorientación del gasto público, con más atención al desarrollo social.

Sandra Torres sustentaba sus posiciones en un ejercicio pleno del poder que inicialmente partía del respaldo del presidente –no sin conflictos– pero que desde el principio incluía apoyo dentro de la UNE. Ella se fortaleció políticamente aun más posteriormente, en parte por ser la coordinadora de cohesión social y en parte por sus perspectivas como posible candidata presidencial. Este fortalecimiento progresivo significó que ya en la segunda mitad del 2009 tuviera la capacidad de impulsar sus propias acciones sin el apoyo del presidente o incluso en contra de su voluntad. Desde finales de ese año Sandra Torres ya no se sentaba en la mesa central del gabinete general –ya no necesitaba hacerlo–, sino en la segunda fila, aunque durante la época que tuve el cargo de ministro de Finanzas nunca pudo sustraerse de hacer críticas a diversos miembros del gabinete. El afán poco confrontativo del presidente, a su vez, permitía que el avance de Sandra Torres se diera sin demasiados obstáculos. Este ejercicio del poder por parte de ella significaba que los argumentos técnicos o racionales no necesariamente tenían mucho peso, aun cuando en reuniones bilaterales fuera más razonable y estuviera más abierta a moderar o corregir sus opiniones.

Yo había advertido hacía un par de años, antes de la victoria electoral de la UNE, que Álvaro Colom era crítico del exceso de influencia que por la vía de la definición de la política económica había tenido en gobiernos previos Richard Aitkenhead, economista que había sido un respetable ministro de Finanzas Públicas y posteriormente comisionado presidencial responsable de la política económica en el gobierno de Oscar Berger. Sandra Torres también desempeñó ese papel de "comisionado" o de "primer ministro" en lo que se refiere a lo social, pero sin que legalmente tuviera ninguna responsabilidad como funcionaria pública. Ello significaba que ni el antiguo comisionado responsable del tema económico en el gobierno anterior, ni la "comisionada" responsable de lo social en el gobierno de Álvaro Colom, estaban sujetos a una rendición de cuentas ante el Congreso o ante otras entidades del Estado. Y desde mi primera interpelación la bancada del Partido Patriota se refirió a esta situación e intentaron darle una dimensión jurídica o de delito a la falta de una rendición de cuentas, sin reconocer que Sandra Torres no tenía obligaciones legales como funcionaria. Tampoco tomaron en cuenta que el propio Otto Pérez, al ser comisionado de seguridad durante los primeros meses del gobierno de Oscar Berger, había tenido un cargo que permitía evitar que estuviera sujeto a una rendición de cuentas ante el Congreso en su momento.

El gabinete en la sombra

En las luchas de poder las relaciones son subterráneas: las cuatro quintas partes, como en el iceberg, no se ven.
Felipe González

El gabinete de Álvaro Colom apoyaba la prioridad principal del gobierno, que era su orientación social, aun cuando se ocupaba de múltiples temas. Sus reuniones, que siempre comenzaban con un retraso de por lo menos una hora, no eran una instancia decisiva de toma de decisiones. Por ejemplo, se proporcionaba alguna información sobre el tema de seguridad pero no se tomaban o consultaban decisiones sobre este tema, que estaba sujeto a lo que se discutía en el Consejo de Seguridad, donde participaba el presidente junto con los ministros de Gobernación y de Defensa, además de otros funcionarios.

Por otra parte, los mecanismos de coordinación y seguimiento del presidente Colom durante los dos años y medio que me tocó ser ministro de Finanzas no eran mecanismos claramente establecidos, sino instancias imprecisas, en las que a veces estaban presentes algunas personas y asesores y a veces otros. Parecía que a Álvaro Colom no le gustaba amarrarse o depender demasiado de un grupo en particular, lo cual es entendible ya que le daba margen político para actuar, pero desde mi perspectiva debiera de haberse dado dentro de ciertos límites. En la práctica este exceso de imprecisión significaba que en muchas ocasiones no había un seguimiento adecuado de las decisiones que se tomaban, o éstas se quedaban en el aire, no se cumplían. Aquí surge una lección sobre el vínculo entre la política y el servicio público: si se requiere realizar un esfuerzo fuerte y concentrado una organización imprecisa no es la mejor manera de lograrlo, ya que no asegura seguimiento y efectividad. Debilita el vínculo entre la acción política y el servicio público puesto que no contribuye a que esta última le dé seguimiento y cumpla con lo acordado en una instancia política.

El llamado "*staff* político", integrado por Arnoldo Noriega, Haroldo Rodas, Fernando Fuentes Mohr y Hugo Rodas servía de apoyo al presidente para analizar la coyuntura, darle seguimiento y apoyar la toma de decisiones, pero tardó mucho en consolidarse y aun así todavía no tenía un ámbito bien definido de acción cuando dejé el gobierno. Gustavo Alejos y Sandra Torres –entre las principales fuerzas dentro del gobierno– no le asignaban gran atención a esta instancia, que podría haber debilitado el poder que ambos obtenían del acceso inmediato y continuo al presidente. Desde mi perspectiva y el de la política fiscal ello era lamentable. Aparte de haber podido darle más coherencia y de contribuir al seguimiento de las decisiones presidenciales, los integrantes del *staff* político estaban muy conscientes de la importancia fundamental de la reforma fiscal como medio para permitirle al gobierno atender la gran cantidad de demandas que se le hacían. Estaban conscientes de que ello contribuiría a la gobernabilidad de Guatemala.

Una de las personas con mayor incidencia en el gobierno durante mi período de gestión como ministro fue Gustavo Alejos, secretario privado de la presidencia y considerado como "el empresario" de la familia Alejos, especialmente en contraste con "el político", su hermano Roberto, diputado de la UNE y presidente del Congreso desde 2009 a 2011. Gustavo Alejos tenía un ámbito de acción política amplio, resultante de una combinación de cuatro factores: tener una estrecha relación política y personal con el Presidente, ser el principal operador del poder ejecutivo ante el Congreso y ante ciertos empresarios importantes –especialmente los que habían apoyado a la UNE durante la campaña–, contar con un monto grande de recursos propios con capacidad y voluntad de destinarlos a fines políticos, y participar en negocios que dependían de contrataciones del Estado, como la compra de medicamentos por parte del Instituto Guatemalteco de Seguridad Social (IGSS), el Ministerio de Salud y Asistencia Social y el Ministerio de Defensa Nacional a través del Centro Médico Militar.

Había ciertas instancias de toma de decisiones presidenciales que yo no conocía, como el Consejo de Seguridad y seguramente otras, pero siempre percibí que el trabajo político de Gustavo Alejos no necesariamente se enmarcaba dentro de estas instancias. Mantenía una relación continua con una serie de actores, incluyendo a los diputados, a mí y a otros ministros, y manejaba buena parte de la agenda del presidente. Era su principal operador político. Sus relaciones bilaterales y de enlace significaban que en numerosas reuniones estaba presente pero en realidad respondiendo a llamadas que le llegaban por la vía de uno de sus cuatro celulares, que sonaban o vibraban de manera incesante. Gustavo Alejos sabía aprovechar lo impreciso de la organización que rodeaba al presidente, y podía ser selectivo en relación con lo que merecía seguimiento o no. Por otra parte, evitaba cuidadosamente entrar en conflicto con Sandra Torres, lo cual en la práctica significaba que casi nunca intervenía en las áreas que tuvieran que ver con las acciones que el Consejo de Cohesión Social impulsaba. Leal con Álvaro Colom, tampoco recuerdo haberlo escuchado participar abiertamente en las discusiones que se dieron en el gabinete, y en muchas ocasiones simplemente no estaba presente, lo cual pone de manifiesto la debilidad del gabinete como instancia de toma de decisiones.

Pero lo anterior no debe interpretarse como una denuncia de que el gabinete no funcionaba. Aunque generalmente no se tomaban decisiones en esa instancia, funcionaba como un foro de consulta, de crítica entre ministros o secretarios, y de consolidación o ratificación de decisiones en relación con ciertos temas. Varios temas de política fiscal, especialmente del presupuesto, se discutieron en el gabinete, y el presidente compartía con los ministros, y a veces secretarios –en un gabinete ampliado–, importante información sobre la coyuntura política que se estaba viviendo. Sin embargo los debates en el gabinete no solían ser largos ni profundos y quizás se puede afirmar que con alguna excepción puntual los ministros no tenían un gran protagonismo, lo cual incluso se reflejaba en su limitada relación con la prensa. Más diálogo al interior del gabinete hubiera evitado contradicciones en materia de comunicación, y podría haber impedido la aplicación de un lineamiento poco realista planteado inmediatamente después de la toma de posesión, que consistía en que toda la comunicación del gobierno tenía que centralizarse en la Secretaría de Comunicación Social y en la Presidencia.

En las reuniones del gabinete también se manifestaba cierto espíritu de equipo y de apoyo al presidente, especialmente importante en momentos críticos, como lo fue la crisis resultante de la muerte de Rodrigo Rosenberg. Era una instancia ideal para compartir información formal o informalmente, y para realizar gestiones de diverso tipo y no pocas veces para asegurar o agilizar algún desembolso que debía hacer el Ministerio de Finanzas.

En relación con los temas de educación y salud, y de desarrollo social en general, hubo la pretensión presidencial de que existieran dos instancias, una de cohesión social dedicada a atender y coordinar los esfuerzos de las diversas entidades para atender los municipios más pobres, coordinado por Sandra Torres, y otra instancia responsable de coordinar en términos genéricos los temas socio-ambientales, con una perspectiva más integral y de mediano plazo, coordinada por el vicepresidente, Rafael Espada. La segunda se reunía pero no fue efectiva, a pesar de los esfuerzos hechos por el vicepresidente, mientras que el Consejo de Cohesión Social llegó a ser más importante que el propio gabinete y es lo que mejor ejemplifica la función informal de “primer ministro” que ejercía la primera dama.

La instancia de cohesión social pronto se convirtió en el foro de toma de decisiones más fuerte, que incluía no solo a ministros sino también a secretarios y a directores de entidades que manejaban recursos, como Fonapaz y el Fondo Guatemalteco para la Vivienda (Foguavi). Aquí sí se manifestaba un poder político fuerte y concentrado. Fue una buena idea, que le dio orden al área social y que permitió concentrar esfuerzos y recursos en atender a los municipios más pobres del país por medio de una coordinación efectiva de casi todas las entidades de gobierno. Pero en cierta medida sustituyó al gabinete general, y se convirtió en una de las fuentes de poder de Sandra Torres. Con el apoyo de Cecilia de Palomo, "ojos y tentáculos de Sandra" –como me dijo un asesor–, y que conocía cómo funcionaba el presupuesto, los diversos ministerios y entidades concentraron sus recursos en atender a los municipios más pobres, sin que ello necesariamente involucrara cambios en el presupuesto general sino más bien reasignaciones dentro de las entidades.

En reuniones semanales del Consejo de Cohesión Social se daba un seguimiento estrecho, con gran disciplina y dirección centralizada, muy lejano al estilo conciliador y de seguimiento laxo del presidente. Había una continua rendición de cuentas por parte de las entidades ejecutoras –que incluían desde los ministerios sociales hasta entidades como Fonapaz– en el Consejo, pero la rendición de cuentas de ella se limitaba a informar al presidente sin que interviniera ninguna otra instancia de control.

El Consejo de Cohesión Social no era una instancia fácil para quienes pudieran cuestionar o dudar sobre acciones que no le asignaban suficiente a atención a los medios –incluyendo recursos– requeridos para realizarlas. Desde la perspectiva del Ministerio de Finanzas ir a Cohesión Social llegó a tener parecidos con la experiencia de atender al Congreso: estar sujetos al asedio por parte de representantes de varias entidades que le hacían coro a Sandra Torres y que denunciaban al Ministerio de Finanzas por no asignar suficientes recursos a cada uno, sin reconocer el problema más amplio de la ausencia de recursos.

En las reuniones del Consejo de Cohesión Social participaba inicialmente el Ministerio de Finanzas a través de un asesor o un viceministro de Finanzas, aunque el ministerio no era parte formal del Consejo. Inicialmente lo atendió Pluvio Mejicanos, viceministro y con una larga trayectoria como servidor público, que provocaba la desesperación de Sandra Torres y que fue víctima de un acoso psicológico que, al igual que el primer ministro de economía, también hizo mella. Luego participó, aunque de manera más selectiva, el viceministro Erick Coyoy, que detrás de una apariencia de poca o ninguna expresividad, escondía una gran capacidad para combinar respuestas efectivas y pragmáticas con una cuidadosa atención a las finanzas públicas y a sus detalles. Un dicho popular es que "el que parpadea pierde" y, a pesar del acoso, Erick no parpadeaba. Sin embargo, el propio Gustavo Alejos, que asistía muy ocasionalmente a alguna reunión del Consejo de Cohesión Social, me indicó –con cierto sentimiento de solidaridad– que el viceministro parecía una calcomanía pegada a la pared ante el hostigamiento del que era víctima por parte de diversos ministros o secretarios en una reunión del Consejo. Esa era una de las fuentes de presión para aumentar el gasto público al que, como todo Ministerio de Finanzas, estábamos sujetos.

Por supuesto, en el Consejo de Cohesión Social nunca se discutió la conveniencia de contar con más recursos mediante medidas de reforma tributaria o de fortalecimiento de la recaudación. A lo más que se llegó fue a denuncias demagógicas, que también se expresaron en el gabinete general, de que la SAT no era eficiente y que había que sustituir al superintendente, o a algún otro funcionario (a), con la candidatura de Cecilia Palomo siempre bajo el brazo. Más de una vez me correspondió defender la respetable labor de Rudy Villegas, superintendente de la SAT que sustituyó a Carolina Roca. No solo luchó por mantener la institucionalidad de esta entidad –a pesar de presiones que provenían de personas al interior del propio gobierno– sino que también apoyó en todo momento las iniciativas de reforma tributaria que impulsamos.

MIFAPRO: EFICACIA SIN RENDICIÓN DE CUENTAS

En política, lo que no se hace pronto, no se hace.
Francisco Pérez de Antón

En las reuniones internas o de negociación con el sector privado sobre el tema tributario participó muy poco Sandra Torres, con dos o tres excepciones. Lo hizo en noviembre de 2009, al realizar gestiones ante la bancada de la Gran Alianza Nacional (Gana) para que aprobara la propuesta de medidas tributarias con potencial recaudatorio a corto plazo que habíamos presentado ese mes, y que apodé "la reformita" por abandonar muchos de los aspectos de integralidad que tenía nuestra propuesta de inicios de 2008. También estuvo presente en una ocasión en que fue invitada por el embajador de Estados Unidos en diciembre de 2009 cuando éste pretendió jugar un papel de mediador entre el gobierno y el sector privado. Luego participó en tres o cuatro reuniones de una comisión que le dio seguimiento al tema fiscal durante los primeros meses de 2010, cuando estábamos en las negociaciones con el Partido Patriota (PP), que ella no favorecía. En general, Sandra Torres se concentró en los temas de cohesión social y no incidió directamente en los temas de reforma tributaria, especialmente en 2008 y 2009.

Sin embargo su participación fue decisiva en relación con el tema del presupuesto, donde por distintas vías indirectas ejerció presiones para que hubiera recursos para los programas que dependían directamente de la Presidencia: Mi Familia Progresa, Bolsa Solidaria, Escuelas Abiertas y Comedores Solidarios. Esta presión se vio facilitada por la ausencia de un presupuesto realmente estructurado –por distintos motivos en cada año– durante mis dos años y medio de gestión.

El primer presupuesto que tuvimos, el de 2008, era un presupuesto heredado del gobierno anterior, que evidentemente no recogía las prioridades del nuevo gobierno, especialmente en materia social. Hubo que ajustarlo para que reflejara esa prioridad, aunque el crecimiento del gasto social ese año todavía fue modesto. Sin embargo, Sandra Torres parecía movida por la expresión de Rufino –que representa a Justo Rufino Barrios en la novela *El sueño de los justos* de Pérez de Antón– "En política, lo que no se hace pronto, no se hace" y avanzaba a toda velocidad.

Mientras se hacían esfuerzos por reorientar los

presupuestos internos de las entidades que estaban en el Consejo de Cohesión Social para atender los municipios prioritarios, que eran los más pobres, también se acudió a Fonapaz para financiar el remozamiento de escuelas y centros de salud, lo cual significó algunas transferencias del propio ministerio de Educación o del Ministerio de Comunicaciones a Fonapaz –entonces dirigido por Obdulio Solórzano– para que éste ejecutara este tipo de gasto. Se transfirieron recursos –especialmente desde el Ministerio de Educación– a la Secretaría de Coordinación Ejecutiva de la Presidencia (SCEP), entonces dirigido por Salvador Gándara y que en ese momento canalizaba los recursos para financiar las actividades de Mi Familia Progresa con el objeto de transferir dinero en efectivo a las familias más pobres. También se transfirieron recursos al Instituto Nacional de Estadística (INE) para realizar censos en el ámbito municipal con base en las condiciones de vida de cada hogar, para así determinar quiénes recibirían las transferencias de efectivo otorgadas por Mi Familia Progresa, y quiénes no.

Las actividades de remozamiento y de reconstrucción, junto con las transferencias, eran justificadas. Pero el cuestionamiento posterior sobre el manejo de fondos al que estuvieron sujetos tanto Obdulio Solórzano como Salvador Gándara puso de manifiesto los costos –desorden, corrupción o ausencia de rendición de cuentas– de acudir a mecanismos ad hoc –Fonapaz y la SCEP– para realizar gastos que los ministerios debían realizar. En todo caso, en marzo de 2009 la Corte de Constitucionalidad determinó que las secretarías –al contrario de lo que ocurría con los ministerios– no podían ejecutar proyectos, como lo estaba haciendo la SCEP, y que muchos interpretaron como un ataque político en contra de Sandra Torres y de Mifapro.

La decisión de la Corte de Constitucionalidad condujo a que Mifapro se trasladara al Ministerio de Educación en abril de 2009, decisión que yo favorecía y que permitía que el programa sobreviviera sin problemas ante el ataque al que había estado sujeto, pero se cometió un pecado cuando se hizo este traslado. Fue una batalla invisible que duró algunas semanas y que perdí. El pecado fue que Mifapro no se convirtió en un programa regular del Ministerio sino que se convino ejecutar por medio de un fondo en fideicomiso –con lo cual estaba de acuerdo Sandra Torres– a pesar de las gestiones que hicimos por parte del Ministerio de Finanzas para que no se hiciera así.

¿Por qué era un pecado? Porque los fideicomisos son opacos. No contribuyen a la transparencia por dos razones. Primero, el fideicomiso es una figura jurídica privada, que en cierto modo es externa al Estado pues es administrado por un banco y permite, en particular, que una vez que se colocan los recursos públicos en este tipo de fondo –que se trasladan al banco– ya no tienen que restituirse al gobierno central si no se gasta al final del ciclo presupuestario, que termina en diciembre de cada año. Los recursos permanecen en el fondo y pueden ser utilizados en el siguiente ciclo presupuestario. Ese es el primer inconveniente: cuando al final de año se constata que un ministerio no gasta todos los recursos que se le asignan, estos recursos vuelven a la caja central del gobierno, y están disponibles para gastar en el próximo presupuesto, de acuerdo con el nuevo presupuesto vigente. Ello contribuye a la transparencia y al orden presupuestario.

En el fideicomiso, en cambio, se pueden acumular recursos no utilizados a pesar de que no los gastó, lo cual no es congruente con el gasto anual que autoriza el Congreso ni permite una rendición de cuentas precisa sobre lo que se asignó y gastó para ese año. Esta posibilidad de acumular recursos de año a año puede justificarse cuando se trata de fondos para otorgar como crédito, pues en estos casos existe una recuperación del crédito entregado –a pequeños productores, por ejemplo– que vuelve al fondo y que no necesariamente coincide con el ciclo presupuestario anual. Pero los recursos de muchos fideicomisos no caen en esta categoría, y éste era el caso de Mi Familia Progresa.

El segundo inconveniente de los fideicomisos, aún más importante que el primero, es que estos fondos no están sujetos a la aplicación de la Ley de contrataciones del Estado. Su control público es en general mucho menor que en lo que se refiere a otros recursos directamente gastados por ministerios o por entes descentralizados autorizados para hacerlo. Esto significa que se pueden hacer contrataciones directas, sin concursos, y sin la transparencia que proporciona el sistema de Guatecompras, que requiere colocar en la página web las empresas que concursan y que ganan los contratos, además de información adicional.

Por estas razones en el Ministerio de Finanzas nos opusimos desde el principio a que se ampliara el uso de los fideicomisos existentes y a que se crearan nuevos. Sabíamos, además, que los fideicomisos daban lugar a una gran desconfianza acerca del uso de los recursos públicos, y queríamos que hubiera más confianza, no menos. Sin embargo, inicialmente subestimamos la oposición que nuestros esfuerzos generarían y en ese sentido debo reconocer que me equivoqué. No creo que Mifapro estuviera sujeta a acciones de corrupción; a pesar de ejecutarse por la vía de un fideicomiso también estuvo sujeto a solicitudes continuas de información y a evaluaciones que presionaban a los ejecutores para que no abusaran del mayor margen de maniobra que tenían para ejecutar el programa. Pero creo que más allá de evitar una mayor rendición de cuentas y de evitar la aplicación de la ley de contrataciones para acelerar procesos de compras y contrataciones, no haber convertido a Mifapro en un programa regular del Ministerio de Educación también reflejaba las intenciones de que el programa no fuera enteramente controlado por el Ministerio. No contar con un programa regular y acudir a un fideicomiso debilitaba la rendición de cuentas, contrario a lo que diversos organismos internacionales proponían: crear un programa "blindado" de la interferencia política, posiblemente con algún mecanismo multipartidario o legislativo de seguimiento, que garantizara su transparencia y evitara su manipulación.

Los mismos organismos reconocían, sin embargo, el impresionante dinamismo y eficacia con que Sandra Torres había impulsado el programa, y no tuve conocimiento de irregularidades serias en el manejo técnico y financiero del programa. La ausencia de irregularidades y la amplia cobertura del programa, que cuando salí del gobierno alcanzaba a casi un millón de familias –beneficiando así a aproximadamente cinco millones de guatemaltecos, pues cada familia tiene en promedio cinco miembros– significaba un gran beneficio político para quien dirigiera a Mifapro. Y éste se identificaba con la figura de la primera dama y no con otros funcionarios de gobierno. En términos puramente políticos de corto plazo, crear un fideicomiso que evitara que el ministro o ministra de Educación administrara a Mifapro no parecía ser un error, pues permitía que ejerciera mayor control la primera dama y que la población la identificara a ella con el programa, además de que al no sujetarse a la ley de contrataciones era más ágil. Y que ella lo empujara fue fundamental para que se expandiera rápidamente. Pero esta gestión de Mifapro no favoreció la conformación de un programa de transferencias condicionadas a largo plazo que pudiera concebirse como un programa de Estado y por encima de toda sospecha, sujeto a una verdadera rendición de cuentas.

Este manejo de Mifapro también tuvo costos políticos importantes, especialmente como resultado de una casi incomprensible oposición de Sandra Torres a que proporcionara información sobre los beneficiarios del programa. La información tuvo que proporcionarse eventualmente y no se demostró ninguna irregularidad significativa en relación con el programa, de manera que la existencia de corrupción o malos manejos no puede considerarse como una explicación de la negativa de Sandra Torres. Además, esta oposición extrema a proporcionar información, que debía ser otorgada por el Ministerio de Educación, al ser la entidad dentro de la cual se ejecutaba el programa, le costó a principios de 2010 la salida al entonces ministro de Educación, Bienvenido Argueta, una de las personas guatemaltecas más capacitadas para ejercer ese cargo. Ello ocurrió porque no se entregó la información a pesar de la exigencia de la Corte de Constitucionalidad de que lo hiciera. Intenté –de común acuerdo con Argueta– incidir directamente en el propio presidente para que le diera instrucciones al ministro de que entregara la información solicitada, pero no tuve éxito. Me consta que el vicepresidente Espada también quería que se divulgaran los datos. Todavía no tengo una explicación que me satisfaga plenamente sobre por qué existía oposición de Sandra Torres para que se hiciera y de por qué el presidente aceptó que así fuera. ¿Berrinche político? ¿Rencor ante la intransigencia de la oposición? ¿Odios heredados de la campaña electoral? ¿Convicción de que lo único que querían los que solicitaban la información era paralizar el programa? Tal vez. Pero, en todo caso, lo que se hizo iba en dirección contraria a la necesaria rendición de cuentas.

La primera ampliación presupuestaria

Es la distancia entre la naturaleza intrínsecamente ética de la toma de decisiones políticas y el carácter utilitario del debate político contemporáneo lo que explica la falta de confianza en los políticos y la política.

Tony Judt

El presupuesto que heredamos en 2008 no solo no reflejaba las prioridades del gobierno en relación con la composición del gasto sino también en relación con su tamaño. El tamaño del presupuesto se volvió muy importante en el caso del presupuesto de 2009, puesto que se requería aumentarlo para enfrentar la crisis y no reforzar la reducción del consumo y de la inversión del sector privado por la vía de "apretarse el cinturón", como expliqué en el segundo capítulo. El tamaño del presupuesto propuesto por el gobierno de Oscar Berger para el 2008 y aprobado por el Congreso, era inferior –si se mide como proporción del producto interno bruto– al presupuesto vigente para el 2007. En otras palabras, heredamos un presupuesto minimalista –con metas tributarias subestimadas– por lo que a mediados de año convenimos, con el presidente y otros funcionarios, que se contaba con suficientes recursos para poder ejecutar un gasto mayor al programado.

Se trataba de un año en que la economía internacional estaba condenada a pasar por una recesión –aunque aún no había explotado la crisis financiera mundial– por lo que nos pareció razonable aumentar el gasto público, con un objetivo contracíclico desde entonces. Ya habíamos realizado algunas readecuaciones del presupuesto tomando en cuenta el grado en que diversos ministerios o entidades públicas habían gastado o no lo que se les había asignado, y después de una negociación de varias semanas con el Congreso se aprobó una ampliación del presupuesto por aproximadamente Q1,400 millones, equivalente a 0.5% del PIB. Puesto que no financiamos esto con recursos tributarios adicionales, sino con recursos de caja y préstamos, este mayor gasto aumentó el déficit fiscal previsto, pero todavía a menos del 2% del PIB, una cifra muy razonable. Lo que no sabíamos es que esta ampliación presupuestaria sería particularmente oportuna como política fiscal contracíclica, ya que la ampliación se hizo efectiva en octubre de 2008, un mes después de la violenta reducción de la actividad económica en la economía mundial que desencadenó la quiebra de Lehman Brothers en septiembre del mismo año.

Pero la ampliación presupuestaria, negociada dentro del Congreso principalmente por el diputado Manuel Baldizón, entonces presidente de la Comisión de Finanzas, no fue solo un aumento del gasto permitido sino que también involucró una reasignación del gasto, por casi Q500 millones adicionales. Incidió en su composición, como era de esperarse, el conjunto de presiones e intereses de los diputados. Como parte de la ampliación presupuestaria se destinaron Q500 millones para el Ministerio de Comunicaciones, a lo cual se agregaron otros casi Q200 millones como resultado de la reasignación presupuestaria. Esto se explica por la necesidad de pagar al menos una porción de la deuda flotante que se había heredado del gobierno anterior, además del interés de los diputados por financiar más obras. Para financiar parte de esta deuda flotante obtuvimos un préstamo del Banco Centroamericano de Integración Económica (BCIE) que fue aprobado por el Congreso sin mayores dificultades.

También se asignaron Q130 millones adicionales para Fonapaz, que ya venía apoyando actividades de reconstrucción y remozamiento de escuelas y centros de salud, pero que con esta ampliación ya contaba con recursos para ejecutar otras obras de interés para numerosos diputados, que en buena medida incluía constructoras u ONG suyas y de familiares cercanos. Una ampliación de los recursos para el Consejo Departamental de Guatemala por Q64 millones reflejaba la existencia de intereses en la construcción de obras, en este caso incluyendo a los de los municipios del departamento de Guatemala. La perversa dinámica de la construcción de obras y la corrupción en el ámbito legislativo comenzaban a manifestarse claramente. La divergencia entre la ética y la acción política era clara. Ante esta brecha, ¿quién podría tener confianza en estos políticos y sus políticas, como había advertido Tony Judt?

Hubo varios diputados que no estuvieron conformes con esta distribución de obras, incluyendo algunos de la UNE. Posteriormente, el 4 de noviembre, cuando ya se estaban negociando las obras que serían financiadas por el presupuesto para el 2009, *Prensa Libre* informó que:

> Parlamentarios de la Unidad Nacional de la Esperanza (UNE), que prefirieron no ser citados, manifestaron su descontento porque, según ellos, diputados de otros partidos sí tienen obras por ejecutar 'con las constructoras que ellos quieren y en los lugares que ellos deciden'. Citaron el ejemplo de la devolución de Q82 millones en obras a alcaldes de la Gran Alianza Nacional (Gana), después de haber aprobado la ampliación presupuestaria.
>
> Los descontentos argumentaron que el departamento de Guatemala 'es otra muestra de la benevolencia del presidente con otros partidos, porque se asignaron Q64 millones en obras', las cuales serían ejecutadas, supuestamente, por las compañías constructoras de Arnoldo Medrano, alcalde de Chinautla, y su hijo, el diputado de la UNE Gustavo Medrano.

En síntesis, habíamos logrado impulsar una ampliación presupuestaria contracíclica, casi de libro de texto, pero al analizar sus componentes también quedó en evidencia algo que los libros de texto no enseñan: la prioridad de la inversión reflejaba que para muchos diputados el interés privado pesaba más que el interés público y que la ética no tenía nada que ver con la política; la corrupción en el ámbito legislativo era innegable.

El primer presupuesto nacional

El Estado, para gozar de paz, debe ser prudente, valeroso y firme.

Aristóteles

El primer y único presupuesto que formulamos durante mi gestión y que tuviera vigencia fue el de 2009, el cual también estuvo vigente para el 2010 debido a que el que propusimos para ese año no fue aprobado. La Constitución establece que si el Congreso no aprueba el presupuesto de un año, se mantiene vigente el del año anterior. El presupuesto propuesto para 2009 estuvo sujeto a una discusión amplia dentro del gobierno, en el propio gabinete, y hubo una coincidencia de propósitos aun cuando, posteriormente, algunos ministros exigieron más recursos –como siempre ocurre– cuando se discutía el presupuesto en el Congreso. El presupuesto propuesto ya reflejaba el convencimiento general de todo el gobierno de que debía aumentarse el gasto social. Lo hacía por el lado de la demanda de servicios de salud y educación mediante la entrega de efectivo a familias pobres que debían entonces enviar a sus hijos a escuelas o centros de salud. Para fortalecer la capacidad de oferta de los servicios de educación y salud que así se generaban el presupuesto permitía contratar más personal y adquirir más insumos, como medicamentos.

Todo ello se manifestaba en mayores recursos autorizados para contratar a más maestros y trabajadores de salud y para adquirir más materiales educativos, medicamentos y alimentos, además de proceder con la construcción de nuevos centros de salud y escuelas o de renovar los existentes. También avanzamos con una reasignación de gastos mediante la eliminación de algunos programas de subsidios que habíamos evaluado y que gradualmente fueron sustituidos por Mifapro. Por ejemplo, el programa de becas para la niña tenía un impacto positivo pero, al no ser integral, estaba sujeto a abusos puntuales por parte de autoridades locales e incluso de diputados que presionaban para que las asignaciones de becas favorecieran a ciertas familias o comunidades.

El gasto total contemplado en el presupuesto para el 2009 alcanzaba un 15.6% del PIB, superior al presupuesto de 2008 (15.0%) y al de 2007 (14.7%), pero menor al de 2006 (16.4%) y a los de otros años previos. No era un presupuesto gigantesco. En el presupuesto que formulamos inicialmente, y que entregué el 1 de septiembre de 2008 al entonces presidente del Congreso, Arístides Crespo, estimábamos que la brecha entre ingresos y gastos del gobierno sería equivalente a 1.7% del PIB, que estaba incluso por debajo de déficit fiscales en el pasado. Durante la negociación ocurrida en el Congreso se ajustó el déficit, de acuerdo con lo que sugerimos tomando en cuenta los efectos de la recesión mundial, de manera que llegó a ser de un 2% del PIB.

Posteriormente nuestras estimaciones del déficit aumentaron más, pues no habíamos previsto la dureza de la crisis. Como traté de explicar durante mi segunda interpelación, en julio de 2009, aun los asesores y departamentos técnicos en los países más avanzados no lograron prever la magnitud de la caída de ingresos tributarios, y la crisis fue tan severa que las reducciones originalmente propuestas de todos modos hubieran resultado insuficientes. Ya en el PNERE, formulado en diciembre de 2008, habíamos sugerido un déficit cercano al 2.5% del PIB para el gobierno central (2%

para el sector público), y con la severa caída de los ingresos tributarios a partir de enero de 2009 realizamos estimaciones adicionales en mayo, y con el FMI acordamos en agosto que el déficit del gobierno central podría ser de 3.4% del PIB. Esto era congruente con la existencia de un gasto público levemente contracíclico, que era uno de los objetivos del presupuesto, pero sin dejar de ser firmes y prudentes. En términos más concretos estábamos cubriendo el agujero producido por la brutal caída de ingresos tributarios, sin reducir el gasto público y sin endeudarnos excesivamente.

El presupuesto propuesto para 2009 aumentaba el gasto en desarrollo social en aproximadamente 1% del PIB, alcanzando con ello el nivel más alto de su historia. También aumentamos en el presupuesto propuesto –aunque en la práctica se dio un incremento más bien leve– la asignación de recursos para el área de seguridad y justicia, y lo mismo se hizo en el caso de desarrollo rural, que se aumentaba de 2.2 a 2.5% del PIB. Los aportes a otros sectores se reducían, de 6.3 a 4.7% del PIB.

El debilitamiento del crecimiento económico y de los ingresos tributarios se hizo evidente después de septiembre de 2008 pero, como expliqué en el capítulo II, preferimos mantener el presupuesto como lo habíamos contemplado originalmente y no reducirlo, sabiendo que debía tener un efecto contracíclico. Por ello fue que primero nos acercamos a los bancos multilaterales para obtener financiamiento adicional, como lo hizo todo el mundo, y después acudimos a una emisión adicional de bonos, como también lo hicieron muchos países ante la crisis, al mismo tiempo que buscábamos mantener niveles de gasto congruentes con la disponibilidad real de recursos. La bancada del PP se había opuesto a la aprobación del presupuesto propuesto para el 2009, y en una acción que en parte reflejaba esa oposición, me interpelaron en noviembre de 2008. En la primera sesión, del 25 de noviembre, Christian Ros –diputado del PP– preguntó acerca de cómo se financiaría el déficit, y ya para entonces habíamos entrado en contacto con la banca multilateral y contábamos con recursos que estarían disponibles, como expliqué:

> Hay a nivel internacional, actualmente, una terrible competencia entre los países para tener acceso a recursos externos, y Guatemala más bien está en una situación privilegiada al haber podido asegurar una cantidad considerable de recursos externos, que tiene tres ventajas desde la perspectiva nacional: por una parte, aumenta las reservas internacionales y reduce la vulnerabilidad externa; en segundo lugar, son recursos adicionales a los recursos con los que normalmente cuenta el sector privado, no se trata de recursos que le están siendo extraídos al sector privado para financiar al sector público; y en tercer lugar, en el contexto actual, proporciona liquidez a la economía guatemalteca, en la medida que los recursos externos en divisas tienen que ser convertidos en quetzales, en moneda nacional.

También hicimos un esfuerzo por establecer metas en educación, salud y seguridad por departamento en el proyecto de presupuesto. Lamentablemente el esfuerzo puso de manifiesto las debilidades de los ministerios correspondientes para poder precisar y asumir este tipo de desafío, por lo que impulsamos, con apoyo de la cooperación internacional, un proyecto más amplio para reforzar esta capacidad en los años siguientes. Pero teníamos un presupuesto que de manera firme reflejaba las prioridades del nuevo gobierno, con más recursos para desarrollo social y, en menor medida, para desarrollo rural, y con un papel activo para evitar que la gran recesión mundial golpeara severamente a la población guatemalteca.

El Congreso y el presupuesto 2009

Al legislador toca educar a los ciudadanos en la virtud, conociendo los medios que conducen a ella y el fin esencial de la vida más digna.

Aristóteles

Como ocurre en otros países, el presupuesto que propusimos sufrió cambios en el Congreso guatemalteco. En el Ministerio de Finanzas nos costó darle seguimiento a estos cambios, porque el presidente de la Comisión de Finanzas, Manuel Baldizón, no nos facilitaba información sobre las modificaciones realizadas.

Tuvimos aliados en la protección del presupuesto que propusimos, aunque en esta ocasión con resultados mixtos. De acuerdo con *Prensa Libre* desde el 27 de agosto Sandra Torres realizó su primera visita al Congreso para obtener más recursos para Mi Familia Progresa e "insistió en que se apruebe la ampliación presupuestaria, solicitada por el Ejecutivo, y la propuesta de presupuesto para el 2009". Sin embargo, en esta ocasión, en que sí apoyó la aprobación del presupuesto propuesto por el poder ejecutivo –a diferencia de

2010– no tuvo éxito con la asignación de más recursos para Mi Familia Progresa.

Ya entonces era intensa la rivalidad entre Sandra Torres y Manuel Baldizón, los dos oriundos de Petén y los dos con pretensiones presidenciales. El cambio más importante impulsado en la propuesta de presupuesto por el entonces diputado de la UNE, Manuel Baldizón, fue una reducción de los recursos que había para Mifapro, en casi mil millones de quetzales, y también impulsó algunas reducciones de los aportes para otros ministerios –incluyendo los de Agricultura, Economía, Relaciones Exteriores y Finanzas– y un aumento equivalente para financiar obras. Esto incluía aportes adicionales para el Ministerio de Comunicaciones (Q908 millones) y el Ministerio de Cultura y Deportes (Q89 millones), además de Q90 millones más para el Ministerio de la Defensa Nacional, Q505 para Fonapaz –que eran en buena parte para obras– y Q210 adicionales para lo que en el presupuesto se califica como "Obligaciones del Estado a Cargo del Tesoro", que en este caso eran aportes para ONG y para Consejos Departamentales de Desarrollo, normalmente dominados por los diputados y orientados también a la construcción de obras.

Este "reordenamiento" del presupuesto propuesto para 2009 puso de manifiesto dos intenciones del diputado Manuel Baldizón: primero, reducir recursos que estuvieran disponibles para Mifapro, en contra de la línea política del gobierno, si bien Manuel Baldizón todavía se mantenía dentro de la UNE; y segundo, aumentar los recursos dirigidos a financiar obras para constructoras y ONG en que los diputados tenían interés, y que era parte de esa simbiosis de intereses económicos y políticos que existía en el caso de numerosos miembros del Congreso. Como consecuencia disminuyó en aproximadamente Q1,400 millones lo asignado a funcionamiento y aumentó en un monto equivalente lo dedicado a inversión.

Al reducir recursos para el gasto de funcionamiento, en la práctica puso a competir recursos para Mifapro contra otros recursos para gasto corriente, incluyendo nóminas salariales. Numerosos observadores, incluyendo algunos diputados como Nineth Montenegro, continuamente destacaban la necesidad de aumentar el gasto en inversión y no en funcionamiento, lo cual también es congruente con lo que plantean numerosos economistas. Sin embargo, ¿era esta inversión mejor que hacer transferencias de efectivo para familias pobres, para financiar más maestros, comprar medicamentos o para cubrir necesidades básicas de algunos ministerios, como las embajadas, que al año siguiente tuvieron problemas para cubrir sus gastos de luz y agua?

Manuel Baldizón también impulsó la modificación del listado de obras en el presupuesto propuesto para el 2009, o lo que se conoce como el programa de inversión del presupuesto. El presidente Colom ya había advertido sobre la inconveniencia de modificar la lista y *Prensa Libre* del 28 de agosto reportó que:

> El gobernante no está cómodo, ya que fue informado de un acuerdo que existe en el seno de la Comisión de Finanzas del Congreso para modificar, bajo intereses de los diputados, el Listado Geográfico de Obras del Presupuesto del 2009. Este año son Q1 mil 263 millones para ese rubro.

Cuando se le consultó a Manuel Baldizón respondió que haría "todo lo posible por mantener la integridad del Listado Geográfico de Obras que envíe próximamente el Ejecutivo". Lo que posteriormente hizo el diputado fue incluir una cláusula en el presupuesto que permitía que la Comisión de Finanzas definiera el contenido del listado de obras y, cuando la recibimos en el Ministerio de Finanzas, hicimos la comparación con el listado original. Pudimos entonces constatar que uno de los cambios más importantes fue un aumento de la asignación de inversiones para el departamento de Petén, de donde era originario el presidente de la Comisión de Finanzas, además de otro aumento significativo de recursos para el departamento de Escuintla. En el presupuesto también se incluyeron "candados" que impedían modificar el destino de las inversiones. El eterno dilema entre gasto social y gasto en infraestructura –que en realidad son dos formas de inversión: uno en la gente y otro de carácter físico– tomaba en el contexto guatemalteco una dimensión política muy especial.

La estrategia que muchos diputados seguían entonces y posteriormente era clara: asegurar el financiamiento de obras en departamentos o áreas en las cuales ya tenían presencia política y económica. Las llamadas de diputados a funcionarios del Ministerio de Finanzas para presionarlos para que se agilizaran los pagos y se realizaran los desembolsos correspondientes eran continuas. Posteriormente pude percibir cómo la gestión de los negocios políticos se iniciaba en muchas ocasiones con una lucha política al más alto nivel, asegurando que cambios en el presupuesto o la aprobación de bonos estuviera acompañada por obras, para lo cual Gustavo Alejos actuaba como negociador o vínculo con algunos entes ejecutores, como Fonapaz o el Ministerio de Comunicaciones. La negociación era dura y había frecuentes reclamos por la falta de cumplimiento de compromisos pasados. Surgía así una especie de deuda política que al no saldarse enrarecía el ambiente y dificultaba aún más los acuerdos. A lo anterior se agregaban las reivindicaciones de ciertos diputados distritales de la UNE que consideraban ser víctimas de una situación injusta puesto que, a pesar de ser el partido oficial, no ganaban en sus negocios particulares lo mismo que los diputados de otros partidos aliados o de oposición habían obtenido del presupuesto de inversión pública. Esta corrupción de numerosos diputados era muy lejana al legislador ideal, que debía ser un ejemplo de virtud y excelencia ante los ciudadanos, como proponía Aristóteles.

En todo este proceso el Ministerio de Comunicaciones, el Ministerio de Cultura o Fonapaz actuaban como unidades de ejecución, pero sin que necesariamente se alinearan con todo lo acordado, en parte porque los clientes en el sector de la construcción tenían intereses contrapuestos y peleaban por tener acceso a recursos muy escasos. Había claramente dos mundos. Por una parte existían las empresas asociadas a los constructores "formales", grandes y generalmente contratadas para realizar inversiones importantes, financiadas por medio de los recursos asignados a la Dirección General de Caminos. Eran las que más rápidamente respondían ante inundaciones y otros desastres o eventos extremos mediante la reconstrucción de puentes y de carreteras con base en acuerdos informales con algún ministerio o con Fonapaz. Los intereses de numerosos diputados en este caso estaban vinculados con que muchos de estos contratistas habían contribuido a la campaña –y esto incluía a diputados de oposición–, por lo que querían que se les pagara rápidamente.

Por otra parte, había un gran número de empresas de tamaño mediano o pequeño y ONG financiadas principalmente con recursos de Fonapaz, el Fondo de Conservación Vial (Covial) y el Ministerio de Cultura. Estas ONG y empresas constructoras variopintas eran las que muchas veces eran propiedad de diputados, de sus familiares o de amigos. Ejecutaban obras menores que iban desde asilos de ancianos hasta caminos vecinales, muchas veces incompletos y de mala calidad. Los intereses de ambos grupos chocaban debido a la escasez de recursos, pero ambos favorecían la emisión de bonos o readecuaciones presupuestarias que aseguraran financiamiento de la inversión pública, ya sea de la deuda flotante acumulada por obras pasadas o para la realización de nuevas obras.

En el Ministerio de Finanzas tratamos de restringir la participación de ONG tomando en cuenta estos hechos. Una de las negociaciones "encubiertas" que recibió poca atención fue la inclusión de nuevas ONG por parte de la Comisión de Finanzas. De acuerdo con *Prensa Libre* del 25 de noviembre de 2009:

> Las negociaciones entre bloques que se concretaron el viernes pasado en el Congreso favorecieron a 12 ONG incluidas a última hora; el total de estas organizaciones que manejarán Q197 millones del presupuesto asciende a 37. El Ejecutivo no había incluido a ninguna de esas entidades en el proyecto de presupuesto del 2009. Trascendió en corrillos parlamentarios que el Frente Republicano Guatemalteco alcanzó unos Q48 millones para ONG allegadas a sus diputados. Luego, la Comisión de Finanzas incluyó a 33 de esas organizaciones, pero tras las negociaciones que prevale-

> cieron para la aprobación del presupuesto retiraron siete de éstas, pero añadieron otras 12. En total, el Congreso faculta la distribución de Q197.8 millones entre 37 ONG.

Sabiendo posteriormente de estos problemas –que sorprendieron al presidente, y que nos pidió que investigáramos– reforzamos las normas presupuestarias para evitar abusos, obligando a que se ampliara la información sobre contrataciones del Estado de manera que estuviera disponible en la página web, introdujimos controles aplicables a fideicomisos y establecimos un sistema de registro de proyectos de inversión. También obtuvimos información sobre el vínculo de algunas ONG con diputados, que en muchos casos era ampliamente conocido, aunque difícil de demostrar. Por ejemplo, *Siglo XXI* informó el 27 de noviembre de 2008 lo siguiente:

> El presidente de la Comisión de Finanzas del Legislativo, Manuel Baldizón, está ligado a la Asociación Civil Dulce Refugio Ministerio de Ancianos Viviendo por Fe, segunda Organización No Gubernamental (ONG) que recibió mayor presupuesto para el próximo año, Q18 millones, de acuerdo con lo aprobado la semana pasada en el Congreso.

Desde que formulamos el proyecto de presupuesto quedó claro que tendríamos que dar una larga lucha por avanzar con el establecimiento de normas que permitieran controlar abusos –como veremos más adelante–, en muchos casos debido a que existían formas paralelas de hacer pagos y de realizar contrataciones que buscaban evadir las normas existentes en la Ley orgánica del presupuesto o en la Ley de contrataciones del Estado. Acudir a fideicomisos, ONG y organismos internacionales eran las formas de tratar de evadir estas leyes y buscar controlarlos fue una larga y dura batalla, con victorias y derrotas en el camino.

Aun con estos cambios introducidos en la Comisión de Finanzas –que con la excepción de la apertura de ciertos espacios que facilitaban la corrupción y del aumento del gasto en inversión, no contradecían los grandes lineamientos propuestos por el poder ejecutivo– no fue fácil la aprobación del presupuesto, y al cabildeo en el Congreso se unieron presiones sociales, que incluyeron marchas pacíficas de maestros, sindicalistas, campesinos y otros sectores a favor de este presupuesto, que finalmente fue aprobado por el poder legislativo. Dentro del Congreso la oposición representada por la bancada del PP intentó ejercer un poder de veto que impidiera la aprobación del presupuesto, cercano a lo que podría calificarse como una "tiranía de la minoría". Lo que en Estados Unidos se llama "filibusterismo" –tratar de impedir la aprobación de legislación mediante atrasos y el cumplimiento de procedimientos que postergan la toma de decisiones– adquirió dimensiones desproporcionadas en Guatemala. *El Periódico* del 19 de noviembre reportaba lo siguiente:

> Después de invocar a Rousseau, las máximas de Benito Juárez y hacer un viaje en el tiempo y el espacio hasta Caín y Abel, los integrantes del Partido Patriota (PP) después de casi ocho horas de monopolizar la sesión, en la que se conocería el dictamen de presupuesto, pidieron poner fin a la plenaria... Los legisladores argumentaron que no podían conocer el presupuesto porque carecían de dictamen aprobado que había emi-

tido durante la madrugada anterior la Comisión de Finanzas. Después de 45 minutos de intervención, la UNE pidió que se llamara al orden a la diputada Anabella de León, indicación que fue acatada por el presidente del Congreso, Arístides Crespo. Los patriotas apelaron la decisión de llamar la atención a su compañera de bancada y cada uno de los 26 legisladores tomó la palabra. En adelante, valiéndose de argucias legales, apelaciones, votos razonados, el pleno logró con mucha dificultad que seis horas después de iniciada la sesión por fin se aprobara la moción de alterar el orden de la agenda tan sólo para conocer primero, el presupuesto del Congreso, y luego, el de la nación.

Hubo un prolongado proceso de tira y encoge dentro del Congreso, presionado por manifestaciones masivas –especialmente el 18 de noviembre– que se movilizaron a favor del proyecto de presupuesto hasta que, como primer paso, se logró que su aprobación fuera declarada de "urgencia nacional" para acelerar su trámite y evitar que otros asuntos –como mi interpelación, que ya había anunciado el PP– pudiera bloquear la discusión y votación en el Congreso sobre el presupuesto. Hubo una negociación compleja que aparte de la reorientación de obras también incluyó otras iniciativas, como el establecimiento de un fondo del petróleo (Fonpetrol) para trasladarle a las autoridades locales en los departamentos que producían petróleo –lo que beneficiaba especialmente a Petén– parte de las regalías que esta actividad generaba. Con gestiones de Mario Taracena, jefe de la bancada de la UNE en ese momento, que logró que la oposición de la bancada del PP se manifestara en su ausencia del Congreso más que en la continuación de las prácticas "filibusteristas" que venía utilizando, se logró aprobar el presupuesto para el 2009, con las modificaciones que había aprobado la Comisión de Finanzas. *El Periódico* lo reportó el 21 de noviembre de la siguiente manera:

> Diputados del FRG, la UNE, Bancada Guatemala, URNG, UCN y Unionistas ratificaron ayer el proyecto [de presupuesto]. Había 86 diputados en el pleno cuando en un acto relámpago, los diputados aprovecharon la ausencia del Partido Patriota, al filo de las 11:00 horas, para aprobar el presupuesto. Sólo cuatro diputados votaron en contra.

Crisis y presupuesto en 2009

> *Hay que saber lo que se quiere. Cuando uno lo sabe hay que tener el coraje de decirlo. Cuando uno lo dice, hay que tener el coraje de hacerlo.*
>
> Georges Clemenceau

Uno de los mayores problemas que enfrentamos con el nuevo presupuesto aprobado fue el de su rigidez, además de una serie de errores técnicos causados por los cambios introducidos por la Comisión de Finanzas durante el transcurso de las negociaciones que se dieron en el seno del Congreso a fines de 2008. A la proverbial rigidez que ya tenía el presupuesto, y que eran el resultado de una serie de preasignaciones y prohibiciones contempladas en la Constitución o en diversas leyes, se unieron otras restricciones o "candados", introducidos durante la negociación que tuvo lugar en noviembre para proteger las obras que favorecía un grupo de diputados. Además, encontramos que en varios casos se habían reasignado recursos pero sin tomar en cuenta la fuente con la cual se financiaban. Por ejemplo, se le había quitado a un ministerio cierto monto de recursos para trasladárselo a otra entidad pública pero la fuente de recursos era una donación o un préstamo sectorial para el ministerio, que no podía utilizarse para financiar una actividad diferente en la otra entidad.

Ante la rigidez y deficiencias que encontramos en el presupuesto aprobado por el Congreso para 2009 tuvimos que concentrarnos en impulsar varios cambios para flexibilizarlo. Los errores eran evidentes y la propia comunidad internacional expresó su preocupación ante la imposibilidad de que pudieran utilizarse sus donaciones. Propusimos cambios para superar estas limitaciones y también incluimos la obligación de registrar las inversiones en el Sistema Nacional de Inversión Pública (SNIP), para favorecer un mejor seguimiento y evaluación de los proyectos de inversión. Las restricciones impuestas tampoco permitían cambiar los presupuestos asignados a los ministerios de Comunicaciones, Infraestructura y Vivienda, Cultura y Deportes, Fondo Nacional para la Paz (Fonapaz), consejos departamentales de desarrollo y todo lo relacionado con el programa de inversión física, transferencias de capital e inversión financiera, que se conoce como el listado geográfico de obras. Lo anterior era contrario a la flexibilidad que requeríamos para enfrentar la crisis internacional. Con Mario Taracena como nuevo presidente de la Comisión de Finanzas se logró –después de varias sesiones perdidas como consecuencia de prácticas de *filibusterismo* y bloqueo llevadas a cabo por Manuel Baldizón y su nueva bancada Libertad Democrática

Renovada (LDR o Lider)– que mediante el decreto No. 7-2009 el Congreso eliminara la mayoría de las restricciones –excepto la asignación a los consejos departamentales de desarrollo– y corrigiera alguno de los errores cometidos.

Luego avanzamos con un reordenamiento del presupuesto para adecuarlo a las condiciones de crisis, tomando en cuenta las prioridades establecidas en el PNERE. Como sabíamos, el inicio de la ejecución del presupuesto aprobado para el 2009 estaba marcado por la crisis y en particular por dos hechos: la implementación del PNERE y la brutal caída de ingresos tributarios –mucho mayor a lo previsto– que se comenzó a manifestar en enero de ese año, con una reducción en una quinta parte del IVA aplicado a importaciones y de los aranceles. Estos ingresos representaban entre 35 y 40% de los ingresos tributarios.

Comenzamos entonces a formular un acuerdo gubernativo –un decreto presidencial, a veces refrendado por el Consejo de Ministros, y generalmente de observancia obligatoria en el Organismo Ejecutivo–, para reordenar el presupuesto para enfrentar la crisis. Éste era un criterio lejano al debate, tumulto, corrupción e intento de ejercer un poder minoritario de veto que caracterizó a la revisión y aprobación del presupuesto en el Congreso, aparte de los mensajes simplistas de "apretarse el cinturón". Sabíamos lo que queríamos, lo dijimos y lo hicimos, como dijo Georges Clemenceau.

Lo más importante era asegurar la protección social ante la crisis, lo cual coincidía con el interés de ampliar rápidamente la cobertura de Mi Familia Progresa –revirtiendo la reducción de recursos que había promovido el diputado Baldizón– y de asignar más recursos para el desarrollo rural, con lo cual se destinó

Q800 millones a Mifapro, Q222 millones al programa Prorural y Q125 millones para vivienda. Como parte de la implementación del PNERE también se asignaron Q61 millones para el Programa Nacional de Competitividad (Pronacom) y para la pequeña y mediana empresa, mientras que otras asignaciones buscaron cumplir con obligaciones legales que las modificaciones introducidas en el Congreso habían dejado de lado, especialmente las asignaciones para incentivos forestales –que también era congruente con el PNERE– y en el caso del Ministerio de Relaciones Exteriores hubo una reposición de recursos para cubrir los gastos de embajadas.

La Constitución no permite que el poder ejecutivo pueda por sí solo, sin la aprobación del Congreso, sustituir gasto en inversión por gasto corriente, así que tuvimos que encontrar recursos destinados al gasto corriente en diversos ministerios para reorientarlos a Mifapro. Esto fue muy polémico y mereció severas críticas, dentro y fuera del Congreso. Se imponía la desagradable tarea de establecer prioridades ante un panorama de recursos decrecientes. En particular, hubo que restarle recursos a otras entidades, incluyendo el Ministerio de Educación y de Salud, en Q375 millones cada uno –aunque en el caso del Ministerio de Educación entraban los recursos para Mifapro– y Q275 millones menos para el Ministerio de Gobernación, al mismo tiempo que se restaban Q200 millones del Ministerio de Comunicaciones, Q75 millones menos del Ministerio de Cultura y Deportes y Q300 millones menos de Fonapaz para cubrir las inversiones de Prorural, vivienda e incentivos forestales. También tuvimos que contener el gasto, por la insuficiencia de ingresos.

Contener y reorientar parte del gasto no fue fácil, y requirió de varias explicaciones y presentaciones en el propio gabinete para lograr que todos los ministros apoyaran la medida. Hubo una reunión de gabinete el 24 de febrero y otra el 2 de marzo de 2009 pero el proceso de convencimiento fue largo, a pesar de que Sandra Torres favorecía la parte más importante, que era la asignación de más recursos para Mi Familia Progresa así como recursos adicionales para vivienda. Parte del problema es que nuestra propuesta incluía no solo el reordenamiento de los gastos sino también cláusulas para autorizar al Ministerio de Finanzas para contener la expansión del gasto público, y la mayor parte de ministros todavía no querían reconocer lo grave de la crisis, y especialmente la drástica reducción de ingresos tributarios.

En el gabinete había personas que incluso proponían aumentar el gasto, sin establecer cómo se iba a financiar el déficit, o proponían que se financiara el gasto con deuda flotante o con letras del Tesoro, que era deuda de muy corto plazo que tenía que amortizarse antes de fin de año. ¡Mientras afuera del gobierno estábamos siendo objeto de críticas para que nos "amarráramos el cinturón", dentro del gobierno se favorecía que lo soltáramos! En el Ministerio de Finanzas estábamos totalmente en contra de la opción de financiar un aumento del gasto con títulos del Tesoro porque era una salida que se justificaba solo cuando existían reducciones de ingresos que luego se compensarían con aumentos posteriores en el mismo año, y esto no estaba garantizado. Tampoco favorecíamos financiar el incremento en el gasto con más deuda flotante.

Convencer al gabinete no fue fácil. Por estar fuera

de Guatemala no pude asistir a una reunión de gabinete del 2 de marzo, en la que estuvo presente el viceministro de Finanzas Erick Coyoy, quien me informó en un correo electrónico lo siguiente:

> Me parece que el problema es que no se ha tomado conciencia plena de que el problema en este momento es la caída de los ingresos tributarios y se argumenta que debe aumentarse el déficit, pero ese aumento del déficit está sujeto al financiamiento externo adicional que pueda obtenerse y al limitado saldo de caja que se tiene.

Y agregaba:

> ...el problema que tenemos como Finanzas es que nadie del gabinete nos apoya y estamos solos en estas discusiones. El apoyo del presidente no es del todo contundente al estar expuesto a los argumentos de los ejecutores.

Varios en el gabinete, incluyendo a la secretaria de Segeplan, el ministro de Economía y un miembro del *staff* político atacaron severamente la propuesta del Ministerio de Finanzas. Yo regresé el 4 de marzo a Guatemala y hubo quien me sugirió que se aprovecharon de mi ausencia para hacer la crítica. Pero las noticias que nos estaban llegando de Guatemala y del mundo solamente ratificaban mi convicción de que estábamos en lo correcto; enfrentábamos una excepcional crisis que requería un claro sentido de dirección y prudencia, y no una respuesta irresponsable.

A partir de allí afinamos nuestras presentaciones, poniendo de manifiesto y de la manera más clara posible lo que estaba pasando en relación con la crisis. El propio presidente terminó convencido de que lo que estábamos proponiendo era lo correcto, y con varios ministros ocurrió lo mismo, en algunas ocasiones después de reuniones bilaterales con ellos para explicarles lo que estaba ocurriendo. Ayudó que el Programa Nacional de Emergencia y Recuperación Económica (PNERE) estuviera recibiendo atención y que hubiéramos tenido una presentación de compromisos y avances ante la Comisión de Economía del Congreso el 1 de abril. Finalmente, después de varias modificaciones, logramos que el conjunto de ministros, agrupados en Consejo de Ministros, firmaran el acuerdo gubernativo 104-2009 el 6 de abril para reorientar y contener el gasto tomando en cuenta los efectos de la crisis. El entonces ministro de Gobernación, Salvador Gándara, intentaría en una interpelación posterior culparme por ser el responsable de reducir la asignación de recursos para el Ministerio de Gobernación, pero el ministro, al igual que el resto del gabinete, había aceptado firmar –con pleno conocimiento de lo que ocurría– el acuerdo gubernativo que reducía los recursos disponibles para su Ministerio.

En este acuerdo gubernativo no solo incluimos el reordenamiento de la composición del gasto propuesto sino también un conjunto de normas para contener el gasto total dentro de ciertos límites por si no teníamos acceso a más recursos. Una norma importante establecía que los recursos que no se gastaran de acuerdo con la programación cuatrimestral que se hacía no podían reprogramarse para un siguiente cuatrimestre; el Ministerio de Finanzas podía reasignar esos recursos no utilizados para cubrir otras áreas que no habían podido atenderse debido a la reducción de ingresos tributarios causados por la crisis. Otra fue la prohibición de hacer uso de letras de la Tesorería para financiar actividades con deuda de cortísimo plazo, de menos de un año, con lo cual asegurábamos que los argumentos de cubrir más gasto con ese tipo de endeudamiento quedaran descartados.

Continuamos con una labor de explicación de la crisis a diversos sectores. Erick Coyoy y yo planteamos lo que estaba pasando a organismos que no eran parte del gobierno central pero a los que también había que recortar el gasto ante los menores ingresos, tal como lo permite la Ley del presupuesto en una situación de reducción de los ingresos. Dimos explicaciones a alcaldes y a gobernadores, al Organismo Judicial, al Consejo de Desarrollo Urbano y Rural y a otras entidades. En el ministerio asumimos durante el resto de 2009 este trabajo como una especie de *via crucis*, no agradable, pero absolutamente indispensable.

Recuerdo una reunión con el procurador de los Derechos Humanos, Sergio Morales, que amenazó con denunciarme internacionalmente como violador de los derechos humanos debido a que no le asignábamos suficientes recursos. En otra reunión Luis Alberto Reyes Mayén, presidente del IGSS, con un tono similar amenazó denunciar que al no transferirle más recursos a esa entidad yo estaba traicionando mis principios socialdemócratas. Así que la labor de explicar que no contábamos con suficientes recursos significaba cierto desgaste pero también encontramos mucha comprensión ante lo que planteábamos. Numerosos alcaldes, por ejemplo, exigían más recursos pero al escuchar las explicaciones del origen de la crisis asumían una actitud mucho más razonable.

Al mismo tiempo arreciamos las gestiones ante la comunidad internacional. Ahora los organismos internacionales de financiamiento ya comenzaban a reaccionar ante la crisis, y lo estaban haciendo con celeridad. Casi todos los países les estaban exigiendo realizar más desembolsos para evitar que la crisis se convirtiera en otra Gran Depresión, como la vivida por el mundo en la década de 1930.

Con base en un contacto informal y bastante estrecho los ministros de Finanzas o Hacienda de Centroamérica y la República Dominicana –agrupados en el Consejo de Secretarios y Ministros de Finanzas o Hacienda (Cosefin), y con el apoyo efectivo de su secretario ejecutivo, Arturo Montenegro– comenzamos a expresar posiciones conjuntas frente a la crisis y a insistir ante los organismos acerca de la necesidad de contar con un apoyo fuerte para la región. Los ministros de Finanzas o Hacienda de los cinco países centroamericanos nos reunimos en el salón grande de sesiones del Ministerio de Finanzas, en el piso 18, el 17 de abril de 2009, y estuvo en parte de la sesión la secretaria adjunta del Tesoro de Estados Unidos, Nancy Lee. Con su presencia Estados Unidos también daba muestras de un acompañamiento a la región en momentos difíciles.

Como lo anunció Wikileaks posteriormente, ya en febrero de ese año me había reunido con el secretario adjunto para asuntos hemisféricos, del Departamento de Estado, Thomas Shanon, para plantearle que ante la coyuntura que vivía Centroamérica, requería un apoyo especial. La respuesta por parte del Departamento del Tesoro era que debíamos acudir a los organismos multilaterales de financiamiento y que el gobierno de Estados Unidos apoyaría nuestras gestiones. En la reunión en Guatemala los ministros centroamericanos acordamos solicitarle de manera conjunta al Fondo Monetario Internacional (FMI) permitir que sus recursos pudieran ser no solo un apoyo de balanza de pagos, que se reflejaba en un aumento de las reservas internacionales, sino también en un apoyo presupuestario, que aumentara los recursos disponibles para financiar el gasto público.

Pocas semanas más tarde nos reunimos con Dominique Strauss-Kahn –director gerente del FMI– en Washington DC para comunicarle esa solicitud, y también realizamos gestiones frente a otros organismos. En el caso de Guatemala los organismos con sede en Washington habían recibido muy bien el anuncio de la implementación del PNERE, percibiéndose como una política económica seria y proactiva. Simultáneamente iniciamos la gestión para que Guatemala pudiera ser parte de un proyecto piloto, a nivel mundial, sobre la transparencia en el sector de la construcción –con las siglas CoST–, para así contar con cierto apoyo para combatir la corrupción o, al menos, para contribuir a establecer ciertos límites que la hicieran más difícil. Esta fue una iniciativa apoyada de manera entusiasta por la representante del Banco Mundial en Guatemala, Anabela García Abreu, y que con seguimiento continuo por parte de Ricardo Barrientos logró incorporar al sector privado de la construcción y a otros sectores universitarios y de la sociedad civil que le dieron vida. Incluso lograron que de los países que eran parte del proyecto –de cuatro continentes– fuera Guatemala el país que más avanzara en su ejecución.

Pocas semanas antes de mis gestiones en Washington también había visitado las agencias calificadoras de riesgo, junto con el vicepresidente del Banco de Guatemala y representantes del sector privado. Explicamos el PNERE así como la respuesta que como país estábamos dando ante la crisis, y la reacción por parte de los calificadores fue positiva, con lo cual descartamos que pudieran bajar la calificación de riesgo-país de Guatemala.

¿CÓMO COMPENSAR LA CAÍDA DE IMPUESTOS?

No se puede dirigir si no se sabe analizar, y no se puede analizar si no hay datos verídicos; y si no hay todo un sistema de recolección de datos confiables sin mentiras ni globos, si no hay toda una preparación de un sistema estadístico y de hombres habituados a recoger el dato y transformarlo en números.

Ernesto "Che" Guevara

La situación de las finanzas en Guatemala continuaba deteriorándose. Acabábamos de firmar un acuerdo con el FMI y el 29 de abril el entonces director de Análisis Fiscal y Evaluación, Ricardo Barrientos –matemático con un don para manejar estadísticas– nos envió un mensaje electrónico de alerta a Pluvio Mejicanos, Erick Coyoy, Carlos Barreda y a mí en que nos hacía ver que los ingresos tributarios estaban disminuyendo a un ritmo superior al esperado, y que con los gastos ocurría lo contrario: estaban creciendo por encima de lo programado, con tendencias muy diferentes a lo previsto en el acuerdo con el FMI. Reproduzco un párrafo de su detallado mensaje:

> En el acuerdo con el FMI se estimó que la variación de caja acumulada a abril fuera un incremento de recursos de Q5,206.7 millones. Como resultado de la combinación de caída en los ingresos, más gasto de lo previsto, menores desembolsos de préstamos externos

> y menos colocaciones de bonos (4 factores, de los cuales sólo 1 es no controlable, la recaudación tributaria), la variación de caja acumulada a abril se estima será un incremento de recursos de sólo Q2,490 millones (¡Q2,720 millones menos que lo estimado con el FMI!).

La situación era grave y las estadísticas estaban demostrando su utilidad, como había explicado el "Che" Guevara hacía mucho tiempo. En una sesión del gabinete general del 20 de abril de 2009 el presidente ya había transmitido la necesidad de ser austeros, después de que hice otra presentación sobre la crisis y sus consecuencias sobre las finanzas públicas. Esta fue la base de un nuevo acuerdo gubernativo dirigido a mantener el gasto dentro de los límites dados por la disponibilidad de recursos. Varios préstamos estaban pendientes de aprobación por parte del Congreso y el mismo día de la reunión de gabinete el presidente y yo nos reunimos con los jefes de bloque para explicarles la urgencia no solo de aprobar los préstamos sino también una nueva emisión de bonos para cubrir la brecha de recursos que teníamos, además de la iniciativa de tributación indirecta. En esta ocasión percibí cierta comprensión o apertura de los diputados acerca de lo que estaba ocurriendo.

Poco a poco había ido permeando la idea de que era cierto que estábamos en el seno de una verdadera crisis y, en todo caso, la emisión de bonos para financiar obras no era una iniciativa que generara demasiada oposición. Mientras tanto los técnicos del ministerio, bajo la dirección de los viceministros, y con la participación directa de Edwin Martínez, director del presupuesto, trabajaban intensamente –como lo tuvieron que hacer tantas veces– en la preparación de un nuevo acuerdo gubernativo para contener el gasto durante el próximo cuatrimestre, y que tenía que ser aprobado rápidamente, para que pudiera aplicarse desde el principio del segundo cuatrimestre.

Ya en la sesión de gabinete del 20 de abril yo había adelantado las dificultades que teníamos, aunque di cierta esperanza al informarles que Nancy Lee, secretaria adjunta del Tesoro de Estados Unidos, nos había comunicado que creía que la caída libre de la economía mundial ya se había detenido. Sin embargo, ésta era solo una posibilidad, y en el gabinete las reacciones fueron medianamente favorables a la austeridad. Por supuesto que hubo ministros que destacaron la necesidad del pago de la nómina, lo cual era lógico. Sandra Torres llamó a no tocar los gastos en salud, educación y seguridad pero sí a reducir el gasto en carreteras, que no eran prioritarias: vivienda generaba empleo pero carreteras no. Llamó a otras medidas de menor impacto: que no se utilizaran vehículos oficiales durante los fines de semana, que cesaran de financiarse los proyectos productivos que tenía Fonapaz, que no se renovaran cierto tipo de contratos temporales –los correspondientes al renglón presupuestario 029, que incluía a muchos profesionales a corto plazo–, que se ahorrara en alquileres y en energía. Mencionó también la urgencia de que el Congreso aprobara la colocación de bonos adicionales.

En la misma reunión Arnoldo Noriega destacó la necesidad de priorizar el gasto, y sugirió reducir el gasto en inversiones, asegurar una aprobación de la colocación de bonos y explicar a la ciudadanía lo que ocurría. Ronaldo Robles, secretario de Comunicación Social de la Presidencia, solicitó más información e insistió en contar con una estrategia para colocar los bonos, mientras que el viceministro de Economía, Erasmo Velásquez, advirtió sobre el peligro –con razón– que la contracción del gasto evitara cumplir con el objetivo contracíclico que nos habíamos propuesto.

En mayo se aprobó un nuevo acuerdo gubernativo con las autorizaciones de los gastos para el segundo cuatrimestre, lo cual se volvió una forma de ajustar el presupuesto de acuerdo con los ingresos disponibles, dispositivo al que tendríamos que acudir para el resto de 2009 así como para 2010 debido a que para ese año el Congreso no aprobó un presupuesto. El nuevo acuerdo gubernativo (No. 132-2009) también incluyó techos anuales de gasto para cada institución en los casos de la telefonía, viáticos, alimentos para personas, papel de escritorio, combustibles y lubricantes, útiles de oficina y otros materiales y suministros. El gasto máximo anual programado para estos renglones era inferior a lo ejecutado en 2008 en cerca de Q50.0 millones.

En el propio Ministerio de Finanzas implementamos, bajo la dirección de la viceministra Vivian Mack, un severo recorte de gastos, que no dejó de generar ciertas tensiones internas. Ya desde principios de 2008 yo había introducido algunas restricciones, incluyendo una reducción de viáticos para el ministro y viceministros –había un acuerdo ministerial que asignaba montos altísimos– y establecí la norma de viajar en clase turista en los vuelos cubiertos con recursos del gobierno.

Parte del problema fiscal que enfrentábamos tenía que ver con una expansión un tanto desordenada del gasto en el Ministerio de Educación. Con la ministra de Educación, Ana de Molina –que había sido ministra de Finanzas Públicas en 1994 y 1995–, tuvimos algunas divergencias en relación con la gestión de la política fiscal en general y en lo que se refiere al gasto del Ministerio de Educación en particular. Ya a fines de 2008 ella había incidido en una solicitud que nos transmitió el presidente para hacer un reordenamiento del presupuesto con el fin de evitar que quedaran sin utilizar los recursos no ejecutados ese año; es decir, asegurar que posibles ahorros involuntarios resultantes de instituciones que no habían gastado todo su presupuesto pudieran utilizarse para financiar otros programas que podrían requerir más recursos durante las últimas semanas del año. Ello era contrario a la necesaria prudencia que debía seguirse en un contexto de crisis, en que cualquier ahorro, voluntario o involuntario, era bienvenido y debía reservarse ante lo que era una situación de total incertidumbre. Posteriormente había insistido en aumentar el gasto y financiarlo con deuda de corto plazo –letras de Tesorería–, y además el gasto en el Ministerio de Educación estaba aumentando fuertemente pero sin que tuviéramos información de las tendencias y de la composición de ese gasto, a pesar de varias solicitudes que le hicimos. En este caso faltaban estadísticas.

La explosión casi incontrolada del gasto en el Ministerio de Educación me motivó, junto con el viceministro Erick Coyoy, a preparar dos memoranda –uno del 3 y otro del 13 de julio de 2009– para el presidente. En ellos le advertíamos del fuerte crecimiento del gasto del Ministerio de Educación, de la necesidad de controlarlo y de conocer bien su composición, además de comenzar a buscar soluciones para poder cubrirlo en el futuro, dada su tendencia creciente junto con la tendencia contraria en materia de ingresos tributarios. En el memorándum del 3 de julio estimábamos que los salarios de 27,800 maestros recién contratados o en vías de contratación podría requerir Q877 millones adicionales a lo contemplado en el presupuesto, además de los recursos requeridos por Mifapro, que podrían alcanzar alrededor de Q800 millones. En el memorándum del 13 de julio propusimos financiar las necesidades del Ministerio de Educación con bonos adicionales y recursos de un préstamo del Banco Mundial cuya aprobación estábamos por solicitar al Congreso, aunque desde luego sabíamos que esta era una solución transitoria y que la solución más sostenible era una reforma tributaria. También propusimos congelar la contratación de nuevos maestros.

Cuando ya en agosto presentamos el proyecto de presupuesto para el 2010, con menores recursos de los que la ministra deseaba, Ana de Molina anunció su renuncia. Explicó que dejaba el gobierno porque no se le asignaban suficientes recursos, aunque es posible que en su decisión influyera que la iban a interpelar en el Congreso en ese momento. Sospecho que en la decisión del presidente de aceptar su renuncia también influyeron las conflictivas pretensiones de la ministra de incidir en la política fiscal que estábamos implementando. Lamenté este distanciamiento, sobre todo tomando en cuenta que antes de entrar en el gobierno habíamos trabajado conjuntamente con ella en una propuesta para fortalecer la educación en Guatemala.

Las presiones para aumentar el gasto público no provenían solo de los ministerios. El 7 de julio Radio Punto reportaba que:

> Alcaldes de diversos municipios del departamento del Quiché, amenazaron que si el gobierno no les de-

vuelve la cantidad que les quitaron en el presupuesto, informaron que han tomado medidas y tienen todo lo necesario para bloquear algunas carreteras para manifestar su inconformidad.

Tres días más tarde, el 10 de julio, Emisoras Unidas anunciaba:

> La Asociación de los Bomberos Municipales departamentales ha señalado que para el 14 de julio las autoridades del Ministerio de Comunicaciones y Finanzas deberían trasladar por lo menos la mitad de 19 millones de quetzales monto que reciben anualmente y que por el momento no han recibido nada. Se especula que podrían paralizar el servicio de una forma paulatina.

Lo anterior solo es ilustrativo de las innumerables presiones que existían, que en muchos casos no estaban relacionadas directamente con el Ministerio de Finanzas sino con otro ministerio o entidad ejecutora del gasto, pero donde se buscaba involucrar al Ministerio de Finanzas para presionarlo de manera que asignara más recursos. En estas gestiones era común que los diputados incidieran de manera directa, especialmente mediante innumerables citaciones del director Técnico del Presupuesto, Edwin Martínez Cameros –probablemente el más citado de todos–, de los viceministros –especialmente Erick Coyoy– y de mí. Hubo múltiples citaciones en que estaban presentes alcaldes, bomberos, ONG de salud u otros beneficiarios del gasto público. En estas citaciones había que explicar la situación de las finanzas públicas y proponer respuestas parciales tomando en cuenta los recursos efectivamente existentes. Y era difícil evitar un desgaste.

Desde febrero de 2009 se volvió evidente que la

única manera de evitar que el gasto público se restringiera de manera severa –impidiendo aplicar una política fiscal contracíclica, como había advertido el viceministro de Economía Erasmo Velásquez– era obtener más recursos mediante la contratación de préstamos externos, algunas donaciones y la colocación de bonos, especialmente a la luz de las dificultades de avanzar con la reforma tributaria. Afortunadamente Mario Taracena, presidente de la Comisión de Finanzas del Congreso, tenía muy clara la necesidad de avanzar con la aprobación de los préstamos pendientes, y ello se convirtió en algo prioritario en el Congreso. Ya en febrero de 2009 había logrado que el Congreso aprobara seis préstamos, por un monto total de casi US$980 millones, y para julio el Ministerio de Finanzas había colocado todos los bonos que el Congreso había autorizado emitir como parte del presupuesto aprobado.

Quedaba por delante la aprobación adicional de bonos por Q3 mil millones –este monto se fue ajustando al tomar en cuenta la reducción de ingresos tributarios, puesto que originalmente se contemplaron Q1.8 mil millones– y de otros préstamos de apoyo presupuestario. La aprobación de los bonos por Q3 mil millones en agosto, así como de un préstamo del Banco Mundial por US$350 millones en noviembre de 2009 –ya casi en el límite– permitieron que al final del año lográramos ejecutar en torno al 92% del presupuesto contemplado originalmente, con lo cual logramos –en conjunto con otros préstamos externos– que sí fuera un presupuesto contracíclico, mayor al del año anterior, a pesar de la drástica reducción de ingresos tributarios.

A principios de agosto de 2009 se logró conformar una alianza legislativa, calificada por algunos periódicos como aplanadora, para aprobar la colocación de bonos. Estos bonos sirvieron para financiar inversión, que había quedado rezagada como consecuencia de la caída de ingresos tributarios que permitían financiarla. En estos días también fue aprobado un préstamo para financiar la carretera de la Franja Transversal del Norte, otra obra de inversión grande, aunque rodeada de cuestionamientos y de denuncias de que su aprobación había sido facilitada por sobornos. La aprobación de la emisión de bonos por Q3 mil millones tomó cuatro días de sesión permanente del Congreso y tuvo dificultades en ser aprobada por la insistencia en que se aprobara con "candados" que evitaban que se pudieran transferir recursos de una institución a otra. Pero con estas restricciones la colocación de bonos fue aprobada incluso por la principal bancada de oposición, del PP.

Con la aprobación de bonos lográbamos orientarnos por la vía de la política contracíclica que contribuía a evitar que la crisis internacional golpeara de manera excesivamente fuerte a la economía guatemalteca. Como expresé en una entrevista que me hizo el *Diario de Centro América*, aparecida el 7 de agosto, inmediatamente después de la aprobación de la iniciativa de ley sobre bonos por parte del Congreso:

> Hay que recordar que los bonos al ser Q3 mil millones representan el 1% del PIB, [que] no es una cantidad insignificante y en un momento como éste puede tener un efecto importante en materia de inversión, ingresos, y empleo. Si no tuviéramos ese gasto adicional, con su efecto multiplicador sobre el gasto y la inversión privada, tendríamos menos actividad económica, más desempleo, menos ingresos para un grupo importante de personas.

Esta era parte de las "luces" del presupuesto; la participación de empresas y ONG vinculadas a diputados eran las "sombras". El financiamiento obtenido de la colocación de los bonos sirvió para cubrir inversión pública, pero ahora teníamos pendiente contar con recursos para cubrir los gastos de funcionamiento del gobierno, es decir, los salarios y gastos recurrentes como los medicamentos. Teníamos una brecha importante en este campo, que se estaba agudizando.

De *El Periódico* a mediados de octubre del 2009 nos hacían la siguiente observación y pregunta:

> El jefe de la bancada de la UNE y el Presidente de la Comisión de Finanzas admiten que no hay dinero para pagar más sueldos hasta noviembre como máximo. ¿Cómo fue que se llegó a tal punto?

Nuestra respuesta, el 12 de octubre, fue la siguiente:

> La insuficiencia de recursos para cubrir el funcionamiento del Gobierno tiene varias causas:
>
> 1. El Congreso de la República redujo en Q1,389 millones el gasto de funcionamiento del Gobierno al momento de aprobar el presupuesto 2009 y aumentó en similar monto el gasto en inversión.
>
> 2. Para cumplir con el mandato constitucional de gratuidad de la educación pública, se dio un incremento sin precedentes en la contratación de nuevos maestros para atender la mayor demanda, y eso dio lugar a un aumento en el gasto en remuneraciones del magisterio.
>
> 3. Para cumplir con el mandato constitucional de gratuidad de la salud pública, se dio un aumento sin precedentes en la demanda de los servicios y eso ha generado mayor demanda de medicamentos en los establecimientos de salud y mayor necesidad de recursos para estos rubros.

4. Los gastos de funcionamiento del gobierno se pagan principalmente con recursos de la recaudación de impuestos y estos se han visto severamente disminuidos por la crisis económica internacional.

Para atender estas necesidades, y ante la imposibilidad de avanzar con una reforma tributaria, acudimos a un préstamo del Banco Mundial. Los recursos obtenidos del préstamo del Banco Mundial se buscaban destinar principalmente a los ministerios de Educación y de Salud, especialmente para atender pagos de la nómina salarial y la compra de medicamentos, tomando en cuenta, además, que la gratuidad había aumentado la demanda por recursos en ambos ministerios.

Pero la demanda por recursos de parte de un grupo importante de diputados continuaba centrándose en el financiamiento de obras. Aunque los bonos se habían aprobado, todavía tenían que colocarse todos en el mercado financiero para que de esa manera entraran recursos líquidos que estuvieran disponibles para el gobierno. Ya se había iniciado la adjudicación de bonos y el 22 de septiembre por primera vez se habían colocado a un plazo de 15 años, además de reducir las tasas de interés para los plazos de 5 y 8 años. Luis Alejos Marroquín, director de Crédito Público del Ministerio de Finanzas, estaba impulsando un proceso de modernización del mercado de deuda pública, en coordinación con el Banco de Guatemala, que no solo estaba alargando los plazos sino también regularizando y simplificando una serie de procesos para mejorar el funcionamiento de este mercado.

Pero los diputados querían que rápidamente se adelantaran los recursos para obras y le hicieron saber al presidente y al secretario privado de la Presidencia, Gustavo Alejos, que era el principal operador del poder ejecutivo en el Congreso, que votarían a favor del préstamo del Banco Mundial solo si se aprobaban con celeridad los desembolsos para Covial y Fonapaz. Las obras realizadas por Covial y Fonapaz –no se mencionaba a la Dirección General de Caminos, que atendía a otros clientes– tenían mayor prioridad que el préstamo y otras leyes sujetas a discusión en el Congreso. El mensaje que el viceministro Erick Coyoy me envió el 24 de septiembre era muy claro:

> Juan Alberto: este jueves me habló Gustavo Alejos para reiterar la solicitud de que se aprueben este lunes 28 los desembolsos en calidad de anticipo a los fideicomisos covial (Q500 millones) y fonapaz (Q400 millones) con los recursos de los bonos. Insiste que el compromiso con los jefes de bloque fue hacer antes estos pagos y luego la aprobación del préstamo y de otras leyes prioritarias. Este jueves no hubo plenaria por no reunirse el quórum y supuestamente fue porque se espera el cumplimiento de este compromiso de los pagos.

Los desembolsos se efectuaron, pero la oposición al préstamo del Banco Mundial venía con más fuerza. La CIG ya se había opuesto a la colocación de bonos, aun cuando el sector bancario no manifestara una posición necesariamente contraria a esta medida puesto que constituía un negocio que compensaba la reducción de la demanda privada de crédito en este año de crisis. Sin embargo, cuando anunciamos la intención de acudir a crédito externo –con mejores condiciones de plazo y de pago de intereses– el sector privado en su conjunto se opuso rotundamente. Esta oposición se comenzó a manifestar el 19 de agosto en la Junta Monetaria cuando los representantes del sector privado –tanto del Cacif como de los bancos– se opusieron a la opinión favorable de los demás miembros de la Junta cuando se sometió a su consideración el préstamo de apoyo presupuestario financiado por el Banco Mundial.

Otra fuente de oposición provenía de aquellos que no creían que se justificaba financiar gasto corriente con préstamos. El diputado José Alejandro Arévalo insistía en que los préstamos debían destinarse a financiar inversiones, pero aceptó que por tratarse de un caso de crisis se justificaba que en 2009 se pudiera cubrir el gasto corriente con crédito interno o externo. Por ello es que en los decretos aprobados por los diputados se indicaba de manera explícita que no se aplicaba la disposición de la Ley orgánica del presupuesto que exigía que los préstamos no podían utilizarse para financiar gasto corriente y se incluía una cláusula que decía:

> En vista de la excepcional caída de la recaudación tributaria durante el Ejercicio Fiscal 2009 y para asegurar el cumplimiento y ejecución de lo anterior, se exceptúa y no aplica lo establecido en el último párrafo del Artículo 61 de la Ley Orgánica del Presupuesto.

Esta cláusula se incluyó en el préstamo de apoyo presupuestario del Banco Mundial, objeto de una prolongada negociación en que José Alejandro Arévalo participó de manera decisiva y que insistió en que no se debía aumentar el tamaño del presupuesto sino que más bien debía darse una readecuación para cubrir con recursos externos lo que se había dejado de cubrir con recursos tributarios, resultado de la crisis.

La necesidad de esta readecuación nos provocó algunos problemas internos –técnicos pero con implicaciones políticas– ya que no solo teníamos que cubrir el gasto del Ministerio de Educación que ya estaba contemplado en el presupuesto para el 2009 sino que también teníamos que asignarle recursos adicionales como consecuencia de los compromisos asumidos con la contratación de más maestros, además de las necesidades de Mifapro. Esta fue una de las razones por las cuales tuvimos que realizar transferencias entre instituciones. En particular, tuvimos entonces que negociar con otras entidades que de todos modos no iban a recibir todos los recursos presupuestarios debido a la caída de ingresos tributarios –como la Universidad de San Carlos de Guatemala (Usac), el Organismo Judicial y la Confederación Deportiva Autónoma de Guatemala (CDAG)– para que nos cedieran su "espacio" presupuestario.

¿Qué es el espacio presupuestario? Confieso que cuando llegué al Ministerio en enero de 2008 no sabía exactamente de qué se trataba, y fue solo luego de la paciente explicación de Edwin Martínez, director Técnico del Presupuesto, que lo entendí. Un espacio presupuestario es el monto que se le autoriza a un ministerio o institución pública para gastar; viene siendo similar a un "techo" presupuestario. Normalmente, se asignan suficientes recursos para que ese ministerio o institución pueda gastar hasta ese techo, de manera que utiliza todo el "espacio" que tiene autorizado. Sin embargo, no siempre ocurre así. Un caso aparentemente curioso era el que ocurría con fondos externos que no se habían previsto en el presupuesto; en este caso los recursos estaban disponibles pero no el "espacio". La embajadora de España, Carmen Díez-

Orejas, me llamó varias veces por teléfono para ver cómo podíamos asegurar ese espacio para donaciones españolas. Incluso aprovechó mi presencia en un par de recepciones diplomáticas para insistir –con razón– en la necesidad de contar con ese espacio para entonces poder gastar los recursos disponibles, muchas veces otorgados en condiciones de emergencia. Para asegurar ese espacio para el ministerio que iba a recibir esos recursos, teníamos que restárselo a otro ministerio o institución –con su autorización– para trasladarle el espacio a la entidad beneficiaria de la donación española. Sólo entonces lo podía gastar.

En 2009 encontramos que la mayor parte de entidades o ministerios tenían espacios o techos mayores a los recursos efectivamente disponibles debido a la caída de estos como consecuencia de la crisis. En principio, entonces, no debía existir demasiado problema en que cedieran su espacio –no utilizado– a otra entidad contaba con más recursos debido a un préstamo, bonos o donaciones adicionales. Por ejemplo, si la CDAG no tenía suficientes recursos para cubrir su espacio, entonces no debía oponerse a trasladarle ese espacio a otra entidad. No se trataba de trasladar los recursos que tenía, porque no estaban disponibles.

Como el tema era un tanto técnico y complicado, y yo sabía que no era tan fácil entenderlo rápidamente, la prensa no hacía la distinción entre lo que era transferir un "espacio" –que era una autorización teórica para gastar– y lo que era realmente una transferencia de recursos. Al no estar clara esta distinción, ceder ese "espacio" podía ser interpretado por el público en general como que se le estaban quitando recursos del presupuesto a determinada entidad, por lo que los directores de estas entidades –no necesariamente sus tesoreros, que sabían que no se estaban transfiriendo recursos reales– se oponían. A veces los mismos directores no entendían de lo que se trataba, y entonces teníamos que entrar a un proceso explicativo y de negociación que no siempre era exitoso y que generalmente provocaba desgaste.

Trasladar espacios se reflejaba en las duramente criticadas transferencias presupuestarias –como veremos en la próxima sección– y se daba en un contexto de confrontación total entre el PP y la UNE, ahora debilitada por la salida de varios de sus diputados. Además, el caso Rosenberg había aislado internamente al gobierno después de mayo de 2009.

Fue en este contexto que se dio la aprobación del préstamo de apoyo presupuestario del Banco Mundial, que permitía contar con los recursos adicionales que se destinarían principalmente a los ministerios de Educación y Salud. Lograr que el Congreso lo sancionara fue un proceso largo y difícil. El 11 de noviembre fue aprobado por la mayoría del Congreso luego de seis maratónicas sesiones, pese a la oposición continua y al *filibusterismo* de las bancadas de los partidos Patriota (PP) y Libertad Democrática Renovada (Lider). De nuevo se manifestó la tiranía de las minorías, con una absoluta falta de respeto a las decisiones de la mayoría, principio básico de una democracia. La posición del PP contrastó con la aprobación de otro préstamo similar del Banco Mundial en abril de 2008, cuando mediante una reunión del presidente Colom con Otto Pérez –en otro contexto– en que se reorientó parte de los recursos al gasto para el Instituto Nacional de Ciencias Forenses (Inacif), el Ministerio Público y el Registro Nacional de Personas (Renap), se logró que la bancada del PP votara a favor de ese préstamo.

Si no se hubiera flexibilizado el uso de los recursos del préstamo del Banco Mundial para financiar gasto recurrente en noviembre de 2009, no hubiéramos podido financiar la compra de medicamentos y los salarios de maestros y de personal de salud. Quienes proponen poner candados o reglas que prohíben que se usen recursos de préstamos para financiar gasto corriente debieran tomar en cuenta que en momentos de crisis, como el ocurrido en 2009, había que permitir cierta flexibilidad para utilizar un préstamo para financiar este tipo de gastos.

El presupuesto guatemalteco ya cuenta con serias rigideces derivadas del gasto obligado que cada año tiene que hacerse para atender el pago de la deuda, los salarios y compromisos con las municipalidades, la Usac, el Organismo Judicial, los deportes y otras entidades. Quienes proponen que cierta proporción del gasto público total tenga que destinarse obligadamente a inversiones debieran, asimismo, preguntarse si esta preferencia por obras no puede favorecer la corrupción, frente a lo cual otras opciones, como financiar el desarrollo social –y probablemente la seguridad en el futuro– parecerían justificarse más. En todo caso, ponerle más restricciones al presupuesto guatemalteco es como amarrar a Gulliver, pero el Estado guatemalteco no es el Gulliver de la novela original, que era un gigante, sino que asemeja más a un personaje débil y pequeño. Lo anterior no debe confundirse con evitar una rendición de cuentas efectiva, que es importante en la medida en que existe cierta discrecionalidad, es decir, posibilidades de modificar ciertas políticas o asignaciones del gasto. Ahora bien, en la medida en que el poder legislativo modifique el presupuesto, también el Congreso debiera estar sujeto a una rendición de cuentas ante las modificaciones o restricciones de las cuales es responsable.

Transferencias y transparencia

Parte de la rendición de cuentas que me correspondió fue responder ante el Congreso en relación con las transferencias presupuestarias. Una de las conclusiones de la bancada del PP al final de mi tercera interpelación fue que habíamos abusado con lo que se conoce como transferencias presupuestarias. El 26 de enero de 2010 el diputado Morán Hurtado expresó que:

> ...el ministro hizo miles de transferencias modificando el presupuesto. Consideramos esta [una] irregularidad porque no tiene la competencia para poder hacer las modificaciones en un alto porcentaje al presupuesto general de la nación, violando prácticamente la Constitución Política de la República de Guatemala, y lo que es peor, incrementando fondos a otras instituciones y afectando a otros ministerios que son piedra angular en el desarrollo social, económico y político de Guatemala, como lo son la seguridad, la educación y la salud. Este es uno de los elementos que consideramos importantes en la discusión.

Es cierto que se realizaron transferencias, pero durante el debate en el Congreso los diputados que hacían esta denuncia, así como otros que expresaron su oposición a estas transferencias por la vía de la prensa, nunca reconocieron que, para comenzar, existían dos tipos de transferencias. Una cosa eran las que se hacían dentro de las instituciones, por ejemplo dentro de un ministerio para ajustarse a una negociación inesperada de salarios, a un aumento del precio de los combustibles o alimentos, o a una mala programación del gasto –no toma en cuenta cómo puede variar el gasto durante diferentes meses: en el Ministerio de Educación, por ejemplo, los gastos son menores en los meses de vacaciones–. Otra cosa eran las que se hacían de una institución a otra, por ejemplo, del Ministerio de Salud al de Educación. Las primeras generalmente no eran transferencias que modificaban significativamente al presupuesto y no eran parte de una política especial para reorientar el presupuesto; eran principalmente accidentales, normalmente imprevistas.

Las denuncias que se hacían generalmente reportaban el total de transferencias, que en 2009 alcanzaron Q17,600 millones. Pero los críticos no reconocían que más de la mitad de estas transferencias eran intrainstitucionales, que no significaban grandes cambios de las orientaciones básicas del presupuesto, y que en 2009 alcanzaron Q9,215 millones, mientras que las interinstitucionales alcanzaron Q7,509 millones, equivalentes a alrededor del 15% del presupuesto. Estas transferencias no fueron "miles de transferencias"; se hicieron 36 acuerdos gubernativos, un número menor a los que se habían hecho en años anteriores. Por otra parte, no solo el poder ejecutivo fue responsable de estas transferencias; buena parte tuvieron que hacerse por cambios que se acordaron en el Congreso y en un contexto de crisis.

Cabe recordar que al momento de aprobar el presupuesto 2009 el Congreso disminuyó el gasto de funcionamiento dejando sin financiamiento el pago de salarios y servicios básicos en varias instituciones, y asignó recursos de préstamos y donaciones a entidades que no podían recibirlas, lo que requirió reacomodos importantes. El Congreso también tomó decisiones de incrementar compromisos de gasto, como el programa del adulto mayor, que aumentó el monto para gastar pero sin ampliar el presupuesto, lo cual requería reacomodos. Ocurrió lo mismo con la aprobación de la Ley de Fonpetrol, que involucró recursos destinados a los consejos de desarrollo y al Consejo Nacional de Áreas Protegidas (Conap) sin ampliar el presupuesto. Los bonos y préstamos, además, se aprobaron en el Congreso sin ampliar la autorización de gasto, lo cual también requirió cambios, especialmente tomando en cuenta que estas aprobaciones iban acompañadas de una cuidadosa identificación de los rubros de gasto por parte del Congreso, que generalmente privilegiaba obras. No es casualidad que uno de los principales beneficiarios de las transferencias en 2009 fue el Ministerio de Comunicaciones. A lo anterior se agrega la decisión de la Corte de Constitucionalidad, que impidió que las secretarías continuaran ejecutando proyectos y que éstos tuvieran que transferirse a ministerios.

Hubo dos decisiones políticas que sí se reflejaron en transferencias importantes. Una fue el traslado del programa Mi Familia Progresa de la Secretaría de Coordinación Ejecutiva de la Presidencia (SCEP) al Ministerio de Educación –especialmente por razones legales– y el aumento de recursos para este programa, revirtiendo la decisión de Manuel Baldizón de reducirlos en el proyecto de presupuesto para 2009. Otra fue la decisión de reducir recursos presupuestados para el Ministerio de Salud y de Gobernación para este programa. En el caso de Gobernación se consideró que las asignaciones de los servicios de la Policía Nacional Civil (PNC) y la formación del recurso humano estaban sobreestimados, especialmente porque el entrenamiento de nuevo personal de policía significaba que no podían emplearse como policías inmediatamente, con lo cual los costos de sus salarios y equipo eran menores a lo previsto. En el caso del Ministerio de Salud hubo un aumento considerable de su presupuesto entre 2008 y 2009, y aun con la transferencia que significó reducir su presupuesto continuaba teniendo un presupuesto bastante mayor al del año anterior.

Pero en el fondo esto no era lo que interesaba a los interpelantes. Como lo indicó el diputado de la UNE, Nery Samayoa Barrios, que de manera breve y solitaria rebatió los argumentos de las bancadas opositoras durante la sesión de debate que siguió al período de preguntas y respuestas correspondientes a mi segunda interpelación:

> Señor presidente, esta interpelación prácticamente perdió todo su interés, todo su interés por todo el mundo porque era, precisamente, porque estábamos tratando un tema a nivel nacional, que era la reforma fiscal; gracias a Dios ahora esto está en una mesa de discusión, y esa fue la razón por la cual se llamó a este ministro.

Tenía razón: como en las otras interpelaciones, lo que se buscaba era bloquear la posibilidad de que se pudiera aprobar una reforma tributaria, que estaba en la agenda pero que no lograba ser discutida y aprobada por la mayoría.

Una divergencia con el Banco de Guatemala

Las convicciones son los enemigos de la verdad más peligrosos que las mentiras.

Friedrich Nietzsche

Durante 2009 logramos obtener recursos para mantener el presupuesto con un nivel de gasto razonable, a pesar de la crisis. En ello fue clave la obtención de recursos adicionales por la vía de préstamos externos y por medio de la colocación de bonos, para lo cual se contó con la cooperación –con altibajos– de la mayoría de diputados en el Congreso. La única gestión que no tuvo éxito fue la posibilidad de obtener del FMI recursos no reembolsables que la comunidad internacional había concedido a todos los países para enfrentar de manera conjunta la crisis. Habíamos hecho la gestión directamente ante el FMI y su director gerente como parte de una iniciativa conjunta de los países centroamericanos, y otros países habían hecho gestiones similares. El FMI aceptó que estos recursos podían ser de apoyo presupuestario, y Fernando Delgado, su nuevo representante en Centroamérica, nos había comunicado claramente al Banco de Guatemala y al Ministerio de Finanzas que el FMI sí podía dar este apoyo no reembolsable como apoyo presupuestario, a diferencia de lo que se había hecho en el pasado.

Sin embargo, en las prolongadas consultas y negociaciones que tuvimos entre funcionarios y asesores del Ministerio de Finanzas y del Banco de Guatemala estos últimos no aceptaron que el Ministerio de Finanzas y el gobierno en general pudiera tener acceso a estos recursos. Primero argumentaron que eran "reservas del Banco de Guatemala", como si fueran solo del Banco y no del Estado, pero ello era inconstitucional y eventualmente los altos funcionarios del banco parecieron aceptar que su argumento no era válido. Además, los propios funcionarios del FMI nos habían indicado que el Banco de Guatemala era en este caso solo el intermediario y no el dueño de los activos, y que en otros países –como México– este agente intermediario había sido cambiado de manera que fuera la Secretaría de Hacienda y no el Banco de México.

Después argumentaron que violaba la autonomía del banco, a lo cual se les respondió que podía sujetarse a una decisión de la Junta Monetaria, pero la presidenta del banco no estuvo dispuesta a aceptarlo. Indicaron que el Banco de Guatemala no podía dar crédito al gobierno, pero en este caso no era un crédito sino recursos no reembolsables. También se levantaron problemas en el ámbito de la contabilidad, que hubieran podido resolverse si hubiera existido voluntad para avanzar con este proceso. Pero la presidenta del Banco de Guatemala, María Antonieta del Cid, también realizó un cabildeo ante la Secretaría General de la Presidencia, promoviendo una reunión de abogados de ambas instituciones y sin la participación del Ministerio de Finanzas, buscando que la Secretaría General dictaminara en contra de la propuesta, lo cual hizo después. Tomando en cuenta lo anterior, mi impresión es que en la mente de la presidenta prevaleció, por encima de todo, su convicción de que la autonomía del Banco de Guatemala estaba en juego –aunque yo siempre la respeté– y que el banco no debía ceder estos recursos al gobierno.

Más que una búsqueda común para encontrar una

manera de aprovechar los recursos que la comunidad internacional –y especialmente los países desarrollados, responsables de la crisis– habían puesto a disposición de todos los países para compensar aunque fuera parcialmente los efectos de la crisis, sentí que nos encontramos con una actitud de oposición y de cabildeo para evitar que contáramos con esos recursos, que equivalían a una donación. Con María Antonieta del Cid enfrentamos la crisis con una buena dosis de entendimiento mutuo y de coordinación, pero creo que sus convicciones en esta materia la llevaron muy lejos. Esta fue la única divergencia que tuvimos, pero fue importante. En un momento de crisis y de severas brechas fiscales el gobierno guatemalteco no pudo contar con el equivalente de US$273 millones, es decir, casi Q2,200 millones.

La pugna por el presupuesto para 2010

La política real, no aquella que se lee y se escribe, se piensa y se imagina –la única que yo conocía– sino la que se vive y se practica día a día, tiene poco que ver con las ideas, los valores y la imaginación, con las visiones teleológicas –la sociedad ideal que quisiéramos construir– y, para decirlo con crudeza, con la generosidad, la solidaridad y el idealismo. Está hecha casi exclusivamente de maniobras, intrigas, conspiraciones, pactos, paranoias, traiciones, mucho cálculo, no poco cinismo y toda clase de malabares.

Mario Vargas Llosa

La expansión del gasto prevista para el 2009, y que en parte se mantuvo gracias a la obtención de préstamos

–externos por la vía de bancos multilaterales como el Banco Interamericano de Desarrollo y el Banco Mundial o internos mediante la emisión de bonos–, no podía continuar en el 2010, y por ello se propuso un presupuesto más limitado para ese año. El criterio del Ministerio de Finanzas era que hacia fines de 2009 la peor parte de la crisis financiera internacional había pasado y que ya no se justificaba un presupuesto para 2010 con un déficit fiscal igual o más alto que el de 2009, que generaría más deuda, interna o externa. Si no se aprobaba una reforma fiscal que generara más recursos, correspondía mantener el gasto público a un nivel que permitiera que fuera cubierto con los recursos disponibles, con un déficit más pequeño. Si se aprobaba una reforma fiscal, entonces correspondería ampliar el presupuesto.

El 26 de mayo de 2009 yo ya le había entregado al presidente un memorándum donde le planteaba las severas limitaciones fiscales que enfrentaríamos para el presupuesto de 2010. Con el apoyo de los viceministros y técnicos del Ministerio de Finanzas identificamos dos escenarios, con ingresos tributarios que ya tomaban en cuenta las tendencias que estábamos observando y el mensaje era claro: había que limitar el gasto y establecer prioridades muy claras, ya que de lo contrario tendríamos una brecha entre ingresos y gasto insostenible. En un escenario planteábamos para 2010 un déficit fiscal de 6.7% del PIB y en otro uno de 8.7%, dos o tres veces superior al esperado para 2009.

Tomando en cuenta estas proyecciones hicimos una propuesta de presupuesto para el 2010 que se discutió y presentó al gabinete, y que generó amplias discusiones. Mi propuesta fue que partiéramos del supuesto de que no se aprobaba una reforma tributaria; si se aprobaba, entonces correspondería ampliar el presupuesto. En términos concretos el presupuesto planteado para el 2010 tendría un valor menor que el aprobado para 2009; ante la recuperación de la economía –aunque fuera parcial– ya no se requería un estímulo a través de mayor gasto público y, además, debíamos moderar el endeudamiento adicional. El gasto total del presupuesto propuesto para 2010 sería de Q47,800 millones, menor a los Q49,700 aprobados para 2009. El déficit fiscal disminuiría de 3.4% del PIB en 2009 a 3.1% en 2010, con la idea de reducirlo de manera gradual en años siguientes, y enmarcábamos este presupuesto dentro de una perspectiva de más largo plazo, con un esbozo de presupuestos para los tres años siguientes.

En el proyecto también se planteaba un aumento del gasto en desarrollo social, incluyendo una asignación de Q1,500 millones para Mifapro, aunque Sandra Torres pretendía una asignación de Q2 mil millones. Un aspecto novedoso de esta propuesta de presupuesto era que por primera vez se había hecho, como proyecto piloto, un presupuesto para el departamento de Quetzaltenango, que se formuló –junto con Segeplan y otros ministerios– de manera participativa con diversos representantes de organizaciones de la sociedad civil. Esto podría darle verdaderos dientes a esfuerzos de planificación y desarrollo local.

Sandra Torres comenzó a expresar dudas sobre nuestra propuesta de presupuesto desde mediados de 2009 porque quería un presupuesto más grande, con una parte de su financiamiento a definirse posteriormente, a lo cual yo no podía acceder. Recuerdo que a mediados de año presenté escenarios y propuestas en una reunión informal del gabinete –una "encerrona"– en Antigua convocada por el presidente, en una agradable casa de tipo colonial, del gobierno, que existe en esa ciudad. Allí discutimos en cierto detalle, y con criterio político, las perspectivas financieras del gobierno. Los escenarios tomaban en cuenta posibilidades de financiamiento adicional como resultado de reformas tributarias que podrían aprobarse, y sin reformas. La mayor parte de ministros reconoció los límites que existían. Significativamente, Sandra Torres no asistió. Fue un proceso difícil de convencimiento y al final obtuve el apoyo del presidente, aunque en la práctica fue un apoyo a medias, como descubriría posteriormente.

El Congreso asumió una posición ambivalente. Pronto fue evidente que el proyecto de presupuesto no contaba con el respaldo entusiasta de la bancada de la UNE, y que los mensajes que venían del poder ejecutivo eran confusos. Paradójicamente el presupuesto propuesto contaba con cierto apoyo de la oposición –el PP en particular–, que prefería uno más acotado y reducido que el del año anterior, creo que en parte porque suponía que el presupuesto más pequeño le ponía ciertos límites a los programas favorecidos por Sandra Torres. Por parte del Ministerio de Finanzas insistimos a través de campos pagados en que la falta de aprobación del presupuesto propuesto por el ministerio significaba peligros de un desorden financiero pues no se contaría con un presupuesto que guiara adecuadamente la canalización del gasto, habría peligros de ingobernabilidad debido a expectativas de que se gastara un monto similar al de 2009 pero sin contar con suficientes recursos, y existiría una posibilidad de que bajaran la calificación de riesgo país de Guatemala.

Continuar con el mismo presupuesto le asignaba al Ministerio de Finanzas una tarea imposible: distribuir recursos que no alcanzaban para atender las necesidades de ministerios y de otros organismos públicos que formalmente tenían "techos" del presupuesto aprobado para 2009 que no se podían financiar para 2010. Los "techos" eran autorizaciones para gastar pero sin contar con los recursos para hacerlo. El desgaste potencial para cualquier ministro de Finanzas era evidente: había que explicarle a cada ministerio, municipalidad o entidad descentralizada que aunque tenía una autorización para gastar cierto monto, había que trasladarle menos. Era como iniciar en el desierto una excursión de un mes de duración con alimentos y agua para veinte días, y lo peor es que tendríamos que hacerlo por segundo año consecutivo puesto que ya lo habíamos hecho en 2009 –y entonces con más acceso a recursos externos–.

Recuerdo que con el presidente estuvimos en el programa presidencial de radio el miércoles 25 de noviembre de 2009, pocos días antes del 30 de noviembre, fecha límite que tenía el Congreso para aprobar el presupuesto, y le solicité con cierta insistencia que mencionara la absoluta necesidad de que el Congreso aprobara el presupuesto que habíamos presentado. El presidente lo hizo, pero sin fuerza. También hablé previamente con el presidente del Congreso, Roberto Alejos, que fue a mi despacho y reconoció que –aparte de las desventajas mencionadas– no aprobar el presupuesto ponía al ejecutivo en una situación de rehén frente al Congreso: tendría que buscar una aprobación desgastante de bonos por parte del Congreso a principios de 2010, lo cual se evitaba si el presupuesto era aprobado en noviembre 2009, ya que este incluía la propuesta de financiamiento por medio de bonos. Pero él tampoco dio una lucha por el presupuesto propuesto por el poder ejecutivo.

La que realmente se oponía a la aprobación del presupuesto que habíamos preparado era Sandra Torres. Ya había argumentado en varios gabinetes, en ocasiones apoyada por algún ministro, que era mejor mantener un techo presupuestario alto, lo cual se lograba mantener al no aprobar un presupuesto nuevo, puesto que se mantenía vigente por un año adicional el presupuesto de 2009, superior al que el Ministerio de Finanzas había propuesto para 2010. En varias sesiones del gabinete defendí la posición de que no debíamos continuar aumentando el déficit fiscal. Incluso hice referencia un tanto dramática a experiencias extremas como las de Chile con el presidente Allende, cuando parte de los problemas que facilitaron el golpe de Estado en ese país en 1973 se habían debido a severos desequilibrios macroeconómicos, que incluyeron una inflación desbocada, un mercado negro de divisas y escaseces de todo tipo.

El presidente no fue categórico en enfrentar la posición favorecida por Sandra Torres, aun cuando siempre fue muy consciente de la necesidad de mantener la estabilidad económica. Sandra Torres fue insistente en su oposición al presupuesto relativamente austero que propuse. Cuando se estaba discutiendo la posibilidad de que el Congreso aprobara "la reformita" los periodistas de *Prensa Libre* lograron que los diputados de la Gana admitieran las condiciones en que se estaba dando la negociación con Sandra Torres y reprodujeron sus apreciaciones en la edición del 24 de noviembre de 2009: "Nos pidió apoyo para la reforma fiscal y dijo que si aprobamos la propuesta, no importaba que no se aprobara el presupuesto 2010".

En el Ministerio de Finanzas habíamos previsto evitar la existencia de una brecha entre ingresos sin financiar, y con el apoyo del presidente iniciamos un proceso de negociación con los diputados "aliados". Tuvimos una negociación difícil con diputados de estos partidos aliados –incluyendo una comisión avalada por la UNE, Gana, Bancada Guatemala, el Frente Republicano Guatemalteco (FRG) y el Partido Unionista– integrada por Luis Fernando Pérez del FRG, Rubén Mejía de Bancada Guatemala y José Alejandro Arévalo de los unionistas, con quienes nos reunimos en varias ocasiones en el piso 18 del Ministerio de Finanzas para contar con una mayoría que pudiera aprobar el presupuesto, con modificaciones. Llegamos a un acuerdo que nuevamente aumentaba el gasto en inversión pero sin sacrificar los programas centrales del gobierno, como Mifapro.

La oposición de Sandra Torres al presupuesto que habíamos presentado al Congreso se manifestó claramente la última noche disponible para que el Congreso aprobara nuestra propuesta, el lunes 30 de noviembre de 2009, cuando nos encontrábamos reunidos en Casa Presidencial, al anochecer. Nos reunimos en la pequeña antesala que existe frente a la inexplicablemente minúscula oficina del presidente –aparentemente reconstruida por Álvaro Arzú cuando fue presidente–, en una mesa larga en que caben aproximadamente doce personas. Allí estábamos el propio presidente, parte del *staff* político, Gustavo Alejos, Orlando Blanco, Ricardo Barrientos, yo e inicialmente Sandra Torres. El presidente, con un nerviosismo evidente que se manifestaba en que fumaba cigarrillo tras cigarrillo, mantenía desde allí comunicación con el presidente del Congreso, el presidente de la Comisión de Finanzas –entonces Mario Taracena– y otros diputados, pero lo que yo no sabía a ciencia cierta –aunque lo sospechaba– es que había una comunicación paralela con ellos por parte de Sandra Torres en relación con el mismo tema. Ella ya les había solicitado que no se aprobara el presupuesto que nosotros habíamos propuesto. Y cuando el presidente finalmente dio la instrucción, en nuestra presencia, de que se hiciera lo posible para aprobar el presupuesto, con algunas modificaciones que ya habían sido negociadas con diputados de las diversas bancadas, Sandra Torres abandonó el local con evidente disgusto y se fue.

En el Congreso, mientras tanto, se encontraban reunidos los diputados en plenaria discutiendo la aprobación del presupuesto. Allí estaba Erick Coyoy, para apoyar eventuales revisiones que pudieran contribuir a la aprobación del presupuesto sin que se traicionaran sus objetivos centrales. Pero también estaba allí Cecilia Palomo, transmitiendo las instrucciones de Sandra Torres. Ya había acuerdo entre la bancada de la UNE y los aliados sobre algunos cambios que se debían hacer con base en lo que se había discutido en el Ministerio de Finanzas. Sin embargo, había normas adicionales que se buscaban cambiar por iniciativa de Cecilia Palomo, y una de las piedras en el zapato, que detuvo todo el proceso, fue la discusión del artículo 13 de las normas del proyecto de presupuesto, que prohibían que los fideicomisos pudieran contratar a ONG. Sandra Torres no quería que se aprobara ese artículo, propuesto por el Ministerio de Finanzas, y Cecilia Palomo insistía en que se removiera. Durante el debate en el pleno se llegó a proponer que las normas permanecieran como habían sido planteadas por el Ministerio de Finanzas y parecía que esa podía ser una salida, pero algunos diputados de la UNE tenían otras enmiendas que también querían introducir. Era evidente la falta de un mando único. Y este era el mundo de la política real: "[h]echa casi exclusivamente de maniobras, intrigas, conspiraciones, pactos, paranoias, traiciones, mucho cálculo, no poco cinismo y toda clase de malabares", como decía Mario Vargas Llosa.

El debate y una multitud de enmiendas propuestas por diversas bancadas tomó horas, en un momento en que el tiempo ya no alcanzaba para aprobar lo que era un proyecto de ley largo con varios cuadros financieros y numerosos artículos. Ese mismo día en la mañana todavía había tenido lugar la interpelación del ministro de Agricultura por iniciativa de la bancada Lider y, en retrospectiva, no parecieran haberse hecho grandes esfuerzos por aprovechar el tiempo para culminar la interpelación en días previos, especialmente el sábado, cuando el presidente del Congreso rápidamente canceló la sesión por falta de quórum.

Cuando estábamos en Casa Presidencial dándole seguimiento al debate del pleno del Congreso, el presidente Colom pidió que no se insistiera en eliminar el artículo 13 y que se aprobara el presupuesto, pero ya era demasiado tarde. Tampoco hubo entre los diputados la voluntad de acudir a alguna estratagema para ampliar el tiempo disponible –en México se detuvo el reloj del Congreso hasta que se aprobó el presupuesto varias horas después de la hora límite– porque no había unidad de mando. Fue muy diferente a la lucha por el presupuesto que se había dado en 2008.

Las consecuencias fueron que continuó vigente, de nuevo, el antiguo presupuesto de 2009, para el que no existían suficientes recursos disponibles. Tanto yo –mientras fui ministro– como mis sucesores en el Ministerio de Finanzas fuimos víctimas de esta acción, fuente de un continuo e intenso desgaste político debido a la brecha entre la demanda de recursos que el presupuesto suponía y la insuficiente disponibilidad de recursos en la práctica. En 2009 habíamos enfrentado una situación de crisis, totalmente imprevista, pero ahora entrábamos en 2010 con una situación más predecible, en que sería difícil explicar porqué no se asignaba el monto total de recursos autorizados o por qué se requería nuevamente de recursos externos o bonos de carácter extraordinario. Recuerdo haber salido muy triste de la casa presidencial, después de medianoche.

Y esto fue el principio del fin de mi gestión a la cabeza del Ministerio de Finanzas.

Fernando Carrera, en una columna en *El Periódico* de la primera semana de diciembre en que comentaba acerca de los ganadores y perdedores resultantes de la no aprobación del presupuesto, expresó:

> El gran perdedor sin duda es el Ministerio de Finanzas que contra viento y marea propuso un presupuesto 2010 más transparente y menos riesgoso fiscalmente en el mediano plazo. Sin embargo, la idea de convertir el Estado en una institución que actúa en pro del bien común es una utopía en las actuales condiciones de envilecimiento de la política guatemalteca. El ministro Fuentes aún cree en esa utopía y los rudos golpes que se ha llevado no parecen hacer mella en su espíritu. Veamos cuántos días más le dura el entusiasmo,

porque el futuro sólo anuncia más golpes y ninguna pomada canaria para aliviarlos.

Desorden presupuestario sin crisis externa en 2010

No queda más remedio que armarse de paciencia y del coraje necesarios para actuar en condiciones de gran incertidumbre, a sabiendas de los elevados riesgos que ello implica.

Eduardo Lizano

El 7 de diciembre –en vísperas de mi tercera interpelación, que ocupó al Congreso durante buena parte de diciembre de 2009 y de enero de 2010– me correspondió explicarle al Gabinete las consecuencias de la no aprobación del proyecto de presupuesto para 2010. En parte ya las habíamos comunicado a través de publicaciones que se habían hecho en la prensa escrita advirtiendo acerca de las consecuencias negativas de no aprobar el presupuesto y de que continuara vigente el presupuesto del 2009. Identifiqué tres problemas concretos.

Primero, el gasto corriente autorizado sería menor que el que proponíamos en nuestro proyecto de presupuesto para el 2010. Continuaríamos enfrentando lo que podría calificarse como la "maldición de Baldizón", puesto que cuando él había sido presidente de la Comisión de Finanzas en 2008 había reducido el monto autorizado para funcionamiento y aumentado lo correspondiente para obras. Tendríamos que vivir con eso en 2009 y 2010. Habían asesorado mal a Sandra Torres, ya que continuar con el presupuesto 2009 significaba menores recursos para gasto social, puesto que la mayor parte del gasto social es gasto de funcionamiento: salarios, transferencias de efectivo, medicamentos y mantenimiento. Esto quizás fue lo más paradójico de todo el triste juego político que se había dado, donde al final de cuentas habíamos perdido todos.

Segundo, los recursos asignados para pagar el servicio de la deuda era menor que el monto que tendríamos que pagar. No solo no había una asignación suficiente de recursos sino que aun cuando redujéramos el gasto en funcionamiento para pagar lo que nos faltaba –no se pueden usar recursos de inversión para hacerlo– de todos modos requeríamos la autorización del Congreso para hacer este pago adicional. En síntesis, surgía el peligro de no poder cumplir con nuestros compromisos internacionales.

En tercer lugar, aunque con el presupuesto vigente de 2009 teníamos una autorización para gastar más en inversión, en la práctica teníamos menos recursos disponibles para cubrirlo, puesto que no estaban autorizados los bonos para cubrir esta inversión. Además, al tener que cumplir con las obligaciones legales existentes con alcaldes y consejos de desarrollo, había necesidad de comprimir el resto de la inversión, correspondiente al gobierno central y especialmente al Ministerio de Comunicaciones y a fondos como Fonapaz.

Frente a lo anterior sugerí comenzar a cabildear ante el Congreso para que aprobara la ampliación del techo correspondiente al servicio de la deuda para asegurar su pago, bonos para financiar inversión y pago de deuda, y la siempre pendiente reforma tributaria para financiar gastos de funcionamiento. También hice ver que las implicaciones políticas eran serias:

significaban mayor dependencia del Congreso, un peligro de que el cambio en la situación del Congreso en 2010 dificultara aún más la relación entre el poder ejecutivo y el legislativo, y la necesidad de un severo ajuste del gasto de funcionamiento –que afectaría principalmente a los ministerios de Educación, Salud y Gobernación– y de inversión en la medida que hubiera tardanzas u oposición del Congreso. Destaqué las eventuales expectativas de contar con mayores recursos por parte de otras entidades como los consejos de desarrollo, las municipalidades y la Usac, con la consiguiente generación de tensiones, e indiqué que ante el peligro de crisis se requería una estrategia política especial.

En su momento no hubo mayor oposición a esta visión y a las propuestas, pero las primeras reacciones internacionales ante la no aprobación de un presupuesto para el 2010 fueron sumamente negativas. En el directorio del FMI, en el cual se estaba evaluando el cumplimiento del acuerdo convenido entre el gobierno de Guatemala y esa institución, hubo comentarios muy críticos sobre la incapacidad de controlar el gasto público y de asegurar unas finanzas sanas.

Sin embargo, tomando en cuenta que no teníamos suficientes recursos para cubrir el presupuesto, y con base en el artículo 28 de la Ley orgánica del presupuesto, que dispone que en caso de no contarse con suficientes recursos el Ministerio de Finanzas puede ajustar el presupuesto y restringir el gasto, iniciamos –nuevamente– un proceso de contención del gasto. Lo primero que hice, una vez tuvimos estimaciones más precisas de los ingresos y gastos posibles, fue hablar con el presidente y convencerlo de que debíamos restringir el gasto mediante un acuerdo gubernativo respaldado por todo el gabinete. Consciente de la situación en que estábamos, aceptó.

Al contar otra vez con un presupuesto desfinanciado para el 2010, las presiones no se hicieron esperar. Las presiones comenzaban por casa, en el seno del Consejo de Cohesión Social, aun cuando Sandra Torres, al apoyar que se mantuviera vigente el presupuesto de 2009, parecía haberse disparado en el pie puesto que habría menos recursos para gasto social que en el presupuesto que habíamos planteado para 2010. Resulta significativo el mensaje electrónico que me envió Erick Coyoy el 5 de enero de 2010, y cuyas percepciones yo compartía:

> Juan Alberto: Se recibió esta convocatoria para reunión del Consejo de Cohesión Social el día de hoy y lo relevante es que van a revisar los planes de trabajo 2010 de los distintos programas. Y muy posiblemente lo van a hacer al margen de las disponibilidades presupuestarias.

La lucha sobre el llamado listado geográfico de obras también continuó en 2010. Como el presupuesto para el 2010 que propuso el Ministerio de Finanzas no fue aprobado, Manuel Baldizón junto con su nueva bancada buscaron que la asignación de 2009 de obras fuera la base de la distribución de los aportes extraordinarios aportados para los consejos de desarrollo en el 2010, ya que en el 2009 uno de los departamentos más beneficiados por la asignación fue Petén. La insistencia en que se mantuviera esta distribución condujo a todo tipo de amenazas y bloqueos que impedían que avanzara la aprobación de proyectos de ley en el Congreso. Mientras estuve en el ministerio mantuvimos la posición de que las obras debían reprogramarse y que lo que se le transfiriera a los consejos debía hacerse de acuerdo con los ingresos tributarios previstos. A su vez, la reprogramación de obras debía ser autorizada por el consejo departamental respectivo. Pero muchos diputados deseaban que se aumentaran los recursos para los consejos, buscando por esta vía obtener más recursos para su futura campaña. Era parte de esa "negociación subterránea" a la que la prensa a veces hacía referencia.

En general, y como habíamos previsto, todas las instituciones querían los recursos que correspondían al "techo" establecido, que no era más que una autorización para gastar pero sin contar con los recursos disponibles. Todos justificaban sus necesidades como las más importantes. Muchos acudían al Congreso para que los diputados presionaran para que así se hiciera. Y los diputados, a su vez, peleaban por sus obras, ejecutadas por algún fondo, el Ministerio de Comunicaciones y de Cultura o los consejos de desarrollo de cada departamento. Al mismo tiempo diputados de oposición, incluyendo a varios que se beneficiaban de estas obras o de otro tipo de contrataciones públicas, denunciaban continuamente la realización de transferencias presupuestarias que, decían, eran contrarias a la transparencia.

Resulta ilustrativa de las presiones internas a favor de mayor gasto una reunión del gabinete el 7 de febrero, en que nuevamente se trató el tema fiscal y las restricciones presupuestarias. Todavía se habló de la reforma tributaria y Sandra Torres expresó que era fundamental que la aprobara el Congreso antes del fin de febrero, además de aprobar la colocación de bonos. Pero lo que llamaba la atención eran las solicitudes de recursos adicionales en un contexto de severas restricciones, incluyendo la de Luis Velásquez de aumentar los recursos para el Fondo de Solidaridad en Q400 millones, la del ministro de Agricultura Mario Aldana de aumentar los recursos para bolsas solidarias en otros Q400 millones y la de Jairo Flores que pidió recursos adicionales para Fonapaz con base en el argumento de que además del problema de la inversión pública había que enfrentar problemas de gobernabilidad.

En la práctica, y para contener el gasto acudimos de nuevo a un acuerdo gubernativo firmado por el presidente y los ministros desde el 30 de diciembre de 2009. Como en 2009, en este acuerdo se establecieron cuotas para el primer cuatrimestre que fueron fijadas tomando en cuenta el comportamiento de la recaudación esperada, además de préstamos y donaciones, por un lado, y los compromisos ineludibles de gasto, como el pago de la nómina, de la deuda pública y de los aportes a las entidades descentralizadas y autónomas. El nuevo ministro de Educación, Bienvenido Argueta, facilitó la coordinación entre su ministerio y el de Finanzas y se realizó una programación más precisa del gasto en nóminas, aunque en febrero una huelga de maestros condujo a una negociación que culminó con un aumento de salarios que se podía financiar siempre que se pudiera dedicar más recursos a financiamiento y menos a inversión, lo cual dependía del Congreso. Continuábamos enfrentando las consecuencias de un presupuesto que le asignaba un peso excesivo a la construcción de obras, dadas las necesidades de recursos para atender gastos de funcionamiento. Pero terminamos 2009 con un acuerdo gubernativo que nos permitió contener el gasto durante el próximo cuatrimestre de 2010, al menos parcialmente.

Un problema básico que fue agudizándose a medida que entramos al 2010 fue el que surgía de la necesidad de hacer un buen gobierno, por un lado, y el de impulsar la campaña de Sandra Torres, por otro. Este tema se discutió de manera muy racional y completa durante el primer semestre de ese año en la casa de Gustavo Alejos o en la casa presidencial "informal" de la zona 14, aprovechando los consejos de asesores políticos externos. Estuve en tres o cuatro reuniones junto con el presidente, los hermanos Gustavo y Roberto Alejos, algunos miembros del *staff* político y Haroldo Rodas, además de asesores externos, donde se dialogó sobre este tema. La propuesta básica era sencilla: había que separar ambas dimensiones, asegurando que el "buen gobierno" contribuyera de manera indirecta a favorecer lo que podría ser una buena campaña, pero sin continuar mezclando los dos. Tampoco debía favorecerse un divorcio total entre las dos actividades, pero sí una sana diferencia, que pasaba por el retiro de la primera dama de sus actividades gubernamentales.

A pesar de que varios de los que nos considerábamos cercanos al presidente apoyamos esta separación, y de que comenzó a ser planteada por el propio presidente desde 2009, se quedó en intenciones. Alejarse del gobierno significaba que las posibilidades de aprovechar las iniciativas gubernamentales como medios para fortalecer la imagen electoral de Sandra Torres se reducían, pero el problema también tenía otra cara de la medalla: la difusión creciente de las actividades de la primera dama comenzó a percibirse –y creo que lo era– como parte de la precampaña electoral. Esto recrudeció con la emergencia resultante de la erupción del volcán Pacaya y de la tormenta tropical Agatha en mayo de 2010.

La respuesta del presidente Colom ante esta tragedia fue notable: aseguró una coordinación efectiva y demostró que el Estado estaba presente en las áreas de mayor desastre y que tenía capacidad de respuesta, a pesar de la debilidad financiera e institucional del Estado guatemalteco. Lamentablemente cualquier actividad gubernamental comenzó a percibirse como una actividad de campaña electoral y las consecuencias fueron inmediatas: recursos de emergencia para la reconstrucción fueron severamente condicionados por el Congreso para que no pudieran utilizarse en ninguna actividad asociada a Sandra Torres. En la práctica se impusieron severos "candados" que no solo limitaban la capacidad de ejecutar estos programas sino casi cualquier programa que no fuera uno de inversión en obras. Esto ocurrió con el préstamo de emergencia que negociamos con el Banco Mundial, aprovechando las oportunas recomendaciones que nos hizo la representante del Banco Mundial en Guatemala, Anabela García Abreu. Pero paradójicamente, aunque contábamos con los recursos para atender la emergencia provocada por la erupción del volcán Pacaya y sobre todo por la tormenta Agatha, la prolongada negociación que hubo en el Congreso para definir el destino específico de estos recursos –con una oposición que se oponía a cualquier iniciativa gubernamental– significó una larga espera. Esta se tradujo en compromisos de gasto en reconstrucción que se hacían con empresas constructoras sin que ello estuviera contemplado en el presupuesto y dio lugar a un aumento de la llamada deuda flotante.

A principios de abril enviamos una iniciativa de ley para la aprobación de bonos por Q4 mil quinientos millones. Pero ante la escasez de recursos para la inversión en obras los diputados de la UNE, respaldados por el ministro de Comunicaciones, Guillermo Castillo, y otros funcionarios, comenzaron a plantear la necesidad de aprobar emisiones de bonos que casi duplicaban el monto que propusimos. Una primera propuesta que nos llegó a mediados de abril de 2010 desde la Comisión de Finanzas, y ya con dictamen favorable de 11 diputados, fue que se emitieran bonos por Q7 mil millones. Parecía que la adicción a los bonos y la dinámica de obras continuaban manifestándose y de manera creciente, mientras que por el lado de la reforma tributaria, que debía servir para financiar más gasto de funcionamiento, incluyendo gasto social, no se avanzaba nada. Nos opusimos rotundamente a esta iniciativa, y con el apoyo del presidente propusimos que fuera por Q4 mil quinientos millones, que era equivalente al monto aprobado por el Congreso para 2009.

Mario Taracena, que continuó como presidente de la Comisión de Finanzas en 2010, insistió en una cifra mayor y pidió un dictamen del Ministerio de Finanzas sobre montos de Q5, 6 y 7 mil millones, poniendo así de manifiesto que no estaban de acuerdo con la decisión del poder ejecutivo al mismo tiempo que buscaba cumplir con un requisito legal que exigía que la Comisión de Finanzas contara con un dictamen del Ministerio de Finanzas para poder hacer una propuesta de endeudamiento público. Tampoco estaban cumpliendo con requisitos de contar con un dictamen de la Junta Monetaria y de la Segeplan. Pero la presión continuaba: el propio Roberto Alejos, presidente del Congreso, insistió ante el presidente Colom en que la emisión de bonos fuera por Q5 mil quinientos y su hermano, Gustavo, también se pronunció inicialmente por un monto similar.

Afortunadamente nuestra insistencia, respaldada firmemente por el presidente –que incluso amenazó con vetar la iniciativa si superaba los Q4,500 millones– tuvo efectos positivos, y ya para el 20 de abril la Comisión de Finanzas estaba preparando una nueva propuesta por Q4,500 que incluía casi Q1,600 millones para el Ministerio de Comunicaciones y montos menores para el Ministerio de Trabajo para cubrir transferencias para adultos mayores, Fonapaz, Fidemuni (fideicomiso de la Municipalidad de Guatemala, que reflejaba la incidencia de los diputados del Partido Unionista), Foguavi, los consejos de desarrollo –que no podían faltar–, el Ministerio Público, Inacif, el Ministerio de Gobernación y otros. El polémico subsidio para el transporte urbano, sustentado en asignaciones autorizadas mediante acuerdos gubernativos durante varios años, también fue aumentado en este decreto ley.

Con estas medidas se estaba avanzando hacia la resolución –para 2010– de las carencias por el lado de la inversión, pero persistía el grave problema del pago del gasto de funcionamiento, tanto por el lado del "techo" presupuestario (la autorización para gastar) como por el lado de la disponibilidad de recursos para poder atender las necesidades existentes. En el fondo continuaba manifestándose la tensión entre la necesidad de recursos para obras y la escasez de financiamiento para gasto social, a lo cual se estaban sumando ahora las necesidades de mayor gasto en seguridad y justicia. La manera ideal de resolver la insuficiencia de recursos para financiar el gasto de funcionamiento, como el social y el de seguridad y justicia, era implementar una reforma tributaria, pero ya para abril era obvio que era muy poco probable su aprobación por parte del Congreso. Dimos una lucha sin cuartel por asegurar una reforma tributaria, aunque fuera parcial, pero no fue logrado, por las razones que veremos en el capítulo siguiente. Y si no se lograba ninguna reforma tributaria, que había sido mi principal y quijotesca intención, yo no estaba dispuesto a continuar siendo ministro de Finanzas.

Al menos logramos que el decreto que aprobaba la emisión de los bonos incluyera normas que regulaban la operación de fideicomisos, incluyendo la prohibición de que contrataran ONG, junto con la exigencia de que no podrían asumirse compromisos de inversión sin que existiera una certificación de disponibilidad de recursos, para parar así la expansión de la deuda flotante. Un número pequeño de diputados estaba de acuerdo con estas normas a favor de la transparencia y otros no se atrevieron, públicamente, a oponerse a ellas.

Después de la aprobación de la colocación de bonos por parte del Congreso, logramos que el presidente en Consejo de Ministros aprobara el 21 de mayo de 2010 un nuevo acuerdo gubernativo para contener el gasto público durante el segundo cuatrimestre, ahora con menores restricciones por el lado de la inversión debido al acceso a los recursos generados por la colocación de bonos, pero con más límites para el gasto corriente, que continuaba desfinanciado. Ya para entonces habíamos convenido con el presidente mi fecha de salida, ante lo cual preparamos un memorándum con Erick Coyoy y Ricardo Barrientos, que le entregué al presidente –y dejé para mi sucesor– cuando renuncié en junio de 2010. En particular se planteaba que la ausencia de una reforma tributaria se estaría reflejando en dos problemas básicos pendientes de resolución: "1. Insuficientes recursos financieros para atender los compromisos de pago, especialmente para gastos de funcionamiento; y, 2. Insuficiente espacio presupuestario (autorización para gastar), en gastos de funcionamiento."

En el memorándum también se planteaban posibles soluciones –que no eran fáciles– que incluían aprobar la ley "Antievasión II", que ya estaba en el Congreso y que había sido consensuada con el Cacif, como se explicará en el siguiente capítulo, y destinar los recursos de un préstamo del Banco Mundial para gestión de riesgos –al cual se tenía acceso como consecuencia de los desastres asociados a la erupción del volcán Pacaya y a la tormenta Agatha– para que se concentraran en gastos de funcionamiento de los ministerios asociados a la reconstrucción. También se proponía como opciones hacer gestiones frente a la banca multilateral –y especialmente ante el BID o el BCIE– para un nuevo préstamo de apoyo presupuestario o emitir más bonos, y recortar el gasto. El memorándum terminaba haciendo ver que se requería ampliar los "techos" o autorizaciones para gastar en lo que se refiere a gasto de funcionamiento y pago de la deuda. Por supuesto, buena parte de lo anterior se hubiera podido evitar si hubiéramos tenido una reforma tributaria integral desde el primer año de gobierno.

Transparencia y normas presupuestarias

Un gobierno que rinde cuentas significa que las autoridades consideran que son responsables ante el pueblo al que gobiernan y que colocan los intereses del pueblo por encima de los propios.

Francis Fukuyama

A pesar de que en noviembre de 2008 los diputados modificaron el presupuesto que presentamos para 2009 mediante una ampliación de Q1,400 millones dedicada a obras al tiempo que reducían en un monto equivalente lo dedicado a funcionamiento, afortunadamente no modificaron sustancialmente el conjunto de normas que habíamos incluido como parte del presupuesto. Estas normalmente reciben poca atención por parte de la prensa y del público en general, pero orientan de manera importante cómo se puede realizar el gasto público y también son una base para la rendición de cuentas.

Desde 2008 ya habíamos impulsado la reducción del uso de formas de gasto público que no se sujetaban a evaluaciones por parte de la Contraloría General de Cuentas ni a la Ley de contrataciones del Estado. Como lo hizo notar *Prensa Libre* el 20 de febrero de 2008, pocas semanas después de tomar posesión:

> Como parte de las políticas de Estado del Gobierno del presidente Álvaro Colom, iniciará un proceso de reducción de transferencias hacia organismos internacionales, revela el ministro de Finanzas, Juan Alberto Fuentes... El problema es que a pesar de que con las transferencias se agilizan los programas y proyectos,

éstos no pueden ser supervisados por la Contraloría General de Cuentas, argumenta Fuentes.

Ya existía una normativa que permitía avanzar en este sentido puesto que en la ley del presupuesto para 2008 se había incluido un artículo en el cual se establecía que todas las instituciones nacionales e internacionales que reciban fondos públicos estarían sujetas a fiscalizaciones por parte de la Contraloría General de Cuentas. Esto limitaba la posibilidad de que se acudiera a algunos organismos de Naciones Unidas puesto que por sus propias reglas no aceptaban fiscalizaciones realizadas por organismos de gobiernos individuales. Aprovechamos esta norma para dejar de canalizar recursos a través de organismos internacionales, y esta práctica desapareció casi por completo durante el período durante el cual fui ministro.

Por supuesto, parte del problema era que la Ley de contrataciones del Estado resultaba lenta en su aplicación y ello daba la excusa para acudir a otros mecanismos paralelos utilizados para agilizar la ejecución del gasto público. Desde febrero de 2008 reconocí la existencia de este problema, como le indiqué a *Prensa Libre* el 28 de ese mes: "Debemos restringir el uso de fideicomisos para emergencias y modificar la Ley de Contrataciones para que no sea tan lenta." Con poco más de un mes en el gobierno no imaginaba lo difícil que era modificar esta ley, especialmente en un Congreso donde abundaban los conflictos de intereses y donde las contrataciones eran parte del negocio de la política para muchos diputados. Como veremos en la próxima sección, algo se avanzó con reformas de la Ley de contrataciones en 2009, después de un largo proceso de discusión y negociación que se había iniciado durante el gobierno anterior. Lamentablemente no se presentó la posibilidad de entrar a una revisión profunda de la ley para lograr un equilibrio entre agilidad y control, de manera que ya no sirviera de excusa para acudir a otros mecanismos como fideicomisos o acuerdos con organismos internacionales para ejecutar programas gubernamentales.

Tomando en cuenta la necesidad de normas presupuestarias que cada año son parte de la ley del presupuesto, en 2009 introdujimos dos cambios fundamentales de las normas presupuestarias, con el fin de aumentar la transparencia del gasto público. Estas fueron aprobadas y se mantuvieron vigentes durante el resto del período que fui ministro. Por una parte se fortalecieron los requisitos de información que, como parte de las contrataciones hechas por el gobierno, debían publicarse en Guatecompras. Entre las normas del presupuesto –que al ser aprobadas por el Congreso tienen carácter de ley, aunque circunscritas al año de vigencia del presupuesto– quedó la obligación de incluir no solo el nombre y la dirección de las empresas u ONG contratadas sino también las bases de la licitación correspondiente, las especificaciones técnicas, los criterios de evaluación, el listado de oferentes, las actas de adjudicación y los contratos.

Por otra parte se establecieron más controles sobre los fideicomisos, incluyendo la obligación de registrar los contratos suscritos y de presentar informes a la Contraloría General de Cuentas ya que debido a su carácter mixto, público y privado, a veces evadían esta responsabilidad. En el Ministerio de Finanzas establecimos un nuevo módulo de seguimiento para supervisar a los fideicomisos, dentro del Viceministerio de Transparencia, que creamos en 2008. En la página web del ministerio también creamos un módulo público en que dimos a conocer información sobre fideicomisos de manera periódica.

Mediante una norma presupuestaria también se introdujo la ampliación gradual del uso de una cuenta única para colocar todos los recursos externos, de manera que además de aplicarse a préstamos, comenzaría a extenderse gradualmente a donaciones. Ello contribuiría no solo a la transparencia sino también al control financiero de estos recursos. Paradójicamente algunos representantes de gobiernos extranjeros que exigían más transparencia presupuestaria protestaron, a veces de manera vehemente, porque la cuenta única les complicaba sus operaciones financieras. No reconocían lo que era un legítimo interés nacional por ordenar y transparentar el uso de los recursos del Estado que provenían del exterior.

Posteriormente, cuando el Congreso aprobó la colocación de bonos por Q4,500 millones en mayo de 2010 logramos, como Ministerio de Finanzas, introducir una cláusula en el artículo 4 del decreto ley que prohibía que los fideicomisos pudieran contratar ONG para realizar sus obras. Esto fue parte de una lucha prolongada y difícil. Fue un logro poco divulgado, pero logro al fin y al cabo, aunque vulnerable a presiones de los propios diputados y sin un seguimiento suficientemente continuo e insistente por parte de la prensa. Habíamos intentado introducir esta norma como artículo 13 en el proyecto de presupuesto para el 2010 pero como este presupuesto no se aprobó, tampoco se aprobó esa cláusula que, como indiqué, fue la piedra en el zapato que impidió que a última hora se aprobara el presupuesto. Afortunadamente el propio presidente Colom se convenció de que era necesario avanzar con este tipo de prohibición y con sus instrucciones se logró que Fonapaz prohibiera desde principios del 2010 la contratación de ONG.

Desde agosto de 2008 yo había anunciado la necesidad de reformar Covial. Hubo otra prolongada lucha, que incluyó que el Ministerio de Finanzas no avalara las acciones de Covial a lo cual se sumaron posteriormente presiones del propio presidente y del ministro de Comunicaciones, Guillermo Castillo. Estas tardaron en concretarse debido a la inercia burocrática y a la oposición de otros intereses, pero finalmente logramos que a partir de principios de 2010 este fondo limitara su actividad a realizar obras de mantenimiento, como se había contemplado cuando se había creado. Ello fue un paso decisivo para evitar la concentración de su actividad en obras que no eran de mantenimiento y que no solo no le correspondía ejecutar sino que además lo hacía con empresas u ONG en las cuales existían intereses de diputados.

Esto no fue fácil y no evitó otro tipo de abusos. Durante mi gestión pude percibir que existía un grupo de "diputados empresariales" distritales y de distintos partidos –y que también incluía a algunos de la lista nacional– que obtenían ingresos de negocios legítimos y propios como lo eran las gasolineras y las estaciones de radio y de televisión de cable local, o de obras públicas ejecutadas por ONG y por constructoras. En ciertos casos también obtenían ingresos de actividades ilegales, como el narcotráfico. El exdiputado Manuel Castillo de Jutiapa, elegido por la UNE, y que finalmente perdió la inmunidad ante evidencia que apuntaba a su participación no solo en narcotráfico sino también en el asesinato de tres diputados salvadoreños en el 2007, ilustra una trayectoria extrema de simbiosis entre actividades políticas y empresariales, en este caso ilegales. En general, los ingresos que obtenían los diputados por la vía de obras les permitían contar con suficientes recursos para financiar su campaña de reelección y volver permanente la inmunidad que obtenían al ser diputados, lo cual garantizaba la impunidad y permitía seguir involucrados en el "negocio" de la política.

Tratamos el tema de la corrupción con el presidente Colom. Yo me reunía periódicamente con él, casi cada semana, a lo cual contribuía con extrema eficiencia y orden su asistente, Margarita Zúñiga. En algunas de estas reuniones –que se llevaban a cabo generalmente en casa presidencial, aunque también las celebramos en la casa de la zona 14 y ocasionalmente en su propia casa– discutimos las formas de combatir a lo que él llamaba los "tiburones o lagartos que nadan debajo de nosotros y que podemos ver", y luego miraba para abajo, pero a continuación hacía un comentario sobre la dificultad de enviarlos, con pruebas, a los tribunales. Evitar que Covial continuara haciendo todo tipo de obra o que Fonapaz pudiera contratar ONG resultó de esta conciencia, pero al mismo tiempo la dinámica que existía en el Congreso hacía muy difícil poder avanzar con un combate efectivo.

Esta parte oscura de la política se reflejaba en presiones para que se aumentaran los recursos disponibles para los fondos como Fonapaz, Covial y el Fondo de Solidaridad. Desde el Ministerio de Finanzas buscábamos controlar este flujo de recursos haciendo cumplir la norma de condicionar la realización de nuevos adelantos a que se "regularizaran" los gastos ya realizados, explicando cómo se habían gastado, requisito que exasperaba a varios funcionarios y diputados porque no se transferían los recursos a la velocidad que deseaban y que lograba aminorar abusos. Desde que se inició el gobierno habíamos exigido la aplicación de un sistema de anticipos para los pagos correspondientes a ONG, sujeto a una liquidación posterior en el Sistema de Contabilidad Integrada Gubernamental (Sicoin) que manejaba el Ministerio de Finanzas.

Pero ya en el primer trimestre de 2008 enfrentamos algunos problemas de ejecución del presupuesto debido a la aplicación de estas normas nuevas. Requerían procedimientos más transparentes al momento de reportar la información, además de requisitos que dificultaban acudir a mecanismos paralelos de gasto, que en el pasado daban una falsa impresión de mayor ejecución. Por ejemplo, antes simplemente se transferían los recursos directamente a los fideicomisos, a un organismo internacional o a una ONG y se reportaban esos recursos como ejecutados. Ahora tenían que hacerse adelantos y posteriormente se harían otros desembolsos sujetos a que se reportara sobre el uso de los primeros recursos transferidos. Esto se reflejó en un menor gasto ejecutado por parte del Ministerio de Agricultura y el de Salud durante parte de 2008, el primero porque acudía a organismos internacionales o regionales para ejecutar su gasto y el segundo porque acudía a ONG. En ambos ministerios estábamos enfrentando las consecuencias de un debilitamiento serio de su capacidad de ejecución desde hacía muchos años, y hubo necesidad de una transición y readecuación de sus prácticas. Ello generó no pocas presiones sobre el Ministerio de Finanzas.

Un caso concreto fue el de la salud. En este ámbito enfrentamos continuamente el problema de un ministerio que tenía dificultades operativas para poder procesar el cúmulo de desembolsos que debía hacer a alrededor de noventa ONG que atendían los servicios requeridos por el Sistema Integral de Atención en Salud (SIAS, el nivel primario de atención en la salud pública). Estaban sujetas a la Ley de contrataciones del Estado y debían trabajar con anticipos, y en 2009 se les había canalizado más de Q200 millones para este programa. En 2008 organizamos sesiones de capacitación para que los funcionarios del ministerio y de ONG aprendieran a operar de acuerdo con los procedimientos requeridos, pero nunca dejaron de escucharse quejas.

Pero recuerdo una reunión a principios de 2010 en un salón del Congreso a la que Zury Ríos invitó a un numeroso grupo de ONG que trabajaban en el área de la salud, y que me presionaron para que agilizáramos los pagos que les correspondía. Esta fue solo una de las citaciones que hizo Zury Ríos, a menudo acompañada por el ministro Ludwig Ovalle, para ejercer presión –y especialmente ante el viceministro Erick Coyoy–. Eventualmente cedimos, y aumentamos la proporción del primer pago o adelanto que debía hacerse a ONG que trabajaban en el área de salud, de manera que se elevó de 20 a 30%. Sin embargo, siempre mantuvimos el sistema de exigir la regularización como condición para el desembolso completo de lo que se debía pagar a cada ONG.

Otra lucha que dimos fue contra las asignaciones de recursos para ONG específicas. Las noventa ONG contratadas por el Ministerio de Salud mencionadas en el párrafo anterior estaban sujetas a la aplicación de la Ley de contrataciones del Estado, pero cuando en el presupuesto se identificaba de manera explícita la ONG a la cual había que destinar recursos –como la Asociación Civil Dulce Refugio Ministerio de Ancianos Viviendo por Fe– no quedaba más que transferirle esos recursos sin ningún control. En el presupuesto correspondiente al Ministerio de Salud para 2009 había 40 ONG identificadas por su nombre, en el de Agricultura 20 y en el de Educación 11, además de otras en diversos ministerios o entidades. Ciertos diputados presionaban para que los recursos se dieran a ONG con cierto prestigio o reconocimiento –los bomberos o ciertas ONG que atendían a grupos discapacitados como niños con cáncer– pero también a ONG que eran de su propiedad o que hacían obras que deseaban y de las cuales obtenían no solo beneficios políticos sino también aportes económicos.

Nunca conocí de una evaluación seria e independiente de las ONG –prestigiosas o no– que recibían recursos del presupuesto, y lamentablemente no me dio tiempo de impulsar un estudio profundo de este tipo desde el ministerio. Pero sí sabíamos de muchas que eran propiedad de diputados o de sus amigos y familiares e intentamos restringir su acceso a recursos. En el caso de los fideicomisos lo logramos después de más de dos años de esfuerzos, al prohibir que contrataran a ONG. En el caso del resto del presupuesto logramos excluir a numerosas ONG del presupuesto de 2009, aunque ello fue parcialmente revertido por iniciativa de los propios diputados, y habíamos avanzado aún más en este sentido en el de 2010, pero su no aprobación impidió dar este paso. Es posible, por supuesto, que parte del desinterés de numerosos diputados por aprobar nuestra propuesta de presupuesto para el 2010 se derivara de que sus ONG y obras predilectas no estuvieran en nuestra propuesta y continuaran presentes en el mismo presupuesto del 2009 que continuó vigente.

Contrataciones e intereses creados

Como usted habrá entendido, querido abogado, a menudo decidimos nosotros, los más humildes servidores del Estado, la política más que aquellos que a los ojos del pueblo gobiernan.

Umberto Eco

Recuerdo que una noche de abril de 2010, regresando a mi casa ya tarde del Ministerio de Finanzas, recibí una llamada de Gustavo Alejos, secretario privado de la Presidencia. Estaba muy disgustado con una iniciativa que habíamos impulsado en el Ministerio, que exigía que los proveedores del sector público tuvieran que cumplir con ciertas obligaciones, como lo eran que estas empresas tuvieran acciones nominativas –es decir, que indicaran claramente quiénes eran sus dueños, en vez de las acciones al portador, que no dicen nada– y que tuvieran que dar información adicional sobre sus características, domicilio y cuentas bancarias, entre otros aspectos. Me indicó que eso podía conducir a que al saberse quiénes eran los accionistas, como una sobrina o un hijo del dueño, ello pudiera conducir a su secuestro y a amenazas. Algo cercano a amenazas fue lo que escuchó de él Ricardo Barrientos, que me contó de otras llamadas y que fue el principal impulsor no solo de esta iniciativa sino también de mejores y más económicas compras de medicamentos. La necesidad de opacidad para evitar secuestros era la excusa típica de los empresarios guatemaltecos en contra de cualquier medida que contribuyera a hacer más transparente la operación de las empresas privadas. Se argumentaba que había que mejorar la transparencia del sector público, porque era financiado por todos, pero cuando se trataba del sector privado, aun cuando fuera contratado por el gobierno, no debía saberse nada.

La lucha por transparentar las contrataciones del Estado comenzó desde que tomé posesión, con la idea de que la competencia y la transparencia podrían contribuir a contar con mejores precios y calidad para los bienes y servicios que adquiría el sector público. Sabía, además, que normas exigentes en materia de compras podían ser un acicate para obligar a empresas privadas a ser más competitivas y que las compras del Estado podían ser un instrumento de desarrollo importante. Pero al mismo tiempo pensaba, antes de ser ministro, que el Estado guatemalteco, al ser tan pequeño, no podía ser muy importante como fuente de negocios, aparte de algún caso excepcional. A los pocos meses corregí mi error: las obras impulsadas en el Congreso, los bonos colocados en el mercado financiero, los bienes y servicios adquiridos por el Estado a empresarios nacionales, todos eran fuente de ingresos importantes para un pequeño pero influyente grupo de empresarios, políticos y banqueros.

La primera actividad que impulsamos fue el apoyo a la revisión de la Ley de contrataciones del Estado, que diputados en el Congreso estaban impulsando especialmente porque no era compatible con el acuerdo de libre comercio de Guatemala con Estados Unidos, que requería que por encima de cierto umbral se diera el mismo tratamiento a compras provenientes de Estados Unidos que a lo adquirido en Guatemala, dentro de plazos razonables. Pero más allá de eso, la propuesta prohibía adquirir compromisos para los cuales no había recursos presupuestarios disponibles, con lo que contribuía a evitar el aumento de la deuda flotante, reducía la discrecionalidad de las juntas de calificación, que eran determinantes a la hora de seleccionar cuáles ofertas ganaban y cuáles no, y obligaba al registro de contratos en la Contraloría General de Cuentas, entre otras cosas. También aumentaba el techo de cotizaciones sujetos a la ley.

La discusión de estas reformas había sido un proceso de varios años, así que preferí no insistir en que hubiera cambios adicionales, y técnicos del Ministerio de Finanzas, incluyendo al director de la Dirección Normativa de Contrataciones y Adquisiciones del Estado (DNCAE) en el Ministerio, Álvaro Fernández, un profesional con una larga e intachable trayectoria en el ministerio –y antes en el Banco de Guatemala–, junto con otros técnicos, acompañó el proceso y suministró insumos para que avanzara. Estas reformas fueron aprobadas por el Congreso en septiembre de 2009, y representaron cierto avance en materia de contrataciones, aunque todavía no garantizaban la agilidad que una ley de este tipo debía tener para evitar darle una excusa a aquellos que querían dejarla de lado para acudir a fideicomisos, ONG u organismos internacionales para gastar recursos públicos "ágilmente".

La segunda área en la cual avanzamos fue en la de compras de medicamentos mediante lo que se conoce como contrato abierto, un tema bastante complejo en relación con el cual ni siquiera se me había ocurrido –por ignorancia, debo admitir– que tendría alguna responsabilidad como ministro. El contrato abierto le permite a entidades de gobierno –que en el caso de medicamentos son, como indiqué anteriormente, el Ministerio de Salud, el IGSS y el Centro Médico Militar– comprar productos con precios preestablecidos que duran por lo menos un año. En esta área tuvimos diferencias con Gustavo Alejos y con Alberto Cohen –involucrados en el negocio de la comercialización de medicamentos y al mismo tiempo altos funcionarios de gobierno– en cuanto a los procedimientos del gobierno para asegurar los precios y la calidad adecuados de los medicamentos que el Estado debía adquirir. Hubo tensiones pero nunca aceptamos que se impusieran sus criterios y al propio presidente le hice ver –en presencia de Gustavo Alejos y Ricardo Barrientos– los conflictos de intereses que surgían de involucrar a Gustavo Alejos en este tema.

El problema principal en esta área eran las juntas de calificación, nombradas por las entidades contratantes, para determinar quiénes debían ser los mejores proveedores. Estas juntas también determinaban los estándares técnicos que debían cumplirse, pero en el Ministerio teníamos dudas sobre su desempeño técnico y ético. El propio presidente me comunicó en reiteradas ocasiones su voluntad de nombrar él mismo a los delegados de las juntas para contar con personas sin conflictos de intereses, pero ello nunca se concretó. De acuerdo con la ley el Ministerio de Finanzas juega en este proceso un papel de facilitador y no tiene el conocimiento especializado para intervenir en el ámbito puramente técnico, pero buscamos la asesoría de la Organización Panamericana de la Salud en este tema, y ellos compartieron con nosotros sus dudas sobre los procedimientos seguidos.

Lo que finalmente hicimos para asegurar un mayor control de los precios, bajo la dirección de Ricardo Barrientos y con la asesoría de Alma Quiñones, fue buscar un respaldo técnico y jurídico sólido en la legislación vigente y cuestionar un buen número de adjudicaciones de las juntas de calificación, especialmente cuando aceptaban precios de adjudicación mayores a los precios de referencia que las mismas juntas habían establecido, pero sin justificar adecuadamente su decisión. Durante 2008, por ejemplo, las juntas adjudicaron contratos que comprendían 694 renglones de productos, pero el Ministerio de Finanzas solo aceptó 465. Exigimos entonces una revaluación de estos casos. Como todo el proceso estaba sujeto a impugnaciones, también tuvimos que contratar a abogados para justificar cuidadosamente nuestras decisiones, y luego dedicarle tiempo a audiencias con todas las partes interesadas. Representó un gran esfuerzo pero logramos dar el mensaje de que no podían cobrar cualquier precio y que las juntas de calificación tenían que hacer bien su trabajo.

En mi tercera interpelación la bancada del PP supuso que en el Ministerio de Finanzas estábamos aprobando contratos que favorecían a Gustavo Alejos y a Alberto Cohen, e imagino que les resultaba un tanto difícil imaginar que lo contrario era lo que estaba ocurriendo. Además, creo que los diputados del PP no tenían del todo claro los procedimientos que había que seguir. Nineth Montenegro, en una citación al Ministerio de Finanzas, originalmente le asignó responsabilidad de problemas con los precios de medicamentos al propio Ministerio de Finanzas, pero con base en las explicaciones que le dio el entonces viceministro Ricardo Barrientos reconoció que el problema fundamental era el desempeño de las juntas de calificación. Lamentablemente no parece haber ocurrido lo mismo con otros diputados de oposición, como lo demuestran las declaraciones un tanto confusas del diputado Benjamín Paniagua Rodríguez del PP durante la etapa de debate que correspondía a mi tercera interpelación:

> El haber permitido que se pudiera aprobar el dar medicamentos por más de quinientos millones de sobreprecio, realmente esto es inconcebible. Creemos que esto, luego de que él [el ministro de Finanzas] dijese que fue una retractación y que van a analizar nuevamente, creemos que este es un llamado de atención para que en estas nuevas licitaciones se pongan la mano en la conciencia porque no se puede jugar con la salud del pueblo, no se puede seguir jugando...

La tercera área en la cual progresamos fue la de establecer un sistema de seguimiento entre los proyectos de inversión y el presupuesto, lo cual hicimos en coordinación con Segeplan. A pesar de que tuvimos algunas diferencias menores sobre temas de gasto público con Karin Slowing, secretaria de Segeplan, este acuerdo las compensó con creces. Mediante un sistema contable electrónico permitió vincular el Sistema Nacional de Inversión Pública (SNIP), administrado por Segeplan, con el Sistema Integrado de Administración Financiera (SIAF), administrado por el Ministerio de Finanzas. Fue el resultado de una relación de trabajo coordinada y constructiva entre Vivian Lemus, subsecretaria de Segeplan, y Edgardo Pesquera, director del SIAF en el Ministerio de Finanzas. El nuevo sistema permite tener acceso directo a información sobre la ejecución de proyectos financiados por el presupuesto y determinar si los proyectos cuentan con recursos disponibles y si han sido evaluados favorablemente. Al transparentar esta relación contribuye a moderar la deuda flotante, la corrupción y la ineficiencia en el ámbito de la inversión pública.

La cuarta área en la que avanzamos en relación con contrataciones fue la implementación de las recomendaciones de *Global Financial Integrity*, un grupo de expertos norteamericanos –que incluía académicos, antiguos banqueros y abogados– de alto nivel que el vicepresidente Rafael Espada había invitado a Guatemala para evaluar e impulsar avances en materia de transparencia. Se trataba de conocedores del tema, de manera que estábamos impulsando, especialmente el Viceministerio de Transparencia y Evaluación, bajo la dirección de Ricardo Barrientos, la aplicación de reglas de transparencia del sistema de adquisiciones de Guatemala de acuerdo con los mejores estándares internacionales. Tratamos este tema en la mesa de diálogo fiscal que se había establecido a principios de 2010 para dialogar y negociar con el Cacif, como veremos en el próximo capítulo. Los integrantes de la mesa lo apoyaron como un avance en materia de transparencia, algunos incluso con cierto entusiasmo, como en el caso de Ernesto Rodríguez, que coordinaba el trabajo técnico del Cacif en esta instancia. La propuesta también se consultó con las superintendencias de Administración Tributaria y de Bancos.

Las normas propuestas requerían que los proveedores del Estado tuvieran que suministrar información y mantenerla actualizada, y bajo juramento, de manera que si entregaban información falsa violaban la ley y estaban sujetos a ser procesados judicialmente. La información que debían suministrar para poder estar habilitados como proveedores en el registro incluía testimonio de la escritura constitutiva de la empresa, e identidad de los propietarios, directivos, representantes y accionistas. También se les exigía a las ONG datos equivalentes. Además, se requería un certificado extendido por un banco del sistema que acreditara la titularidad de las cuentas y operaciones bancarias que tuviera el proveedor y estados financieros certificados por contador público y auditor registrado en la SAT, junto con la solvencia fiscal extendida por esta superintendencia.

Con estos requisitos obligatorios de información estábamos avanzando con exigencias que se estaban haciendo en el ámbito internacional para evitar que países pudieran ser considerados como parte de una lista negra de paraísos fiscales o de algo parecido. Ya habíamos invitado a un experto de la Organización de Cooperación y Desarrollo Económico (OCDE), Pascal Saint-Amiens, para que hiciera el 14 de abril de 2010 una exposición abierta sobre este tema en Guatemala y para que se reuniera con representantes empresariales con el fin de convencerlos de que también el sector privado debía ser transparente, y de que a Guatemala le convenía ser percibida internacionalmente como un centro de negocios confiable. Primero, la información sobre propietarios y accionistas equivalía al requisito de que las empresas guatemaltecas tuvieran acciones nominativas y, segundo, la información sobre cuentas bancarias certificadas por la SAT se acercaba al requisito de acceso a información bancaria por parte de autoridades fiscales. Ambos eran requisitos que la OCDE había establecido para que varios países, que incluían a Guatemala, dejaran de ser percibidos como paraísos fiscales. Aunque en este caso la información se limitaba a proveedores del Estado, significaba un avance y un precedente importante.

Aplicamos la nueva normativa de exigencia de más información mediante acuerdos ministeriales, que solo requieren de la firma del ministro y de un viceministro, porque la Ley de contrataciones del Estado y su Reglamento ya tienen creado el registro de proveedores del Estado, y establecen que el Ministerio de Finanzas Públicas es el ente responsable, así como esa misma norma indica que el registro de contratistas está a cargo del Ministerio de Comunicaciones y el de consultores a cargo de la Segeplan. Ello significaba que las disposiciones ministeriales cumplían lo dispuesto en esa ley y su reglamento, por lo que no teníamos por qué pretender legislar más.

Sin embargo, y además de las llamadas telefónicas de Gustavo Alejos, hubo una inmediata reacción de abogados que gestionaron ante la Corte de Constitucionalidad para que estas normas se declararan inconstitucionales. Lograron así suspender la vigencia de la ley durante meses, y no pudo aplicarse mientras estuvimos, con Ricardo Barrientos y Álvaro Fernández, en el ministerio. El argumento principal en contra de esta iniciativa era que no podía implementarse mediante un acuerdo ministerial, y ello fue aceptado en relación con el tema de la información requerida sobre los accionistas, aunque esto posteriormente dejó de tener validez ya que se aprobó la Ley de extinción de dominio, que obliga a que las acciones de empresas sean nominativas.

En cuanto al resto de la información requerida, posteriormente la Corte de Constitucionalidad denegó la solicitud de inconstitucionalidad e incluso impuso multas a los abogados que habían hecho la gestión, con lo cual esta normativa cobró vigencia en 2011. Fue un triunfo para la transparencia y la rendición de cuentas que se logró, como en el caso de los medicamentos, mediante un cuidadoso trabajo técnico y jurídico bien hecho por parte de servidores del Estado que no tenían conflicto de intereses. Los funcionarios del gobierno italiano que decían –en la novela *El cementerio de Praga* de Umberto Eco– que a veces ellos tenían más influencia que los políticos, tenían razón.

CAPÍTULO IV
EL VETO DE LAS MINORÍAS

La verdad nunca ha figurado como una de las virtudes políticas, y la mentira siempre ha sido considerada como un medio perfectamente justificado en los asuntos políticos.

Hannah Arendt

EL ACERCAMIENTO CON LA OPOSICIÓN POLÍTICA

...en este mundo no se arriba jamás a lo posible si no se intenta repetidamente lo imposible...

Max Weber

En el pasado yo había intentado tener un acercamiento con el Partido Patriota (PP), e incluso habíamos discutido en el seno del gobierno la posibilidad de llegar a una agenda compartida, aunque fuera parcial. A mediados de 2008 se había formulado lo que podrían ser las bases de esa agenda y se constituyó una comisión con algunos ministros –yo no fui incluido– para darle seguimiento al tema pero no se concretó nada: la campaña electoral había dado lugar a demasiadas heridas y dirigentes de los dos lados se habían opuesto de manera obstinada a que pudiera existir algún entendimiento político importante y duradero.

Casi dos años después, Roberto Alejos, Ricardo Barrientos y yo comenzamos a tener reuniones para tratar el tema fiscal con el PP, en febrero de 2010. Existía un contexto menos polarizado que había resultado de la investigación de la CICIG sobre Rosenberg y había un deseo manifiesto del PP de que no se volvieran a levantar los temas, como la muerte del antiguo guerrillero Efraín Bámaca o el caso de la financiera que había contratado el Congreso para manejar sus recursos, que le permitían a la población asociar al general Otto Pérez con la represión o la corrupción. La amistad y aparente relación de negocios entre Gustavo Alejos y Alejandro Sinibaldi, junto con una actitud permanentemente conciliatoria de Roberto Alejos con el PP, aunada a una política similar favorecida en ese momento por el presidente Colom, contribuyó al acercamiento. El problema que más tarde reconoceríamos como obstáculo es que esa posición conciliatoria no era favorecida por Sandra Torres.

Nos reunimos en una casa del Partido Patriota en la zona 10 en un salón cómodo y amplio, como para 12 personas, con grandes sillones de cuero negro, más lujoso que cualquier salón del Ministerio de Finanzas o de otros ministerios que yo conociera. Contrastaba el color negro de las sillas, de la mesa y de una inmensa pantalla al final del salón con las tazas color naranja en que nos servían café. Desentonaba con lo anterior un gran cuadro en el suelo, sin que pudiera verse de qué pintura se trataba porque estaba contra la pared, aunque parecía ser un original de Elmar René Rojas. Durante febrero y marzo de 2010 nos reunimos varias veces en esa sala con los diputados Alejandro Sinibaldi y Roxana Baldetti, junto con Pavel Centeno. Ya en esos momentos el PP vislumbraba ganar las próximas elecciones y dirigir el próximo gobierno a partir de enero de 2012; contar con más recaudación como consecuencia de una iniciativa aprobada durante el gobierno anterior resolvería un serio problema con un costo político bajo.

Comenzamos con el PP proponiéndole –con página y media por escrito– un acuerdo que tuviera como objetivos asegurar la gobernabilidad, finanzas sanas y el establecimiento de una agenda legislativa prioritaria. Luego planteamos dos conjuntos de medidas. El primer conjunto, de emergencia, buscaba un ajuste de corto plazo –lo que llamé "la reformita", cuyo contenido se explicará más adelante– y la aprobación de bonos de acuerdo con lo planteado en el proyecto de presupuesto que el Ministerio de Finanzas hizo para 2010. El segundo conjunto de medidas era reformar el pacto fiscal, lo cual incluía reinstalar la Comisión de Seguimiento –que entendíamos que favorecía el PP–, retomar la reforma integral –incluyendo la reforma del ISR y lo que era tributación indirecta, que ahora se estaba convirtiendo en antievasión II–, y avanzar con medidas de transparencia del gasto público. Estas incluían la aprobación de una ley contra el enriquecimiento ilícito, permitir que la SAT tuviera acceso a información bancaria bajo reserva, obligatoriedad de contar con acciones nominativas, regulación de fideicomisos para prohibir la contratación de ONG e institucionalizar el programa Mi Familia Progresa.

Desde el principio se manifestó lo que parecía –y luego se confirmaría– como una verdadera voluntad para avanzar con un acuerdo que incluyera el tema fiscal. Así, ya el 15 de febrero de 2010 nos reunimos –Roberto Alejos, Ricardo Barrientos y yo– con Alejandro Sinibaldi y Pavel Centeno e intercambiamos opiniones sobre las dos opciones que continuaríamos discutiendo más a fondo durante las siguientes reuniones: la aprobación de la llamada "reformita" y la reforma integral. Lo que surgió de las conversaciones, especialmente con Alejandro Sinibaldi, era que se podría acordar que ellos no vetaran la reformita –como habían hecho mediante interpelaciones– pero que votarían en contra, permitiendo que la mayoría del Congreso la aprobara. Expresó en ese momento que simpatizaban más con la reforma integral, donde se podría contar con los votos del PP, aunque con un trabajo de convencimiento y negociación previo. Se volvía fundamental, en este caso, "cómo vestir a la novia", cómo presentar la reforma. De repente parecía haberse abierto la opción de avanzar de manera significativa, y comenzamos a explicar tanto los problemas de la brecha entre ingresos y gastos que existía como los contenidos de la reforma integral, dada la posibilidad de contar con el apoyo del PP para que fuera aprobada en el Congreso.

Ahora teníamos que, paralelo a la negociación que llevábamos en la mesa fiscal con el Cacif, que se había iniciado en enero de 2010, comenzó una negociación con el PP, pero con una actitud significativamente más positiva y pragmática –pensando en el próximo gobierno– que la del Cacif. Pavel Centeno se centraba en los temas más técnicos, sin descuidar los políticos, mientras que Alejandro Sinibaldi buscaba con dificultad comprender los contenidos de las propuestas y no siempre lograba articular su perspectiva empresarial con su visión política. Por ejemplo, no le gustaba el impuesto a los dividendos desde la perspectiva empresarial propia, aunque expresó –a regañadientes– estar a favor de aplicarlos a la luz de las necesidades del gobierno, lo cual –aparte del evidente interés en que un próximo gobierno al cual él pertenecería pudiera contar con suficientes recursos– era para mí revelador de la decisión política que parecía haber tomado la dirigencia del partido en relación con la reforma.

Roxana Baldetti participó menos activamente en estas reuniones inicialmente y parecía la menos entusiasmada con la propuesta, lo cual no me sorprendía a la luz de sus comentarios relativos a las iniciativas previas de reformas fiscales que habíamos impulsado. Sin embargo, terminó por apoyar la idea de avanzar con una reforma integral, con lo cual reflejaba lo que ya parecía ser una clara línea política compartida por la dirigencia del partido. Inicialmente cuestionó algunos temas por el lado del gasto, más inmediatos y donde sobresalía el temor de que los programas impulsados por Sandra Torres contaran con muchos recursos. Creo que ello explicaba su insistencia en mantener un techo presupuestario equivalente al presupuesto que el Ministerio de Finanzas había planteado para el 2010 originalmente. Esta era una solicitud difícil de aceptar, ya que el presupuesto vigente para el 2010 era el mismo que el del 2009, que al ser más grande ya se estaba reflejando en continuas presiones para un mayor gasto. Proponía mantener el mismo techo de gasto para los alcaldes, aunque sin castigarlos por la vía de más recursos para los consejos de desarrollo a costa de ellos, y planteaba institucionalizar la instancia de cohesión social, tema sobre el cual coincidíamos. También expresó dudas sobre el impuesto aplicado a los dividendos y continuó insistiendo en que no se utilizara un criterio técnico –el *blue book*– para determinar el precio gravable de vehículos importados. No expresó un rechazo al impuesto a la telefonía, aunque recomendó realizar algún proceso de consulta sobre el mismo.

Después de pocas semanas de intercambio sobre

las propuestas existentes, incluyendo en particular lo que ya era antievasión II –que estábamos negociando exitosamente con el Cacif– junto con la propuesta inicial de reforma del impuesto sobre la renta, quedó de manifiesto –para mi sorpresa, debo admitir– una línea política del PP de avanzar con la discusión y aprobación de la propuesta de reforma integral. Como parte de estas discusiones con el PP hubo un almuerzo en el que participó el general Otto Pérez que, sin comprometerse mucho pero con una línea estratégica clara, respaldó las negociaciones en que estábamos. Yo había conocido superficialmente a Otto Pérez durante las negociaciones de paz y, ya siendo ministro, me había reunido con él en el 2008 para discutir posibilidades de llegar a algunos acuerdos en materia fiscal. Desde entonces lo había percibido como bastante abierto ante la posibilidad de reforzar la capacidad fiscal del Estado. Durante el almuerzo de 2010 pude confirmar esa percepción, que ahora parecía reflejar una voluntad más categórica de avanzar.

Pero las negociaciones sobre las posibilidades de avanzar con la reforma fiscal no se limitaron al Cacif o al PP. Adquirieron importancia dentro del mismo gobierno, donde paradójicamente comenzamos a enfrentar más problemas. En una reunión del 9 de marzo de 2010 en casa presidencial con el presidente, Sandra Torres, Roberto Alejos, Gustavo Alejos, Arnoldo Noriega, Mario Taracena y yo se indicó que existían problemas con los "aliados", y específicamente la Gana, pues no estaban satisfechos con las obras que se les habían asignado. Continuaban siendo el eslabón más débil. Pero para entender esto hay que comenzar por el principio, con los esfuerzos que realizamos después de que fracasó el primer intento de reforma integral, como se explicó en el capítulo I.

El segundo intento de reforma: acuerdos de mentiras

...lo que abunda en la vida no es la verdad y la confianza, sino la mentira y la traición.

Pérez de Antón

"Yo no acepto el argumento de que por la crisis no hay que poner impuestos: nunca va a ser el momento", expresó el presidente Colom en una gran asamblea de autoridades y de representantes de la sociedad civil en Salamá el 8 de noviembre del 2008. Era su discurso de clausura, en un ambiente participativo con presencia de todo el gabinete y de autoridades locales, después de una extensa jornada en que hubo un amplio intercambio de presentaciones y opiniones acerca de lo que el gobierno estaba haciendo o dejando de hacer en Baja Verapaz. Era un ambiente que le gustaba al presidente, cercano a la población, pero no podía dejar de expresar su malestar. La declaración del Cacif hacía pocos días representaba la ruptura de un compromiso: "faltar a la palabra", como indicó el propio presidente al final de esta actividad de consulta y de planteamientos de reivindicaciones, llamada "Gobernando con la gente" y copiado de lo que hacía el entonces presidente Uribe de Colombia. El Cacif, afirmó el presidente Colom, se había comprometido a que la modernización fiscal avanzara y debía tomar en cuenta que la crisis no solo les afectaba a ellos.

Yo había anunciado desde mediados de junio que

moderaríamos la reforma y, en particular, que sustituiríamos la propuesta de un nuevo y moderno impuesto sobre la renta por la conversión de un impuesto mínimo temporal (el impuesto extraordinario y temporal de apoyo a los Acuerdos de Paz, IETAAP) en uno permanente, aparte de introducir gradualidad en la propuesta. Lo comencé a hacer al día siguiente de la tormentosa sesión del gabinete del 16 de junio del 2008, cuando se polarizaron las posiciones sobre la reforma tributaria y se estaba en realidad postergando la implementación de la reforma debido a un acuerdo entre el presidente y el G-8. En particular, destaqué que se estaba reforzando la gradualidad, tomando en cuenta la recesión económica que se estaba manifestando. También indiqué que estábamos demorando la presentación de la iniciativa de ley al Congreso debido a sus problemas internos: primero su presidente, Eduardo Meyer, fue acusado de una gestión irregular de recursos del Congreso invertidos en una empresa financiera y después el general Otto Pérez fue involucrado en el mismo escándalo financiero. Y expliqué –muy a mi pesar– que estábamos postergando la presentación de la reforma del impuesto sobre la renta. La propuesta de gradualidad y de atraso reflejaba principalmente nuestra debilidad política ante el sector privado, pero también estábamos tomando en cuenta el argumento de que ante una recesión había que moderar el impacto de la reforma, de manera que tuviera menos fuerza en los primeros años y luego se aplicara totalmente, ya cuando la recesión hubiese terminado.

Pero repentinamente surgió otro argumento de los que se oponían a cualquier reforma tributaria. El 18 de junio del 2008 *Prensa Libre* reprodujo el contenido de un comunicado del Cacif que anunciaba que: "La gradualidad de la reforma que se ha anunciado contradice el mensaje de la existencia de un 'agujero fiscal', que se ha mencionado que ocurriría luego del vencimiento del Impuesto Extraordinario y Temporal de Apoyo a los Acuerdos de Paz (IETAAP)". En otras palabras, debido a que no nos urgían los recursos estábamos aplicando la gradualidad; ahora resultaba que no podíamos tener una visión más amplia de las necesidades de país, sino que solamente se justificaba esta reforma para satisfacer necesidades inmediatas, del momento. De acuerdo con esta visión al Estado había que asignarle recursos solamente si estaba en una situación desesperada. Contemplar más recursos para atender necesidades de más educación, más seguridad o más infraestructura en el futuro no era válido.

Posteriormente, aunque llegamos a un acuerdo con el Cacif el 1 de agosto de 2008, en la práctica ello no fue de gran ayuda para avanzar en el Congreso. Habíamos acordado con ellos el contenido de la reforma que sería propuesta al Congreso y habíamos convenido retirar transitoriamente la iniciativa de reforma del impuesto sobre la renta. Sin embargo, el solo anuncio de que se presentaría la propuesta de tributación indirecta –sin el ISR– al Congreso por mi parte dio lugar a una posterior respuesta empresarial inmediata que fue ambivalente y no de apoyo a lo que se había convenido. Así, en la declaración que había enfurecido al presidente, y que se publicó el 7 de noviembre en *Prensa Libre*, el Cacif se oponía al proyecto de presupuesto que se había presentado al Congreso y planteaba que: "Financiar el proyecto de presupuesto con mayores impuestos no incentiva la actividad económica en momentos de grave crisis mundial, y es adverso a la necesidad de sostener el empleo. Consideramos que la mayor forma de afrontar la crisis es a través de la austeridad, la calidad y la transparencia en el gasto público..."

Antes de la declaración de noviembre del Cacif se manifestó la oposición, expresada el 14 de agosto de ese año, por parte de Cromwell Cuestas, presidente de la Asociación de Importadores y Distribuidores de Vehículos Automotores (AIDVA). Afirmó que sería un "golpe mortal" para un sector que estaba sufriendo drásticas reducciones de sus ventas en ese momento. A él se agregó José Javier Casas, gerente general de Cofiño Sthal y miembro de AIDVA, quien expresó que la propuesta le había sorprendido, ya que en varias conversaciones con ejecutivos de la Superintendencia de Administración Tributaria (SAT) –en la práctica con Carolina Roca– se les aseguró que las tasas del nuevo impuesto se mantendrían igual a las de los aranceles que se aplican a vehículos nuevos. Yo no estaba enterado de estas conversaciones previas, posiblemente durante el gobierno anterior, y era evidente que habíamos tenido un problema de comunicación interna pero, en todo caso, la propuesta que hicimos con las nuevas tasas había sido presentada a los técnicos del Cacif y al ser consultados acerca de su posición sobre este tema indicaron que no tenían comentarios. Ahora resultaba que otra parte del sector privado también expresaba su oposición a la medida propuesta.

Esta oposición, a veces abierta y en ocasiones oculta –a lo cual estamos acostumbrados los guatemaltecos– tenía dos consecuencias. Por una parte, le transmitía al Congreso un mensaje ambiguo, de oposición encubierta, que era importante porque la mayor parte de diputados tomaba muy en serio las opiniones del sector privado por dos razones. Primero, podía ser fuente de recursos para sus campañas, especialmente los elegidos por la vía del "listado nacional", que no tenían la capacidad de obtener recursos de actividades lícitas o ilícitas a nivel local, como sí la tenían los diputados "distritales", elegidos en cada departamento. Segundo, si había algo que a los diputados le temían era a la prensa, y el sector privado tenía una gran capacidad de incidir en la orientación y en la agenda de la prensa.

Oponerse al sector privado y estar en la lista negra de la prensa no era algo que ayudara a la carrera política de los diputados, aun cuando crecientemente hubiera un malestar de un buen número de ellos frente al sector privado, como indicó Gustavo Porras en una columna en *Siglo XXI* del 12 de noviembre del 2008:

> El Cacif tiene que estar consciente de los anticuerpos que ha ido creando a lo largo de los años, sobre todo en el sector político. Con razón o sin ella, en ese medio se les atribuye a los empresarios la permanente campaña de desprestigio de la política implementada a través de los principales medios escritos.

Por otra parte, la ambivalencia empresarial me confirmaba una sospecha: el sector privado era capaz de unirse para oponerse a ciertas medidas, pero encontraba extremadamente difícil, si no imposible, adoptar posiciones unificadas en relación con reformas positivas que requerían compromisos recíprocos. Entre las propuestas que estábamos incluyendo estaba volver permanente el IETAAP. Habíamos tenido un intercambio serio con técnicos del sector privado donde les habíamos demostrado cómo habría una brutal caída de ingresos si abandonábamos el IETAAP y adoptábamos una propuesta del Cacif para sustituirlo, que estaba técnicamente mal concebida. Así que propusimos volver permanente al IETAAP, con pequeñas modificaciones para protegerlo ante denuncias de inconstitucionalidad, y le pusimos un nuevo nombre: impuesto de solidaridad (Iso).

Pero, como me comunicó Lizardo Sosa el 26 de septiembre, el Iso era ahora la "piedra en el zapato". Habían logrado que no se presentara la reforma sobre el impuesto sobre la renta y ahora querían que el Iso tampoco se estableciera. Por ello había expresado –posteriormente– su disgusto el presidente. Parece que solamente estaban dispuestos a aceptar cambios que no significaran ninguna obligación para el sector empresarial o, mejor aun, que significaran algún privilegio, como la ley de alianzas público-privadas. En este caso no se oponían porque no enfrentaban obligaciones pero sí posibilidades de beneficios. Y una lección de esta actitud era que frente al Cacif había que aplicar una estrategia de contención de daños, de evitar la oposición total, pero que con ellos era muy difícil –por no decir imposible– llegar a acuerdos específicos, de carácter técnico y político, sobre temas tributarios a menos que fueran bastante inocuos.

La oposición ambivalente –en el fondo no tanto– del sector privado también ponía de manifiesto su capacidad de desdoblarse, acudiendo a diversas instancias según le interesara presionar, negociar o denunciar. De acuerdo con *Prensa Libre* el 7 de agosto de 2008 Pedro Muadi, tesorero de la Cámara de Industria de Guatemala (CIG), calificó de "acertado y positivo" que el poder ejecutivo hubiera decidido posponer la propuesta de modificación del ISR y sacarla del paquete de reforma fiscal. En particular, expresó que era "bueno que el presidente haya recapitulado", lo cual era congruente con el freno que el presidente le había puesto al proceso como resultado de la presión del G-8 en particular pero, al mismo tiempo, Muadi se mostró preocupado por los cambios que sí irían al Legislativo, entre ellos las reformas al impuesto al valor agregado (IVA).

Y a pesar de un intenso proceso de negociación que con la asistencia del Grupo Facilitador habíamos llevado a cabo con el Cacif para obtener el apoyo del sector privado, *Prensa Libre* también obtuvo reacciones de Edgardo Wagner, presidente de la Cámara de Comercio, la única cámara que no estaba formalmente integrada al Cacif, quien declaró que: "Estamos enterados de las conversaciones del Gobierno con algunos empresarios, pero, como Cámara, no hemos tenido reuniones con ellos". Y agregó que se pronunciarían cuando se presentara la propuesta al Congreso.

Al día siguiente *Prensa Libre* entrevistó de manera más extensa a Pedro Muadi, de la Cámara de Industria, y al preguntarle acerca de lo que quedó pendiente de la reforma fiscal indicó que no se trataba únicamente de imponer impuestos sino también de la transparencia y prioridades del gasto, y agregó: "Asimismo se debe abordar el tema de la reactivación económica, que es un asunto urgente porque todos vemos cómo, a nivel mundial, se está deteriorando y muchos países ya toman iniciativas para mejorar la economía, pero no en Guatemala", recogiendo argumentos que algunos columnistas habían comenzado a expresar semanas antes. Ya habían logrado postergar la implementación del nuevo impuesto sobre la renta, pero ahora querían más.

Fueron más extremas las declaraciones de Thomas

Dougherty, uno de los miembros del G-8, que no solo expresó su oposición al Iso sino que, congruente con los argumentos de Ramón Parellada de que el Estado solamente debía ocuparse de la seguridad y de la justicia, también cuestionó la necesidad del gasto social, como lo manifestó en *Prensa Libre* el 20 de septiembre de 2008: “La inversión social no hace crecer un país, no crea empleos sostenibles ni permite una economía sana y dinámica, para que las personas que salen de la pobreza encuentren trabajo”. Parecía increíble que en el siglo XXI se continuara cuestionando que el Estado debía invertir en educación y salud, sin reconocer que una de las carencias fundamentales de Guatemala para crecer y competir era la falta de trabajadores saludables y bien preparados. Otros empresarios guatemaltecos reconocían la importancia de este tipo de inversión, incluyendo el demostrado impacto negativo que la desnutrición tenía sobre la capacidad de aprender y de trabajar posteriormente, pero continuaban manifestándose estos argumentos entre algunos empresarios guatemaltecos importantes a pesar de que en otros países estas ideas se habían superado hacía dos siglos.

Las reacciones continuaron y Carla Caballeros, directora ejecutiva de la Cámara del Agro, advirtió que en una coyuntura económica difícil, a escala nacional e internacional, se debía pensar en reducir los impuestos, no aumentarlos. El Cacif ya había expresado que era necesario que los guatemaltecos se unieran en torno a una propuesta de reactivación económica, que ayudara a la mejora de los ingresos y, en consecuencia, a la de la situación fiscal del país.

El rechazo inicialmente disfrazado del Cacif había ocurrido a pesar de que habíamos convenido no presentar el proyecto de ley sobre el impuesto sobre la renta al Congreso durante 2008, según lo acordado por el presidente con el G-8 y después ratificado con el apoyo del grupo facilitador mediante un acuerdo formalmente firmado por el gobierno y el Cacif el 1 de agosto. Pero ahora resultaba que el acuerdo no se respetaba. En retrospectiva la pregunta obvia era: ¿No nos habremos equivocado de estrategia política? ¿Qué ganamos con no presentarle al Congreso una iniciativa de reforma tributaria que hubiera incluido el impuesto sobre la renta si de todos modos íbamos a enfrentar la oposición del sector privado? O, con una perspectiva más maquiavélica, que en Guatemala no podía faltar: ¿No sería todo esto una gran farsa?

El 8 de noviembre hablé con una persona cuyo nombre me reservo, pero que tenía una relación fuerte con el Cacif, que me explicó que el comunicado de esta entidad había surgido después de una discusión ampliada del Cacif y que no era resultado de una iniciativa del G-8. Lo que había ocurrido era que un "montón de gente" le había dicho al entonces presidente del Cacif, José Pivaral, "Mirá, no queremos que pase la reforma", que eran sobre todo pequeños y medianos empresarios a quienes les faltaba información o a quienes aparentemente "no les dan los números". Y luego agregaba a su explicación: "En una asamblea no podés quedarte de un lado sino que tenés que trasladarlo". En otras palabras, y desde mi perspectiva, los líderes del Cacif no habían querido o podido ejercer su liderazgo. El resultado era el mismo, como había dicho el presidente: faltaron a su palabra. O como dijo Hannah Arendt: "La verdad nunca ha figurado como una de las virtudes políticas..."

La oposición del Cacif continuó de manera más explícita en 2009. El debate sobre la iniciativa 3874 de tributación indirecta y combate a la evasión tributaria y el contrabando había continuado en el Congreso así que el tema se mantenía en la agenda. De acuerdo con *Prensa Libre*, el 24 de abril el entonces presidente del Cacif, Jorge Montenegro, expresó en una conferencia de prensa su rechazo a la reforma fiscal por considerar que era inconveniente ante las dimensiones de la crisis económica mundial. Incluso planteó que sería conveniente reducir los impuestos para estimular la inversión, como lo estaban haciendo otros países, sin reconocer que esos países, como España, tenían cargas tributarias tres veces mayores que las de Guatemala.

¿Arena o pantano legislativo?

> *El Parlamento es el organismo más grandioso que se ha inventado para cometer errores políticos, pero éstos tienen la ventaja superior de poder ser corregidos, siempre que el país tenga la voluntad de hacerlo.*
>
> George Clemenceau

Mi abuelo paterno –miembro de la Constituyente de 1948 y alcalde de Quetzaltenango en la década de 1960– vivió de niño en Francia a principios del siglo XX y fue un gran admirador de Clemenceau, que en esa época ejercía sus funciones de primer ministro en una república parlamentaria –la III República– en que la relación entre el poder ejecutivo y el poder legislativo no facilitaba la gobernabilidad. La III República fue transformada en la IV República después de la segunda guerra mundial, y a los pocos años el general De Gaulle pudo convertirla en la V República, con un importante poder presidencial que permitió lograr cierto equilibrio entre el poder legislativo y ejecutivo que desde entonces ha perdurado en Francia. En Guatemala todavía no hemos logrado encontrar un equilibrio que facilite la gobernabilidad, y el desenlace de la reforma fiscal que propusimos en 2008 fue un ejemplo de cómo, por la vía del veto de una minoría parlamentaria, no se pudo llegar a acuerdos sobre un tema tan fundamental como el de la política fiscal.

Desde junio de 2008 varios diputados, ya sea de oposición o "aliados" de la UNE, habían comenzado a expresar que la reforma fiscal que habíamos propuesto no era "oportuna". El 17 de junio, pocos días después de la reunión del presidente con el G-8, en *Prensa Libre*, Roxana Baldetti, jefe de bancada del Partido Patriota, expresó que: "Desde un principio dijimos que no la vamos a apoyar, por la situación que vive el país". Varias semanas más tarde, el 27 de julio, *Prensa Libre* reportaba que el propio general Otto Pérez Molina daba declaraciones en el mismo sentido, después de una reunión con el presidente Colom: "No estamos de acuerdo con una reforma tributaria, no es el momento. Respecto de la ampliación presupuestaria, no apoyaremos más préstamos". La ausencia de apoyo a préstamos también delataba la oposición a ultranza del general, posiblemente marcado por las acusaciones que el Ministerio Público le había hecho unas semanas antes en relación con la empresa financiera denunciada como estafadora del Congreso. Pero independientemente de ello, su oposición a la reforma y a los préstamos dejaba planteada como única alternativa un gobierno sin recursos que tendría que enfrentar la recesión como lo había hecho el general Jorge Ubico hacía más de sesenta años: "amarrándose el cinturón".

Más seria resultaba la apreciación entre ambigua

y negativa de otros diputados menos alineados con la oposición. Por ejemplo, Mariano Rayo, del Partido Unionista, opinó que: "Propuestas como ésta deben venir en tiempos de bonanza, y ahora estamos en momentos de escasez". Jaime Martínez, jefe del bloque de la Gran Alianza Nacional (Gana), el principal aliado de la oficialista Unidad Nacional de la Esperanza (UNE), y sin el cual no se podría obtener la mayoría requerida para aprobar la propuesta, dijo: "Apoyamos la reforma, aunque no es oportuna en este momento de crisis económica en Guatemala". El argumento de que no era el momento debido a la crisis estaba cobrando peso, a pesar de que la crisis financiera mundial aún no había estallado.

Mientras tanto, la diluida reforma tributaria fue respaldada en el gabinete aunque en la práctica comenzó a competir con otras prioridades que el gobierno deseaba plantearle al Congreso. Así, en la reunión de gabinete del 7 de julio el presidente propuso que había tres temas que eran prioritarios: la ampliación del presupuesto, la modernización tributaria y Petrocaribe. Además, había que tomar en cuenta que en septiembre se presentaba la propuesta de presupuesto para el año siguiente, 2009, y en el Congreso ya estaban presionando para contar con información sobre Petrocaribe, como lo reflejaba la citación que para tratar ese tema nos hizo la bancada del Partido Patriota a Carlos Meany, ministro de Energía y Minas, y a mí en esos días de julio.

Aparte de que esta amplitud de iniciativas diluía la prioridad de cada una considerada por aparte, también podían existir ciertas contradicciones, al menos aparentes, que podían confundir. En la sesión del gabinete del 7 de julio, por ejemplo, Sandra Torres hizo notar que uno de los argumentos a favor de la modernización tributaria era evitar un mayor endeudamiento, pero al mismo tiempo se estaba promoviendo Petrocaribe, que generaba más deuda: ¿cómo se enfrentaba este argumento? En la práctica eran complementarios, y podía argumentarse que la misma reforma tributaria permitía más endeudamiento, ya que generaba más recursos para pagar esa deuda en el futuro. Pero Sandra Torres tenía razón al notar que podían existir ciertos conflictos entre prioridades, especialmente si se buscaba el apoyo de un Congreso muy impreciso y al que le costaba concretar resultados.

A mediados de agosto de 2008, tal como se había acordado con el Cacif, la Secretaría General de la Presidencia presentó el proyecto de ley al Congreso –la iniciativa 3874–, iniciándose entonces un largo proceso de debate y negociación. Esta iniciativa de ley mantenía la propuesta original en relación con la tributación indirecta –IVA, automóviles, y fortalecimiento de la administración tributaria, incluyendo la aduanera en particular– pero ya no incluía la reforma del impuesto sobre la renta. Por aparte, en otra iniciativa de ley, propusimos que el IETAAP, entonces vigente, se volviera permanente y se convirtiera en el Iso. También se graduaban los aumentos de tasas aplicables a los impuestos de vehículos y se eliminaron unas propuestas de retención –o cobro adelantado– del IVA.

Con las nuevas propuestas, que ya no incluían la reforma del impuesto sobre la renta sino únicamente el nuevo Iso y la iniciativa de tributación indirecta –la 3874–, junto con mayor gradualidad, varios diputados adoptaron posiciones más moderadas, o al menos más abiertas inicialmente. Imagino que alguno de ellos ya sabía que el Cacif y el gobierno habían llegado a un acuerdo sobre estos temas el 1 de agosto. Así, el 9 de agosto *El Periódico* informaba que Mariano Rayo del PU consideraba que la reforma se había vuelto más viable, y que aunque aún se debían corregir algunos elementos del resto de la propuesta referida a la tributación indirecta –que él calificó como de antievasión– su partido estaría dispuesto a apoyarla. Jaime Martínez, de la Gana, indicó que: "El IETAAP (Impuesto Extraordinario Temporal de Apoyo a los Acuerdos de Paz) fue puesto por nuestro ex presidente Óscar Berger, y creemos que si es un impuesto similar podríamos apoyar, sabemos que el Gobierno necesita de recursos". Rubén Mejía de la BG se mostró abierto a evaluarlo y Roxana Baldetti del PP, que normalmente rechazaba de tajo cualquier propuesta de aumentar impuestos, también indicó que tendrían que conocerlo y analizarlo. Era evidente que la probabilidad de que el Congreso aprobara el Iso era mucho mayor que la de aprobar una reforma integral del impuesto sobre la renta.

Pero aunque seguíamos avanzando con nuestra propuesta y con explicaciones a diversos grupos de diputados, la base política de la reforma tributaria en el Congreso se manifestaba notoriamente endeble. Una muestra fue que en esos mismos días, el 3 de septiembre de 2008, el Congreso aprobó una reforma a la Ley del impuesto sobre la renta (ISR), propuesta por la bancada de la UNE, que rebajaba el pago –de 30 a 10 por ciento– a los canales de televisión abierta, radio, cines, entre otros, que publicaran materiales importados. Como lo planteó correctamente *Prensa Libre*: "Mientras el Gobierno promueve una reforma fiscal, que contempla elevar a 13.2 por ciento la carga tributaria, el Legislativo, con 113 votos, aprobó ayer esa rebaja que beneficiará a 'empresas productoras, distribuidoras o intermediarias (...), por la utilización de películas cinematográficas para televisión, videotape, radionovelas, discos fonográficos, cintas magnetofónicas, cassettes, tiras de historietas, fotonovelas y cualquier otro medio similar de proyección, transmisión o difusión de imágenes o sonidos (...)'".

No se me consultó sobre esta iniciativa –probablemente suponían que me opondría–, aunque por la información que obtuve era evidente que oponerse a ella era una batalla perdida, por lo que –con cierto cargo de conciencia– preferí no oponerme en ese momento, en que necesitaba del apoyo del Congreso. Pero era una evidente forma de beneficiar al empresario mexicano Ángel González, dueño de los canales de televisión abierta y de cadenas de radio y cine no solo en Guatemala sino en varios países de América Latina. Ponía en evidencia que uno de los pocos actores a los cuales los diputados temían era a los medios de comunicación y en este caso casi hubo una competencia por apoyar la iniciativa. Solo un puñado de diputados, valientes, incluyendo a los de la URNG –Héctor Nuila y Walter Félix– así como los de Encuentro por Guatemala –Aníbal García, Otilia Lux y Nineth Montenegro– se opusieron a este proyecto. De acuerdo con *Prensa Libre* del 4 de septiembre de 2008 Mario Taracena, que en general mantuvo una posición de apoyo a las medidas que le propusimos, calificó a Ángel González como "ángel de la democracia", por ser el único que no se rendía ante el poder económico y porque ayudaba a los políticos.

En relación con las dos iniciativas que estábamos impulsando –Iso y tributación indirecta– Mario Taracena, entonces jefe del bloque de diputados de la UNE, asumió desde agosto de 2008 una línea congruente con lo que habíamos discutido previamente en la Presidencia con otros diputados. Expresó desde entonces su opinión favorable y anunció que se buscaría que rápidamente pudiera pasar al pleno para luego enviarlo a la Comisión de Finanzas, como correspondía de acuerdo con el procedimiento del Congreso. Taracena también explicó que la nueva iniciativa tenía posibilidades de ser aprobada "porque esta primera fase es más suave", lo cual era congruente con la negociación previa que ya habíamos tenido con el sector privado. Durante el período que fui ministro, Taracena mostró independencia en relación con las cúpulas u organizaciones empresariales. Esta independencia, un sentido del humor mordaz, gran claridad sobre la manera de operar del sector privado y el carácter impredecible de este diputado no le gustaban a los representantes empresariales, como pude comprobar en reuniones cuando ellos se expresaban acerca de él.

Se inició así el proceso de discusión y negociación en el Congreso, que debía pasar por distintas etapas: aprobación por parte del pleno del Congreso de enviar la propuesta a la Comisión de Finanzas para su consideración, seguido de la aprobación de un dictamen positivo por parte de esa Comisión, para luego volver a ser considerado por el pleno, donde estaba sujeto a tres "lecturas", que en realidad eran votaciones, primero sobre temas generales y luego sobre los detalles. Cada una de estas fue un calvario –ello no se aplica solamente a la legislación tributaria– pero la primera complicación seria se dio ante la necesidad de contar con un dictamen favorable aprobado por la mayoría de la comisión, que contaba con 21 integrantes.

El 5 de septiembre de 2008 me reuní –junto con Rudy Villeda, superintendente de la SAT, además de otros funcionarios de la SAT y del Ministerio de Finanzas– con los miembros de la Comisión de Finanzas del Congreso, para explicar con mayor detalle los componentes de las dos iniciativas de reforma. Se inició entonces un análisis más a fondo de la propuesta en la Comisión, aunque siempre con dudas expresadas por algunos diputados, recogidas con especial atención por parte de la prensa escrita. A pesar de que el jefe de la bancada de la Gana había expresado cierto apoyo condicionado a la propuesta, Jorge Méndez, diputado del mismo partido y muy cercano al sector empresarial, transmitió cierta duda al indicar –de acuerdo con *El Periódico*– que la Comisión analizaría las propuestas "para determinar si le convienen al país". José Alejandro Arévalo, reconocido como uno de los diputados que mejor conocía el tema de la política fiscal y que había participado en el Grupo Promotor del Diálogo Fiscal para formular los principales componentes de la reforma, sutilmente erosionó la propuesta al indicar que: "Habría que comparar cuánto más se va a percibir con las reformas, para ver si valen la pena". Ello contrastaba con la posición de su compañero de bancada, Mariano Rayo, que un mes antes había expresado que su bancada estaría dispuesta a apoyar la iniciativa de reforma.

Un mes después, cuando me volví a reunir el 7 de octubre de 2008 con la Comisión de Finanzas, los técnicos de la Comisión ya contaban con un dictamen unificado sobre lo que en la práctica eran dos iniciativas. Por una parte estaba el Iso que sustituía de manera permanente al antiguo IETAAP. Por otra estaba la propuesta de tributación indirecta, que incluía todo lo que se refería a aduanas, IVA, impuestos a vehículos y fortalecimiento de la administración tributaria. En la reunión de la Comisión de Finanzas, la cual fue pública, firmaron el dictamen todos los diputados de la UNE en la Comisión (7) pero el resto de bancadas expresaron sus dudas. De acuerdo con *Prensa Libre*, el PP manifestó su rechazo total y la Gana, supuesta aliada de la UNE, continuó con una posición entre ambigua y negativa. Jorge Méndez Herbruger de la Gana insistía en reducir la tasa propuesta para el Iso a menos de la mitad (0.5%) de lo propuesto (1.25%), mientras que Manuel Barquín, jefe de bancada de la Gana, solicitó más tiempo para analizar la Ley, a pesar de que hacía meses que se les había presentado. Los diputados presentes de la BG –una escisión de la Gana– indicaron que no estaban de acuerdo con la iniciativa debido a la crisis económica; José Alejandro Arévalo del Partido Unionista manifestó su desacuerdo con el Iso y con su tasa; y finalmente la Unión del Cambio Nacional (UCN) también pidió más tiempo.

Logró tributario en 2008

Tributar no es una opción ideológica; es una responsabilidad ciudadana.

Álvaro Uribe

El Iso, que había sido negociado con el Cacif, y no obstante algunas manifestaciones de oposición privada a esta iniciativa a pesar del acuerdo alcanzado el 1 de agosto de 2008, avanzó en el Congreso. A principios de noviembre, y por iniciativa de Mario Taracena, ya se contaba con el visto bueno de once integrantes de la UNE y de la Gana de la Comisión de Finanzas y Moneda del Congreso, con lo cual se alcanzaba una mayoría del total de 21 miembros. En la negociación se aceptó que la tasa aplicable se redujera de 1.25 a 1%, respondiendo a propuestas de reducir la tasa que habían hecho diputados como Jorge Méndez Herbruger y José Alejandro Arévalo, de manera que para el 4 de noviembre ya se contaba con un dictamen de 13 de los 21 miembros de la Comisión, incluyendo a los de la UNE, Gana, PU y FRG.

La bancada del Partido Patriota rechazó la propuesta, con el argumento de que primero debería discutirse el proyecto de presupuesto de 2009 para saber cuántos recursos se necesitarían. Al día siguiente *Prensa Libre* reproducía las declaraciones de Carlos Zúñiga y Carla Caballeros de la Cámara del Agro, que se quejaban de la crisis y denunciaban la continuidad del IETAAP por medio del impuesto de solidaridad (Iso), con el argumento de que afectaba el capital de trabajo.

El 5 de noviembre la Comisión de Finanzas aprobó un dictamen favorable para la otra "pata" de la propuesta, referida a la iniciativa de tributación indirecta –la 3874–, que algunos diputados calificaban como la "antievasión II". En este caso, ya con un dictamen de 14 de los 21 integrantes de la Comisión, los diputados redujeron de 30 a 26% la tasa de lo que se pretendía que fuera un impuesto diferente, matriculación aplicable a nuevos vehículos, en sustitución del impuesto arancelario que se venía aplicando. Tres semanas más tarde, y ante el evidente avance que se había dado en la arena legislativa, el 27 de noviembre los empresarios guatemaltecos reiteraron su rechazo a los ajustes fiscales, y argumentaron que los más afectados serían las micro y pequeñas empresas y los consumidores. El Cacif, y nuevamente a pesar del acuerdo al que se había llegado el 1 de agosto, anunció en una declaración pública que antes del ajuste fiscal el Gobierno debía combatir la evasión y el contrabando, como si la propuesta antievasión II no incluyera, precisamente, medidas para hacerlo.

A pesar de estas presiones, e inmerso en el proceso complejo que condujo a la aprobación del presupuesto para el 2009 ya en el último día de noviembre, Mario Taracena logró que se aprobara la iniciativa del Iso. Aprovechó hábilmente que varios diputados de la oposición se ausentaron –especialmente del PP– con el fin de evitar estar presentes en la votación del presupuesto –cuyo procedimiento no aceptaban–, para introducir casi simultáneamente para consideración del pleno el proyecto de ley del Iso que entonces fue aprobado y con mayoría calificada, asignándole un carácter de urgencia nacional, con 106 votos de los 158 diputados a favor. Este se convertiría en mi único logro en materia de nueva legislación tributaria aprobada: muy poco para alguien que esperaba poder establecer un nuevo impuesto sobre la renta y fortalecer la recaudación del IVA y de otros impuestos selectivos con el fin de alcanzar algo cercano a la meta de los Acuerdos de Paz y del Pacto Fiscal.

El impacto no era insignificante, ya que la vigencia del impuesto que fue sustituido –el IETAAP– terminaba a fines de año y no aprobarlo hubiera significado no contar con aproximadamente tres mil millones de quetzales menos, equivalentes a aproximadamente 1% del PIB, es decir, en torno a una décima parte de la carga tributaria. Además, como indicó *La Hora*, el 8 de agosto de 2008, en un artículo titulado –con razón– "Reforma fiscal a medias": "La diferencia es que el Iso tendría vigencia hasta que se reforme el ISR, lo cual aseguraría fondos al Estado que no dependan de negociaciones con el sector privado con cada cambio de gobierno." Esto último era muy válido: el próximo gobierno no sería un rehén del sector privado en relación con una décima parte de su carga tributaria.

Obras y no principios

La idea es esencialmente repulsiva, de una sociedad que se mantiene integrada solo por relaciones y sentimientos que surgen de intereses pecuniarios.

John Stuart Mill

No habíamos ni pedido la comida necesaria para iniciar nuestra cena en el restaurante Jake's pero ya estábamos hablando de asignaciones presupuestarias para diputados. No tengo los mejores recuerdos de esta cena y quizás mi inconsciente haya debilitado mi memoria para no recordarla con total precisión, ya que no me acuerdo ni del mes en que ocurrió, pero fue a mediados de 2008. Estaba cenando con Manuel Baldizón, entonces presidente de la Comisión de Finanzas del Congreso, y con Mario Taracena, jefe de bancada de la UNE, para evaluar las posibilidades de lograr un respaldo del Congreso a favor de la reforma tributaria, y hablamos de las posibilidades de transferir recursos del presupuesto para diputados con el fin de asegurar su apoyo. Sentí que el tono blanco de las paredes y mesas –que me recordaban a una primera comunión– se ensombrecía cuando Manuel Baldizón comenzó a escribir algunos números en el mantel de papel, con lápices de colores que el restaurante proporciona para el esparcimiento de los clientes. Los datos correspondían a lo que cada diputado podría recibir –entre uno y tres millones de quetzales–, tomando en cuenta su grado de influencia y rango dentro del Congreso. No estaba muy claro para qué serían estos recursos –se suponía que obras– y Manuel Baldizón se cuidó de no decir que eran para el beneficio personal de cada diputado.

Posteriormente, en varias ocasiones el propio Mario Taracena anunció a la prensa la conveniencia de llegar a un acuerdo público sobre asignaciones presupuestarias que cada diputado se encargaría de distribuir según su propio criterio, lo cual al transparentarse podría evitar abusos. Dar recursos para cierto propósito –como obras públicas en determinada localidad– a cambio de apoyos políticos no era nuevo, ni en Guatemala ni en otros países, y era relativamente fácil hacerlo. Pero distribuir de manera opaca o encubierta recursos sin precisar su destino o dejándolo abierto para que esos recursos pudieran utilizarse en beneficio personal no era correcto. Lo que parecía querer la mayoría de diputados aliados eran asignaciones presupuestarias para sus obras a cambio de su apoyo a la iniciativa tributaria, algo quizás normal en otros países en que las obras benefician a las comunidades de donde proceden los representantes del poder legislativo, pero en este caso el problema era más complejo y simple a la vez. No era solo un tema de política local versus política nacional; también era un tema de negocios. Era un ejemplo de cómo en Guatemala las fuerzas del mercado dominaban a la política y la pervertían, y que se reflejaban en casos concretos de diputados que eran importantes empresarios de la construcción a nivel local. Un indicio –aún no comprobado– es lo que indicaba *El Periódico* del 22 de agosto de 2008:

> La Fiscalía de Lavado de Dinero citará a Hilda Juárez de Orellana, esposa del presidente de la Comisión de Comunicaciones del Congreso, Noé Orellana Callejas, quien de acuerdo con la denuncia presentada por la Intendencia de Verificación Especial (IVE), recibió dinero de empresas constructoras vinculadas a su esposo.

Costaba distinguir entre una obra para una comunidad y una obra ejecutada por una empresa constructora, una ONG o un negocio que pertenecía a un diputado: era difícil diferenciar entre obras de interés público, que beneficiaban a una comunidad, y obras de interés particular, como asfaltar una calle que pasaba frente a la casa de un diputado. Y esa dificultad de distinguir entre ambas situaciones, con una alta probabilidad de que fueran para beneficio particular de algunos diputados, era lo que yo no podía aceptar. Si estábamos proponiendo más recursos para el Estado tampoco podíamos asociarlo con más corrupción. Así que nunca entré a este tipo de negociación, que involucraba obras particulares, aunque hubo intentos ocultos de hacerlo de manera paralela, sin mi participación, y aprovechando los recursos que ya tenían asignados ciertos ministerios u organismos como Fonapaz.

Aparte de la evidente falta a la ética, esta situación limitaba la posibilidad de asociar la aprobación de la reforma tributaria a negociaciones perfectamente lícitas sobre el destino de los recursos del presupuesto, en relación con lo cual pueden existir diferencias importantes –y válidas– sobre prioridades, que van desde el monto que debe asignarse a la seguridad, a la educación, a la defensa o a la protección social, o sobre otros temas importantes. Pero al restringir la negociación a cuánto debía asignarse a cada diputado se limitaba la posibilidad de negociaciones más amplias y serias. Estas podían en principio incluir desde la negociación de las características de las iniciativas hasta la búsqueda de compensaciones políticas en otras áreas de legislación, o limitarse a llegar a acuerdos sobre gestos simbólicos que redujeran el costo de apoyar la reforma. Porque en muchas ocasiones las negociaciones son exitosas o fracasan en la medida que permiten que todos los negociadores puedan aparentar que tuvieron cierto éxito a pesar de las concesiones que hayan hecho.

En el Congreso con el que me tocó lidiar no se manifestaban, en general, grandes diferencias ideológicas, a pesar de que continuamente se repetían las vitriólicas columnas o las declaraciones extremas de personas cercanas al sector privado con posiciones sumamente conservadoras. Los argumentos en contra de las reformas utilizadas por los diputados que se oponían eran normalmente los mismos y añejos argumentos que el sector privado y sus portavoces venían repitiendo hacía mucho tiempo, pero eran argumentos desechables en relación con los cuales los diputados no necesariamente estaban convencidos. Cuando las condiciones cambiaban los diputados estaban dispuestos a modificar su posición, como ocurrió posteriormente con el PP. Un conocimiento profundo de temas fiscales se limitaba a muy pocos diputados –¿un par?–. A la mayor parte de diputados "aliados", y también a otros, lo que más les interesaba era el presupuesto para "obras". Ello no significaba, sin embargo, que el desconocimiento del tema se reflejara en una limitada astucia política, en poca sagacidad y en la ausencia de un cálculo cuidadoso por parte de los diputados. Cometía un error garrafal quien confundía la falta de conocimiento o aparente mediocridad de algunos diputados con la falta de inteligencia y de "cintura" política que tenían.

Parecíamos, como poder ejecutivo, enfrentar lo peor de dos mundos. Por una parte ciertos diputados y funcionarios del ejecutivo reasignaban recursos públicos de manera escondida, sin la participación del Ministerio de Finanzas, para favorecer iniciativas parciales que tendían a concentrarse en la realización de obras de construcción o en ciertos gastos corrientes que iban desde la compra de juguetes y camisetas hasta la adquisición de pasteles "magdalena" para ciertas familias durante la época navideña. De acuerdo con la ley del presupuesto el uso específico de los recursos era responsabilidad de los ministerios o secretarías que ejecutaban sus programas y el Ministerio de Finanzas no tenía la autoridad para intervenir en ese ámbito sino que le correspondía a la Contraloría General de Cuentas evaluar si existían irregularidades y sancionarlas. Por otra parte, no hubo una discusión y negociación abierta y a fondo sobre grandes prioridades del gasto público, lo cual hubiera podido servir para alcanzar otros objetivos políticos, como la reforma tributaria.

En contraste con los diputados los altos y medianos funcionarios del poder ejecutivo resultaban vulnerables ante procesos judiciales cuando dejaban sus cargos, mientras que la posibilidad de reelegirse le aseguraba una inmunidad continuada a diputados que se movían en un ambiente regido por "relaciones y sentimientos que surgen de intereses pecuniarios", como decía el filósofo liberal John Stuart Mill. No pude dejar de preguntarme si ante lo que se había convertido en un mecanismo para asegurar la continuidad de la corrupción y la impunidad de numerosos diputados no podría evitarse prohibiendo su reelección inmediata, como se hacía en Costa Rica. Y en ausencia de esta prohibición, y como parte de una rendición de cuentas, no pude dejar de tener la esperanza de que guatemaltecos y guatemaltecas votaran en masa en contra de los diputados –casi sin excepción– que pretendieran reelegirse.

Intereses específicos: los importadores de vehículos

> *En las repúblicas, las personas elevadas de la masa de la comunidad por los sufragios de sus conciudadanos a posiciones de gran preeminencia y poder, pueden encontrar compensaciones para traicionar su confianza que, con la excepción de aquellas mentes que actúan con base en la virtud superior, pueden parecer que superan los intereses que pueden tener en sus públicos, y que desequilibran las obligaciones de su deber.*
>
> Alexander Hamilton

A la demanda de recursos por parte de los diputados se unió la creciente presión de importadores de vehículos nuevos y usados, oficio que desempeñaban en sus horas extras algunos diputados o en los cuales estaban involucrados sus familiares y amigos. Este fue uno de los focos de oposición a la iniciativa 3874, discutida con altibajos en el Congreso desde agosto de 2008 hasta agosto de 2009, pero con debates centrados en los impuestos aplicados a los vehículos y no a los demás temas cubiertos, que incluían el fortalecimiento de las aduanas y del IVA y cambios del Código tributario.

Una cosa era que el gremio de importadores de vehículos nuevos, o las asociaciones de importadores de vehículos usados, ejercieran presión a favor de limitar lo que tenían que pagar en impuestos. Otra era que los propios diputados de varios partidos estuvieran involucrados en el negocio y defendieran sus intereses privados: desde los que mantenían negocios vinculados al contrabando y que dependían de antiguas relaciones con las aduanas, hasta los que tenían empresas que importaban vehículos de segunda mano o que tenían amigos o familiares cercanos en alguna de las grandes distribuidoras de vehículos nuevos.

En pleno proceso de negociación de lo que podrían ser los impuestos cobrados a los vehículos, el 18 de febrero de 2009, *El Periódico* planteó que resultaba "curioso" lo siguiente:

> Luis Contreras, jefe de la Bancada Guatemala y miembro de la Comisión de Finanzas es propietario de la empresa Mercosur, es un servicio de transporte de carga pesada en Malacatán, San Marcos. Juan Ramón Ponce Guay, miembro de la Comisión de Finanzas por la Gana, es dueño del beneficio Ponce Guay en Alta Verapaz, tiene en su haber al menos una docena de camiones y picops que utiliza para transportar cardamomo. Jaime Martínez Lohayza, jefe de la Gana, también es propietario de una importadora de vehículos.

Todo este proceso se daba en un contexto marcado

por impuestos que ya eran bajos: en Guatemala los impuestos aplicados a los vehículos en 2008 y 2009 eran más bajos que en cualquier otro país centroamericano, y además se justifica gravarlos tomando en cuenta su efecto negativo sobre el medio ambiente. Sin embargo, Jorge Méndez Herbruger, diputado de la Gana, fue de los primeros en cuestionar –desde agosto de 2008– la medida que afectaba las compras y circulación de vehículos indicando que como consecuencia de este impuesto los ciudadanos tendrían "que pagar más por adquirir un carro que quizá compren haciendo un gran esfuerzo". En esta ocasión José Alejandro Arévalo, del PU, y con quien mantuve una relación bastante cordial y de intercambio de información durante el período durante el cual fui ministro, expresó que ese impuesto no afectaría a los más pobres, pues quienes compraban vehículos tenían un mayor nivel adquisitivo. A su vez Roxana Baldetti también indicó que se requerían algunas enmiendas en el capítulo del impuesto a vehículos, ya que castigaba las compras de autos nuevos y a las personas de menor ingreso con un alza en el cobro del impuesto de circulación de vehículos.

Aquí se estaba refiriendo a dos temas: la sustitución del arancel de importación por un impuesto de primera matrícula, que inicialmente sí era mayor que el arancel, y obviamente buscaba generar más recursos; y el aumento del impuesto de circulación, que por la vía de un aumento gradual también pretendía hacer lo mismo. Éstos eran los temas realmente polémicos, aunque posteriormente surgió otro, que era igualmente importante: con el nuevo impuesto a la primera matrícula se cobraría a cada vehículo el impuesto con base en lo que realmente valía, de acuerdo con un criterio técnico aplicado por la SAT. Esto evitaría que se importaran vehículos cuyos precios se reportaban como mucho menores que su valor real, y así se evitaría que pagaran el impuesto con base en ese valor muy bajo en vez del valor verdadero y más alto. De manera que esta iniciativa también era una medida para evitar la corrupción que se daba en aduanas cuando los importadores de vehículos usados entraban con facturas falsas, elaboradas en California o México, indicando que su vehículo valía US$500 cuando en realidad valía diez veces más.

Este caso también ilustra cómo cada sector económico puede estar de acuerdo con que se paguen impuestos, pero siempre que lo paguen "los otros". En este caso los importadores de vehículos nuevos sí querían que se aplicara el impuesto de primera matrícula con base en el valor real de los vehículos, porque sentían que se daba una competencia desleal entre vehículos de segunda mano, que pagaban pocos impuestos puesto que declaraban que sus precios eran muy bajos, y los vehículos nuevos, que no tenían las mismas posibilidades de falsificar facturas y aparentar un precio más bajo que el real. Pero no querían pagar en impuestos algo más que el arancel que ya pagaban sino que querían que el impuesto de primera matrícula significara un pago exactamente igual a lo que ya se pagaba como arancel de importación: ¡que pagaran más los importadores de vehículos usados pero no los de vehículos nuevos!

Parte del debate sobre estos temas en el pleno del Congreso también ilustra la combinación de cierto desconocimiento con la continua referencia a posibles inconstitucionalidades, como históricamente lo ha hecho el sector privado para detener cualquier reforma tributaria. Por una parte Salvador Baldizón, hermano de Manuel Baldizón, antes de la UNE y ahora con la fracción disidente del LDR o Lider, confundía –como lo explica la nota de *El Periódico* del 18 de febrero de 2009– lo que era el requisito de la Organización Mundial de Comercio (OMC) de exigir que el pago de aranceles se hiciera con base en el valor del vehículo que aparece en la factura de compra –lo cual era válido–, con aparentes requisitos de la OMC que no permitían eliminar los aranceles y pasar a un impuesto de primera matrícula –lo cual era falso–. Oliverio García Rodas –con el PP, pues aun no se había declarado independiente, aunque posteriormente volvió con el mismo partido– encontraba que darle a la SAT la potestad de determinar el valor real de los vehículos y establecer el impuesto de nueva matrícula involucraba doble tributación, por lo que ambos eran inconstitucionales. Sin embargo, ya existían precedentes que determinaban que ambos procedimientos no eran inconstitucionales. El diputado Luis Contreras, entonces de la BG y que después pasaría a ser parte del PP, simplemente afirmaba en la misma nota, y sin mayor análisis, que: "El impuesto no puede elevarse más allá del 20 por ciento porque podría afectar a aquellos que compran carros usados".

Ya habían tenido lugar amplios intercambios técnicos para discutir y aclarar estos temas, y en el fondo no había razones técnicas que valieran. En el mismo artículo de *El Periódico*, se agregaba que:

> Durante la jornada también se escucharon algunos rumores de que la reforma pudo haberse detenido porque la Bancada Guatemala (BG), el Frente Republicano Guatemalteco (FRG), la Gran Alianza Nacional (Gana), hasta ahora aliados de los oficialistas, utilizarán

como un subterfugio para entablar una negociación que signifique mayores beneficios a los que han obtenido por apoyar a la bancada oficial.

A los intereses directos vinculados al tema de las importaciones de vehículos se agregaban otros intereses, probablemente vinculados a obras, y a ello se sumaba la actitud intransigente de oposición total por parte del PP.

También hubo una oposición al impuesto referido a la circulación de vehículos. Lamenté que el diputado José Alejandro Arévalo, a pesar de que un año antes había declarado que los impuestos aplicados a los automóviles no afectaría a los más pobres pues quienes compraban vehículos tenían un mayor nivel adquisitivo, en agosto de 2009 convenció a varios diputados que aumentar este impuesto en un 50% en 2010 y en otro porcentaje igual en 2011 era un suicidio político, ya que habría una reacción negativa de los votantes debido a que las elecciones se celebraban en 2011. Imagino que en este caso pesó especialmente la posibilidad de que este posible costo político tuviera incidencia en la capital, donde el número de vehículos era mayor. El diputado fue hábil en convencer a los demás para que se preocuparan de algo que lo afectaba más a él y a su partido que a los demás, puesto que el Partido Unionista dependía esencialmente del voto capitalino.

El aumento era equivalente a lo que costaba un tanque y medio de gasolina: de acuerdo con el tipo de automóvil de que se tratara, podía fluctuar entre Q200 para los más pequeños a Q700 para los más grandes, con ciertas fluctuaciones dependiendo del precio del petróleo. ¿Sería el costo de un tanque y medio de gasolina por año suficiente para cambiar la intención de voto de los guatemaltecos? El exagerado temor a los impuestos como fuente de costo político prevaleció en ese momento, y los diputados acordaron que este impuesto no se aumentaría. Buscamos que los ecologistas pudieran expresar algún apoyo a la medida, puesto que disuadiría el uso de una de las principales fuentes de contaminación en Guatemala, pero no logramos concretar ningún respaldo.

Ya en la segunda quincena de agosto de 2009 era evidente que se estaba erosionando rápidamente la propuesta –previamente diluida– de reforma. Como le gustaba decir a Carolina Roca, a la reforma le estaba ocurriendo lo mismo que pasa con el salami, cuando se come y va desapareciendo poco a poco, rodaja por rodaja. Originalmente la Comisión de Finanzas del Congreso había reducido la tasa del impuesto de primera matrícula de 30% como lo había propuesto el Ministerio de Finanzas a 26%. Ya en abril del 2009, como resultado de otras presiones y negociaciones, se había reducido a 22.4%. De acuerdo con estimaciones del Ministerio de Finanzas un tipo impositivo del 22.4% representaba recaudación adicional de 0.1% del PIB, es decir, muy poco, puesto que resultaba casi equivalente a los aranceles que ya se cobraban, y esto tomaba en cuenta el efecto positivo que resultaba de cobrar el impuesto con base en el valor correcto de los vehículos. Pero todavía existía el riesgo de que quisieran reducir más algunos renglones como picops y motos, lo cual podría debilitar aún más el rendimiento. Ya habíamos acumulado más de cuarenta enmiendas sin que tuvieran un efecto significativamente negativo sobre la recaudación, y en muchos casos recogían preocupaciones válidas de los diputados. En esa situación estábamos cuando en mayo se interrumpió el proceso de negociación debido a mi interpelación, con lo cual el PP impidió que la reforma se aprobara durante el primer semestre del año, antes del receso del Congreso de medio año. No fue sino hasta agosto de ese año, 2009, que se reiniciaron las negociaciones y ya para entonces se había reducido aun más lo que los "aliados" estaban dispuestos a aceptar.

A la vuelta del receso, José Alejandro Arévalo le explicó a *El Periódico* el 18 de agosto de 2008 que estaba de acuerdo con cambios al Código tributario, mejoras en el sistema aduanero y modificaciones en el impuesto al valor agregado, pero no con el incremento de tasas impositivas. Paradójicamente, y en parte por sus propios esfuerzos de negociación, nos estábamos acercando a lo que él había anunciado cuando primero se presentó la iniciativa, hacía casi un año: "Habría que comparar cuánto más se va a percibir con las reformas, para ver si valen la pena". Jaime Martínez, jefe de la bancada de la Gana, el aliado más numeroso de la UNE –y quien había sido acusado de tener intereses en la importación de vehículos– comentó en el mismo reportaje que su bancada apoyaría la iniciativa, siempre y cuando no se tocaran los impuestos a los vehículos. Iván Arévalo, jefe de la bancada del FRG, otro aliado de la UNE, manifestó que también mantenían su apoyo a la reforma fiscal, aunque no estaban de acuerdo con el incremento de tasas en la importación y circulación de vehículos. Continuaba el proceso de rebanar el salami y ya estábamos en una posición en que con la aprobación de la ley no se generarían más ingresos por el lado de los vehículos.

Pero aún faltaba más. Las negociaciones dentro del Congreso continuaban, y también surgió la posibilidad de que el Partido Patriota y el partido Lider estuvieran a favor de la propuesta. Pero el primero no estaba de acuerdo con que el impuesto de primera matrícula se cobrara con base en un criterio técnico sino que prefería que se continuara cobrando con base en facturas –que en el caso de los vehículos eran a menudo falsas– y el segundo asoció su apoyo a la eliminación de los impuestos aplicables a los medicamentos y los libros. En un contexto de presión dado por desfiles de automóviles de segunda mano movilizados afuera del Congreso y en distintos puntos de la capital por los importadores de vehículos, e incluso con la presencia de éstos en el interior del recinto, Mario Taracena y Roberto Alejos buscaron facilitar una convergencia con la bancada del PP en particular. Lamentablemente la posibilidad de llegar a un acuerdo dependía de bajar aún más las tasas aplicables a los vehículos, junto con permitir que se continuara utilizando la factura como base del valor de los vehículos a los cuales se aplicaría el impuesto.

Roxana Baldetti insistía en que había que utilizar la factura del IVA como base para pagar el impuesto en vez de una lista de precios de la SAT, que se asociaba a un libro de precios de referencia que se había utilizado en el pasado: "Para nosotros ese es un libro azul. Aunque no hable explícitamente de él, sí lo hace implícito, porque refiere los precios de vehículos usados a una tabla de impuestos que rige en otro país", y al mismo tiempo defendía a los importadores de vehículos usados. A lo anterior agregó que: "Lo que quieren es afectar a la clase más pobre, porque los vehículos nuevos no serán afectados". Esto era falso: en el Ministerio de Finanzas contábamos con encuestas de hogares que demostraban que el 20% de mayores ingresos de la población concentraba la casi totalidad de compras de automóviles, nuevos o usados y, además, habíamos buscado aumentar los impuestos aplicados a los automóviles nuevos también. Los intereses particulares habían predominado sobre los intereses de la mayoría, y una reforma que sin mayor costo para la oposición hubiera podido ayudarle con recursos de cierta significación en un próximo gobierno se enfiló al precipicio.

La dinámica de negociaciones que se estaban dando en el Congreso –dedicándole una sesión permanente de dos semanas en agosto– dio lugar al peligro de que a corto plazo la reforma tributaria condujera a una reducción de la recaudación en vez de su aumento. Bajo la supervisión del viceministro Ricardo Barrientos los técnicos de la Dirección de Análisis Económico y Fiscal en el ministerio habían diseñado una hoja de cálculo electrónica que permitía hacer simulaciones sobre el impacto de cada uno de los cambios que introducían los diputados. Ahora los resultados eran contundentes: había ciertas partes de la iniciativa que podrían fortalecer la administración tributaria, pero ese era un proceso gradual, con lo cual el escenario más probable al poner en práctica la iniciativa de ley era que a corto plazo cayeran los ingresos tributarios y que solo después de dos o tres años comenzaran a aumentar levemente. Para un ministro de un gobierno al que le quedaban dos años de administración era inaceptable.

Claramente incómodo y "desinflado" convoqué a mi despacho a los viceministros Ricardo Barrientos y Erick Coyoy y les pregunté si era mejor retirar la iniciativa de tributación indirecta del Congreso o si creíamos que valía la pena intentar rescatarla. Concluimos que era mejor retirarla. Luego lo consulté con el presidente y estuvo de acuerdo en hacerlo.

El 27 de agosto *Prensa Libre* reportaba cómo Roberto Kestler, jefe de la bancada de la UNE en 2009, pidió el día anterior que se retirara de la agenda la iniciativa de reforma tributaria que su bancada había presentado hacía un año. También recogieron mis declaraciones: "Lo que era un caballo, se convirtió primero en camello, y ahora se está transformando en Frankenstein", así como las de Mario Taracena, presidente de la Comisión de Finanzas, que en alusión a las bancadas Lider y Partido Patriota (PP) expresó: "En el Congreso hay bancadas que defienden a los contrabandistas y a los evasores. Sin reforma, Guatemala es un paraíso fiscal para todos ellos". Era cierto, pero lo peor era que casi se había llegado a un acuerdo para una reforma que facilitaría aún más el contrabando disfrazado que resultaba de cobrar tasas bajas a vehículos facturados a un valor significativamente menor al precio real que tenían. Raquel Zelaya, directora de la Asociación de Investigación y Estudios Sociales (Asies) destacó en *El Periódico* ese mismo día que se había tratado de una reforma "tan parchada con poco rendimiento y tanto desgaste". Tenía razón.

El tercer intento: la reformita

Se hace "caridad", se da a los pobres, se obsequia ropa a los niños, se da centavos a los mendigos, desperdicios de comida a la mujercita tal, inválida en un cuarto sin luz, sin que nadie vea por ella en serio, sostenida por la caridad de la niña fulana y se le explota desde tiempos de la Maricastaña.

Luis Cardoza y Aragón

El presidente Colom llegó a la reunión del 28 de octubre de 2009 a una hora relativamente puntual, como a las 7 de la noche. Venía solamente con miembros de su seguridad. Estábamos presentes los viceministros de finanzas –Vivian Mack, Ricardo Barrientos y Erick Coyoy–, con Carlos Barreda –como asesor del ministerio y antiguo viceministro– y yo. Le había mencionado al presidente que estábamos contemplando otra propuesta de reforma, más puntual y rápida que la anterior, con el objeto de generar recursos a corto plazo, puesto que el presupuesto correspondiente al 2010 que habíamos propuesto al Congreso era muy apretado. En ese momento aún no sabíamos que el Congreso no lo aprobaría, lo cual resultaba peor puesto que al contar con un presupuesto –heredado del año anterior– mayor, tendríamos una brecha entre ingresos y gastos aún más grande. Él ofreció llegar al ministerio para discutir el tema allí.

Nos reunimos en un salón como para veinte personas en el piso 18 del Ministerio de Finanzas, relativamente cercano a mi oficina, con una mesa de madera larga y con un tono rojizo oscuro, al final de la cual hay una pantalla para hacer presentaciones. Uno de los costados del salón está constituido por puertas de vidrio que dan a un pequeño patio interior, lo cual evita el ambiente de búnker que caracterizaba a tantos salones donde nos reuníamos. Usábamos este salón para llevar a cabo la mayor parte de reuniones con personas que no eran del ministerio, especialmente si era un grupo relativamente numeroso. Aunque tenía un nombre guatemalteco convencional, "La Monja Blanca", a mí me gustaba referirme a él como el salón "Pluvio Mejicanos", en honor a quien había sido uno de mis viceministros durante el primer año de gestión, y que tenía una larga y distinguida trayectoria de función pública en materia de las finanzas del Estado. En esta ocasión nos sentamos cerca de la pantalla, sin mayor protocolo, y comencé a exponerle al presidente la presentación que Ricardo Barrientos me había enviado poco antes, tomando en cuenta lo que habíamos discutido a lo interno del ministerio previamente.

La propuesta buscaba ser sorpresiva, con apoyos políticos concretos –los alcaldes, los maestros y la comunidad internacional– y con vistas a una negociación rápida en el Congreso. En la presentación se identificaba el contenido de la reforma, pero se destacaba sobre todo la parte política. En cuanto al contenido, se trataba de una propuesta parcial y no integral, y por eso la califiqué como "la reformita". En el transcurso de 2008 y buena parte de 2009 la oposición empresarial y legislativa, junto con la crisis, habían enterrado la propuesta "integral" que habíamos propuesto, basados en lo discutido en el seno del Grupo Promotor del Diálogo Fiscal. Ahora se proponían medidas tributarias puntuales, aunque acompañadas con iniciativas por el lado del gasto que sería generado por estos ingresos adicionales, además de algunas acciones dirigidas simultáneamente a fortalecer las finanzas y a combatir al contrabando. Era un "parche", que podía obtener recursos adicionales rápidamente, diseñado para enfrentar un momento especialmente difícil, en parte de coyuntura, con varios de los pecados que pueden atribuirse a este tipo de medidas. Estaba muy lejos de ser la solución "óptima" (en inglés: *first best*) que a los economistas nos gusta proponer.

Específicamente, se proponía aumentar el impuesto de solidaridad (ISO), que habíamos logrado volver permanente a fines de 2008. Muchas empresas exageraban sus costos para así reportar que no tenían ganancias, con lo cual no se les podía cobrar el impuesto sobre la renta. El ISO significaba que tenían que pagar independientemente de lo que reportaran y las empresas que daban a la SAT cifras correctas de ganancias y que pagaban impuestos podían deducir de estos impuestos el ISO. Nuestra propuesta era pasar este impuesto del 1 al 2% de sus ingresos brutos, aunque también contemplamos la posibilidad de que pudiera ser menor, tomando en cuenta el proceso de negociación.

Además, proponíamos aumentar la tasa hasta un 6% de lo que se conoce como el régimen general del impuesto sobre la renta (ISR), que hasta entonces tenía una tasa del 5% sobre ingresos brutos. Estos eran impuestos pagados por todo tipo de empresas y por profesionales; no afectaban a los trabajadores asalariados contratados por las empresas, llamados trabajadores en relación de dependencia. Los recursos adicionales obtenidos tanto del ISO como del ISR se destinarían a las municipalidades y a educación. También se proponía un aumento del impuesto del timbre aplicado a la distribución de dividendos, cuyos ingresos adicionales se destinarían a la seguridad. Por último se proponía un aumento del precio del papel sellado, aunque ello serviría básicamente para cubrir su costo, y no tenía previsto un aumento significativo de recursos por esta vía.

En la misma reunión propusimos que se podría impulsar de forma paralela, aunque de manera vinculada con la propuesta anterior, un componente para combatir el narcotráfico y el crimen organizado, utilizando instrumentos de política financiera o fiscal para hacerlo. Ello integraba el tema fiscal con el de la seguridad, dos problemas graves en Guatemala. Proponíamos dos iniciativas: primero, la regulación del acceso a la información bancaria bajo reserva, modificando la Ley de bancos y grupos financieros para que la SAT pudiera contar con información bancaria de contribuyentes individuales bajo garantía de confidencialidad; y, segundo, modificar el Código de comercio para transparentar la propiedad de las empresas privadas mediante la obligación de que todas las acciones fueran nominativas, es decir, que tuvieran el nombre personal de sus propietarios. Este segundo tema iba más allá de lo estrictamente fiscal y el diputado Mariano Rayo tiene el mérito de haberlo propuesto previamente como parte de una iniciativa legislativa que tenía que ver con la Ley de extinción de dominio y que eventualmente fue aprobada, pero en ese momento nos parecía fundamental darle más visibilidad y fuerza política. Guatemala ya estaba en una "lista gris" de países que, al no colaborar en materia tributaria en el ámbito internacional, eran considerados poco transparentes y equivalentes a paraísos fiscales que permitían que evasores y operadores de transacciones ilícitas utilizaran al país como una base de sus operaciones.

La SAT no tenía acceso a información precisa sobre los propietarios de empresas que pagaban los impuestos –se podía saber el nombre de una sociedad anónima pero no sus verdaderos dueños– ni tenía acceso –a diferencia de la gran mayoría de países– a las cuentas bancarias para contrastar lo declarado por los contribuyentes con su disponibilidad de recursos en cuentas bancarias. Esta era una facultad elemental, requerida para cualquier acción de fiscalización y combate a la evasión tributaria y al lavado de dinero, y necesaria para comprobar quién tenía más recursos. Al no contar con ella la SAT no podía compartir información tributaria con otros gobiernos. Ante este tipo de situación estos gobiernos estaban previendo aplicar sanciones a los países considerados como paraísos fiscales. Las empresas francesas, por ejemplo, tendrían que pagar impuestos más altos en Francia por hacer negocios en Guatemala, en comparación con lo que pagarían si sus negocios se llevaban a cabo en otros países que sí colaboraban, puesto que Francia había declarado a Guatemala como país que no colaboraba con ellos. Obviamente, ello no favorecía la inversión por parte de empresas francesas –y eventualmente de otros países– en Guatemala.

En relación con la estrategia política para impulsar este conjunto de medidas reconocíamos la existencia de posibles aliados y operadores por un lado, y de indudables opositores por otro. Los posibles aliados eran los alcaldes y el magisterio si se les explicaba que la mayor parte de recursos derivados de la reforma serían canalizados a las municipalidades y a la educación. Otros aliados incluían a los diputados de la UNE, por ser el partido oficial, y a la comunidad internacional puesto que ya había habido conversaciones con sus miembros y simpatizaban con elevar la carga tributaria de Guatemala. Consideramos a los abogados como posibles aliados porque los podría beneficiar el mayor uso del timbre, y también creíamos que sería posible convencer a los cooperativistas, que eran aliados del gobierno en general. Entre los operadores que debían atender a cada uno de estos aliados incluíamos a la propia presidencia –incluyendo a la Secretaría Privada–, al Ministerio de Finanzas, a la UNE, a la Asociación Nacional de Municipalidades (Anam), al INFOM y a ciertos diputados, y especialmente a Mario Taracena, Ovidio Monzón y Roberto Alejos.

Entre los opositores identificábamos en términos genéricos a ciertos columnistas y centros de investigación, al sector privado, a parte de la prensa escrita y a las bancadas del PP y posiblemente de Lider en el Congreso. Planteábamos tratar de aislar a algunos, convencer a otros o asegurar una oposición civilizada, que no impidiera avanzar. También proponíamos algunos lineamientos básicos en materia de comunicación y un equipo para encargarse de ello. Nuestra presentación terminaba expresando preocupaciones sobre los tiempos y dudas sobre cómo se presentaría la propuesta al Congreso, destacando la necesidad de preparar el terreno antes de lanzar la propuesta.

Al presidente le gustó mucho la propuesta, que discutimos con cierto detalle aquel 28 de octubre de 2009. Cerca del final de la reunión pidió unas botellas de vino que había traído su seguridad y lo acompañamos con una o dos copas. La reunión pronto cambió de naturaleza y se volvió más jovial. Con lo que parecía ser su visto bueno correspondía ahora hacer los arreglos concretos para poner en marcha el proceso, consultar a algunos de los actores principales, convencerlos, y hacer los planes correspondientes.

Cuál no sería nuestra sorpresa cuando al día siguiente nos enteramos de que en una improvisada reunión con la prensa, después de haber inaugurado un *call center* en Quetzaltenango, el presidente ya había anunciado la nueva iniciativa: "Ayer (miércoles) hasta tarde estuvimos trabajando un replanteamiento de los ingresos del Estado, y creemos que van a venir condiciones apropiadas las próximas semanas para hacer un llamado al planteamiento", reportó un día más tarde *Prensa Libre*. También informaba de los componentes tributarios y del combate al crimen organizado.

Perdimos el efecto sorpresa, la estrategia de comunicación había volado por los aires, no habíamos hecho algunas consultas previas con actores que podían favorecer u oponerse a la propuesta, y todavía no habíamos discutido temas básicos como el manejo de la relación de esta propuesta con la presentación del presupuesto para el año siguiente (2010), que debía aprobarse durante las próximas semanas, antes del fin de noviembre. Una declaración presidencial puede tener un efecto positivo al abrir espacios para impulsar iniciativas, pero en este caso no nos permitió prepararnos bien de antemano, y lo que hubiera podido ser una oportuna declaración presidencial como parte de la estrategia política de impulso de la reforma, desencadenó reacciones inmediatas cuyas consecuencias negativas era muy difícil contener. Desconcertados, comenzamos a impulsar la estrategia de lo que yo posteriormente llamé "la reformita", pero ya con algo de plomo en las alas. Las consecuencias fueron inmediatas: al día siguiente de nuestra reunión con el presidente en el piso 18 del Ministerio de Finanzas, expresaron su oposición absoluta el Cacif, el Centro de Investigaciones Económicas Nacionales (CIEN) y la Federación de Pequeña y Mediana Empresa, lo cual fue reproducido por *Prensa Libre* el 30 de octubre. De acuerdo con la misma nota, Hugo Maúl del CIEN cuestionó la credibilidad de las políticas gubernamentales y señaló algo que ya nos preocupaba en el ministerio y por lo cual considerábamos que era importante preparar cuidadosamente la gestión política de esta iniciativa: "Siempre salen diciendo también que tienen los votos en el Congreso para aprobar cosas, y a la hora de la hora no pasan; siempre salen con lo mismo".

Para ese momento ya habíamos sufrido una derrota fuerte: el retiro forzado de la iniciativa de reforma de la tributación indirecta, en agosto de 2009. Ahora las dificultades de avanzar en el Congreso se hicieron evidentes desde el principio. La más importante fue que dos días después del anuncio presidencial, el 2 de noviembre, Jaime Martínez, jefe de la bancada de la Gana y "aliado" de la UNE, informó a *Prensa Libre* que su partido se negaba a subir o crear nuevos impuestos. Ello contrastaba con la posición de Rodolfo Orozco, presidente de la Confederación de Cooperativas de Guatemala, que informó de su disposición a sujetar la propuesta a un análisis y a discutir el tema con el gobierno.

El veto ¿o la tiranía? de las minorías

Y así cada hombre, al consentir con otros en formar un cuerpo político bajo un solo gobierno, se pone a sí mismo bajo la obligación, que rige para todos y cada uno de los miembros de esa sociedad, de someterse a la determinación de la mayoría y a ser conducido por ella.

John Locke

Ahora enfrentábamos el reto de impulsar la "reformita", que para mí se convirtió en algo así como mi última lucha por la reforma fiscal en este gobierno, y muy lejana a la propuesta de reforma integral con negociación que habíamos impulsado hacía casi dos años. Comenzó de nuevo la explicación de la iniciativa de reforma fiscal a los diversos sectores, aunque combinada con presentaciones del presupuesto, especialmente al Congreso pues la fecha límite para su aprobación, el 30 de noviembre, se acercaba. Se hicieron presentaciones a la comunidad internacional, organizaciones sociales, alcaldes, centros de investigación y diputados. Quizás lo más novedoso de este esfuerzo, como me lo hizo notar mi hijo Alberto algunas semanas después, fue la constitución de una base o bloque social que apoyara la iniciativa, constituida en este caso por maestros y alcaldes. No era la típica asociación de una serie de organizaciones con nombres que pretendían ser representativas de amplios sectores sociales, pero que en la práctica parecían ONG; o un pacto de élites en que el gobierno negociaba con la cúpula empresarial y con algunos ciudadanos ilustres. Ahora pretendíamos tener como aliados a dos sectores que tenían una amplia capacidad política y social para movilizarse.

El presidente mantuvo su entusiasmo y convicción a favor de la reforma durante algunas semanas, lo cual se manifestaba en declaraciones bastante fuertes sobre el tema. De acuerdo con *Prensa Libre* durante la segunda semana de noviembre (2009) el presidente insistió en que para darle sostenibilidad a los cambios que estaba impulsando el gobierno se requería mejorar los ingresos del Estado y calificó a la aprobación de la reforma fiscal como una "batalla" que tenía que darse. En esos días se reunió con el Cacif para "cabildear" a favor de la reforma aunque, de acuerdo con los representantes del Cacif, sin tratar directamente el tema sino más bien para escuchar de la cúpula empresarial sus impresiones y prioridades, dentro de las cuales mencionaron la flexibilización laboral –nueva legislación para favorecer el trabajo a tiempo parcial–, vivienda, las negociaciones comerciales con Europa y Canadá, inversiones energéticas y otros temas legislativos. También nos reunimos con la comunidad internacional para explicarle el contenido de la reforma fiscal, además de intercambiar opiniones sobre otras dimensiones de la política fiscal, incluyendo el presupuesto para 2010 presentado al Congreso.

En el transcurso de esos días, y tomando en cuenta que el monto de recursos generado por lo que inicialmente proponía la reformita, convenimos con el presidente incorporar el impuesto a la telefonía. Este tema venía siendo estudiado en el Ministerio de Finanzas por Ricardo Barrientos y Carlos Barreda, y nos pareció que podía generar recursos a corto plazo. El sector de la telefonía había crecido de manera muy dinámica y un modesto impuesto de 15 centavos por minuto podría generar ciertos recursos. Esta convicción cobró mayor importancia después del 30 de noviembre, cuando el Congreso se negó a aprobar el presupuesto que propusimos para 2010, que era austero. En vez de ello, como vimos en el capítulo anterior, quedó vigente el presupuesto aprobado para 2009, que significaba mayores compromisos de gasto.

El eslabón más débil en la posible alianza legislativa requerida para aprobar la propuesta era la bancada de la Gana, en parte por sus vínculos con el sector privado, incluyendo el hecho de que diputados de la Gana como Jorge Méndez Herbruger parecían reproducir sus posiciones dentro del partido. Así, a los pocos días de que el presidente anunciara la "reformita", la CIG se reunió –el 15 de noviembre– con los 25 diputados de la Gana y les expresó su total rechazo a esta iniciativa, justificándola con base en una presentación bastante oscura, con mucho número y que nadie entendía. Con ocasión de la reunión Juan Antonio Busto de la CIG anunció lo que venía siendo el mensaje básico desde hacía décadas: debe atacarse el contrabando y la evasión fiscal antes que cambiar los impuestos. Aprovechando unas declaraciones de un funcionario de la SAT en *Prensa Libre* el 13 de noviembre de 2009 que sin fundamento conocido, y con base en supuestos estudios que nunca se divulgaron, "estimó" que por contrabando se había dejado de percibir más de Q6 mil millones, y calculando por su lado que la evasión podía dar Q3 mil millones más, los representantes empresariales argumentaban que combatiendo ambas se lograría recaudar entre Q9 y 10 mil millones, equivalente a 3% del PIB. ¿Para qué, entonces, acudir a otras reformas?

No importaba que desde el Ministerio argumentáramos que la estimación de los Q6 mil millones era absurda puesto que era imposible de medir; no había encuestas ni maneras indirectas de estimar cuántas importaciones entraban ilegalmente al país. Lo que el funcionario de la SAT había comunicado a *Prensa Libre* era casi una adivinanza y no una estimación técnica y seria. Tampoco importaba el argumento de que para frenar el contrabando se requería una serie de controles en puertos y en puntos fronterizos que significaban altísimos costos que los empresarios no estaban dispuestos a pagar. ¿Cómo se iba a pagar el equipo electrónico para determinar la naturaleza de los bienes importados en puertos o los salarios de los numerosos contingentes bien armados y con tecnología moderna requerida para ejercer un efectivo control policial y militar de las fronteras, y que ahora enfrentan no solo a pequeños contrabandistas sino a grandes organizaciones internacionales del crimen? Tampoco importaba el argumento de que controlar el contrabando y la evasión son tareas de largo plazo, de efecto gradual, que no tenían la capacidad de generar los recursos que tan urgentemente requeríamos, a corto plazo. ¿Y no habíamos intentado con la iniciativa de la tributación indirecta mejorar esos controles, precisamente? ¿Dónde estaban las organizaciones empresariales como el Cacif y la CIG cuando en el Congreso se dijo que no había que acudir al "libro azul" o a la determinación técnica de precios de vehículos importados en vez de utilizar facturas falsas? Pero la actividad de la oposición privada a la iniciativa aumentaba, los mismos argumentos se repetían, y al rechazo inicial de la CIG se unieron declaraciones adicionales de la Cámara del Agro y de la Cámara de Comercio Guatemalteco Americana (Amcham).

Estos argumentos del sector privado fueron recogidos por los diputados inmediatamente. Así, Jaime

Martínez Lohayza, jefe de bloque de la Gana, afirmó el mismo día de su reunión con la CIG que: "La postura de la Gana, cuando salieron reformas fiscales, fue que la mejor forma de recaudar recursos es tratando la evasión fiscal", y agregó que no apoyarían iniciativas para más impuestos. El mismo Roberto Alejos, diputado de la UNE y presidente del Congreso, indicó según la misma nota periodística de *Prensa Libre*: "Hay que entrarle de manera urgente a la evasión y el contrabando, y también creo que es el momento de un verdadero diálogo en torno al proyecto fiscal que venga del Ejecutivo". Dos semanas después del anuncio presidencial comenzaba a cambiar la agenda y la forma de implementarla.

El 18 de noviembre nos reunimos el presidente, otros funcionarios y yo con los jefes de las bancadas "aliadas", que representaban a la UNE, la Gana, el PU, el FRG, la UCN y la BG. En la reunión, celebrada en la sala de reuniones de la casa presidencial en la cual normalmente se reunía el gabinete, tuvimos un intercambio sobre el presupuesto para 2010 y sobre la reforma fiscal que estábamos proponiendo. Lo ocurrido en esta reunión, como en tantas otras de su tipo, fue que se manifestó un apoyo general y tibio de las bancadas frente a lo propuesto por el presidente y nosotros. Aunque se trataba de una actividad preparatoria, en realidad fue una reunión prematura, que debería haberse preparado antes de realizarse. Puso en evidencia tanto la capacidad de incidencia del sector privado en alguna de las bancadas, como la debilidad de nuestras articulaciones y de nuestros "operadores políticos" en el Congreso –o tal vez sus intenciones reales–, y fue una advertencia sobre las dificultades que íbamos a enfrentar.

En esos días los técnicos y asesores en el Ministerio de Finanzas realizaron una actividad maratónica para preparar el proyecto de ley. La propuesta se discutió de manera seria pero discreta en el seno del Directorio de la SAT y, con algunas modificaciones, se aprobó. Acordamos entonces enviarla a la Secretaría General de la Presidencia, que en tiempo récord hizo algunas revisiones legales con lo cual pudo entregar al Congreso la propuesta el 23 de noviembre, formalizándola como la iniciativa de ley número de registro 4145. Esto se discutió con el presidente del Congreso y con otros diputados y se logró que el pleno enviara la propuesta a la Comisión de Finanzas para su dictamen. En este caso logramos una acción sorpresiva, con una propuesta de ley tributaria que no había sido negociada previamente con el Cacif. Tres días más tarde, en su programa de radio del 25 de noviembre, el presidente declaraba que: "Esta es la primera vez que un Gobierno presenta lo que le conviene al país", y se desligó del rechazo de los empresarios a la reforma indicando que el ejecutivo "no negocia" impuestos y que la negociación deberá hacerse en el Legislativo con lo que dejaba ese desgaste al Congreso, porque "es el espacio de discusión política".

Mientras tanto el diputado Mario Taracena hacía grandes esfuerzos por obtener las 11 firmas de la Comisión de Finanzas para que pudiera presentarse en el pleno del Congreso, y entonces aprobarse, pero inicialmente sólo logró la firma de los siete diputados de la UNE, a quienes después se unió solamente uno –Manuel Barquín– de los diputados de la Gana que eran parte de esa Comisión. Como parte de un acuerdo entre el alcalde de la capital y el presidente se logró el apoyo del Partido Unionista a la iniciativa, de manera que su representante en la Comisión, José Alejandro Arévalo, aceptó firmar a regañadientes. Y solo después de mucha presión y negociaciones se logró que para el 2 de diciembre también se adhirieran dos diputados más de la Gana que también estaban en la Comisión de Finanzas. Con este notable esfuerzo Mario Taracena logró sumar 11 de los 21 miembros de la Comisión de Finanzas. Significativamente, Jorge Méndez Herbruger, miembro de la Gana y de esa Comisión, se negó a firmar el dictamen y argumentó que estaba en contra de la creación de más impuestos.

En este proceso jugó un papel importante Sandra Torres, que se reunió en no menos de tres ocasiones con la bancada de la Gana con el objeto de que apoyaran esta iniciativa. Quería que fuera aprobada la reforma fiscal y el principal desafío a principios de diciembre de 2009 era que la propuesta de reformita pasara a ser discutida en el pleno del Congreso, para lo cual se necesitaba acordar que estuviera en su agenda, pero allí continuaron los problemas, y arreciaron las críticas del sector privado y de sus partidarios. La insistencia en la necesidad de dialogar con el sector privado aumentó, impulsada por el propio presidente del Congreso, Roberto Alejos.

El 2 de diciembre las bancadas del PP y de Lider anunciaron que se opondrían a la propuesta de reforma, y Manuel Baldizón comunicó su oposición total indicándole a *Prensa Libre* que evitaría que fuera aprobada por el Congreso: "Así tenga que dejar el pellejo". Sin embargo, la bancada de la Gana comenzó a flexibilizar su posición, planteando reducciones de las tasas aplicadas al Iso, al régimen general del ISR y a las llamadas telefónicas. Aunque representaba un debilitamiento de la propuesta, esta iniciativa caía dentro de los límites y opciones que habíamos contemplado cuando inicialmente hicimos la propuesta al presidente, a fines de octubre. Y con estos votos se hubiera podido aprobar la propuesta.

Pero la ofensiva empresarial y de la oposición arreciaba. El 3 de diciembre la cúpula empresarial, sorprendida y asustada por la veloz aprobación del dictamen favorable de la Comisión de Finanzas, de nuevo expresó su rechazo a la reforma, ahora con un argumento amenazador y convenientemente ambiguo: si la reforma era aprobada la recaudación caería. Aunque los argumentos eran supuestamente técnicos, los que conocían de experiencias pasadas sabían que el sector privado podía intentar reducir su pago de impuestos al Estado, como ya lo habían hecho durante el gobierno de Vinicio Cerezo y de Alfonso Portillo. La SAT era ahora más sólida y habría sido más difícil reducir los aportes, pero la amenaza estaba allí. El 8 de diciembre el Cacif logró que los recibieran los jefes de los bloques legislativos y de nuevo anunciaron su rechazo.

Simultáneamente, y como parte de una contraofensiva varios ministros –Mario Aldana (Agricultura, Ganadería y Alimentación), Raúl Velásquez (Gobernación), Bienvenido Argueta (Educación), Ludwig Ovalle (Salud Pública) y yo (Finanzas Públicas)– y asesores –Edgar Rosales y Carlos Barreda– del gobierno realizamos una serie de giras a Huehuetenango, Quetzaltenango, Izabal, Escuintla, Suchitepéquez y Zacapa, para explicar la reforma y buscar apoyos de alcaldes y de otros sectores en los primeros días de diciembre.

El ambiente en estas reuniones con autoridades locales, con líderes comunitarios y con la prensa resultaba agradable y muy diferente al que se vivía en la ciudad de Guatemala. La televisión, la radio y la prensa escrita local estaban abiertas a recibir y transmitir las explicaciones que dábamos y encontramos una gran receptividad entre numerosos alcaldes, con los cuales ya nos habíamos reunido previamente, con el presidente en muchos casos. Estas actividades también permitieron que en el seno del gabinete hubiera un mayor sentido de que la insuficiencia de ingresos del Estado era un problema compartido, y no solo del ministro de Finanzas. Lamentablemente, después de unos meses ya solo quedábamos dos de los cinco ministros que habíamos participado en esa actividad.

El espacio de tiempo legislativo se acababa, y a principios de diciembre de 2009 dos acontecimientos eliminaron la posibilidad de que el Congreso aprobara la iniciativa antes de terminar el año. Por una parte la bancada de la UNE y el presidente del Congreso no lograron incluir la iniciativa de ley de readecuación tributaria en la agenda de sesiones extraordinarias programadas para mediados de diciembre, ya que las sesiones ordinarias se estaban terminando.

Por otra, la bancada del Lider, con el apoyo de la bancada del PP, planteó mi interpelación que, debido a que por disposición constitucional no puede ser desplazada por otro tema de agenda del Congreso, terminaba por bloquear la posibilidad de que la iniciativa de reforma se presentara y discutiera en el pleno en diciembre. La oposición de nuevo acudía al recurso de la interpelación, consciente de que el tiempo se le acababa al gobierno. Roxana Baldetti del PP lo anunciaba el 2 de diciembre en *Prensa Libre*: "El tiempo se les está acabando. Si la reforma no se aprueba este mes, no podrá entrar en vigor en enero, cuando inicie el año fiscal". Gustavo Alejos, secretario privado de la

Presidencia, hizo algunas gestiones con Manuel Baldizón –de quien era amigo y vecino– para que cancelara la interpelación pero éstas fueron en vano, de manera que durante la segunda semana tuve que acudir al Congreso, ya con una iniciativa de reforma debilitada.

Mediante la interpelación una minoría parlamentaria lograba detener todo el proceso legislativo, dando lugar a un Congreso inoperante. La minoría dominaba a la mayoría. Hacía 200 años Alexander Hamilton, uno de los fundadores del Estado norteamericano, había hecho suya la idea del filósofo John Locke de que la mayoría debía tener la capacidad de conducir a una sociedad, y había indicado que cuando una "minoría pertinaz" dominaba a la mayoría se daban "tediosas demoras e intriga; concesiones cuestionables del bien común." Eso era lo que estaba ocurriendo en Guatemala.

Movilización social y confrontación

La violencia, nacida por resentimiento, acaso se deba a que quien ha recibido patadas cree asimismo que debe darlas.

Luis Cardoza y Aragón

El presidente Colom asignaba una gran importancia a la relación con los alcaldes desde que se inició el gobierno, y a menudo los calificaba como el "cuarto poder" en Guatemala, junto con el poder ejecutivo, legislativo y judicial. Además, como parte de un programa de apoyo a las finanzas públicas del Ministerio de Finanzas a las municipalidades, financiado por el

Banco Mundial, yo había visitado varias municipalidades y tenía en general buenas relaciones con los alcaldes. Tuve algunas dificultades durante 2009 debido a los menores ingresos –y recortes– causados por la crisis financiera mundial pero, en general, habíamos llegado a acuerdos sobre los aportes que se les debía otorgar y comprendían la difícil situación por la que pasaban las finanzas públicas del país. Una manifestación de esta buena relación fue que en enero de 2010 la Anam me honró, junto con Edgardo Pesquera, funcionario del Ministerio de Finanzas y responsable del programa de asesoría para las municipalidades, con la orden Manuel Colom Argueta.

La relación del gobierno –y especialmente del Ministerio de Finanzas– con los alcaldes se complicó momentáneamente cuando durante el segundo semestre de 2009 el diputado Manuel Baldizón comenzó a impulsar una iniciativa de ley que aumentaba la proporción del IVA que debía canalizarse a los alcaldes. La iniciativa tenía dos problemas: no indicaba con qué recursos se cubriría lo que hasta entonces había sido financiado con los recursos que ahora tendrían que transferirse a las municipalidades, y tampoco contemplaba ninguna rendición de cuentas. Como proclama el refrán popular: "Desvestía a un santo para vestir a otro". No desvestir a ningún santo era una de las razones por las cuales propusimos aumentar la tasa del Iso, para generar más recursos con el propósito de cubrir esta demanda de las municipalidades sin descuidar otras necesidades que se cubrían con el IVA. Expliqué esta propuesta al presidente de la Anam, Guadalupe Alberto Reyes, así como a otros alcaldes, en ocasiones en presencia del presidente y en otras en el salón "Pluvio Mejicanos", y las reacciones fueron positivas.

Fuimos ajustando la propuesta para tomar en cuenta lo que proponían los alcaldes. Originalmente habíamos contemplado que el aumento del ISO se reflejara en un monto absoluto de recursos para los alcaldes, pero después convenimos que sería mejor una proporción fija, de 0.25 puntos porcentuales. Así, cuando aumentara la recaudación del ISO los alcaldes estarían entre los beneficiarios de esa mejora. Hicimos esta revisión cuando la iniciativa de ley ya estaba en la Comisión de Finanzas del Congreso, y para el 8 de diciembre ésta ya había efectuado el cambio, de manera que la iniciativa modificada podría presentarse al pleno. Esto ilustra una posibilidad de la cual habíamos informado al Cacif y a otros con que se realizaban negociaciones: enviar la iniciativa al Congreso no significaba que no había posibilidades de revisarla allí mismo. Pero el Cacif siempre quería dos tipos de garantías: primero, que se negociara con ellos antes de enviar la iniciativa al Congreso; y, segundo, que la propuesta enviada –ya negociada con ellos– no se modificara en el Congreso. ¡Y todo ello sin rendirle cuentas a nadie!

Pude constatar un apoyo bastante amplio de los alcaldes a nuestra iniciativa. Incluía a alcaldes de la UNE, que en el ámbito de las municipalidades tenían una presencia mayor, más decidida y fuerte que en el Congreso, pero también había otros alcaldes interesados. Otra diferencia en el ámbito de las municipalidades que noté es que las acciones de grupo y de exclusión no eran tan fuertes como en el Congreso, y pude visitar alcaldes elegidos con el apoyo de partidos de diferentes posiciones sin ningún contratiempo. También pude constatar un proceso fuerte de modernización de las finanzas públicas municipales, con avances importantes en materia de gestión financiera y de transparencia, acompañado de la conformación de un servicio civil municipal joven, tecnificado y muy respetable. El 8 de diciembre de 2009 pudimos inaugurar, con presencia del presidente Colom –y con escasa cobertura mediática– una página web de gobiernos locales en que se presentaban los ingresos y gastos, desagregados, de las 333 municipalidades del país, y que reflejaba los avances en materia de gestión financiera de cada municipalidad en los últimos años. Si algún periodista, investigador o simple ciudadano quería determinar cuánto gastaban las municipalidades en salud o en educación, por ejemplo, ello podía estimarse con base en la información contenida en la página. A diciembre de 2009 era uno de los instrumentos de transparencia de las finanzas públicas municipales más avanzados de América Latina.

No tuve una relación tan directa con los dirigentes gremiales de los maestros, ni particularmente con Joviel Acevedo, presidente de la Asociación Nacional Magisterial (ANM). Otros miembros del gobierno, incluyendo a Carlos Barreda y Orlando Blanco, así como el propio presidente, mantenían la interlocución con la dirigencia magisterial, aunque meses más tarde, como parte de la negociación de salarios con la ANM, ya tuve una interlocución más directa con Acevedo y sus asesores.

Los alcaldes y la ANM impulsaron diversos tipos de iniciativas, incluyendo el envío de cartas, la publicación de declaraciones, gestiones o movilizaciones locales para presionar a los diputados distritales a que votaran a favor de la iniciativa de reforma fiscal –aunque tengo la impresión de que esto nunca alcanzó las proporciones previstas inicialmente–, la amenaza de imponerle un impuesto municipal a las empresas telefónicas y movilizaciones más amplias, manifestaciones y bloqueos de carreteras. Estas acciones no necesariamente se coordinaban con el poder ejecutivo, y un problema que enfrentamos fue que no se lograban armonizar adecuadamente los tiempos de la acción de los alcaldes y especialmente de los maestros con lo que ocurría en el Congreso. Tampoco se pretendía simplemente instrumentar a estas organizaciones a favor de la reforma, hecho que de todos modos no era posible lograr, debido a la existencia de agendas propias y muy claras tanto de los alcaldes como de los maestros. Como me hizo notar acertadamente alguno de los asesores en cierto momento: "No se puede simplemente prender o apagar estas movilizaciones de acuerdo con nuestros deseos". Podían existir convergencias en torno a la reforma fiscal, pero también podían existir otros intereses –el interés de los alcaldes por quedar bien con su electorado– o problemas –las luchas de poder dentro de la ANM– que dificultaban una movilización coordinada y efectiva.

Además, algunas acciones, como manifestaciones masivas, parecían ser más efectivas que concentraciones afuera o adentro del Congreso con el fin de presionar a los diputados, pero también eran más difíciles de organizar. Recibió particular atención la visita de alcaldes al Congreso el 14 y 15 de diciembre, en esos días en medio de mi desvalida interpelación, primero por parte de la bancada del Lider y ahora con la del PP, y que avanzaba en unos días y que se cancelaba por falta de quórum en otros. El bloqueo en el Congreso era evidente, con lo cual adquirieron mayor realce las actividades de otros actores. La visita de alcaldes a los diputados se volvió particularmente conflictiva y el 15 de diciembre dio lugar a un intercambio de puñetazos con diputados del PP en particular. Varias de estas acciones tenían un costo político, que se reflejaba en reacciones contrarias de otros sectores de la población, promovidos por algunos medios de prensa que también reproducían y magnificaban la oposición empresarial a la reforma.

La combinación de una posición empresarial intransigente, de un Congreso paralizado y de estas movilizaciones más amplias comenzó a dar lugar a un clima de confrontación que diversos actores comenzaron a destacar como un gran peligro. Ya el 7 de diciembre la periodista Jessica Osorio de *Prensa Libre* reportaba que diversos analistas políticos le atribuían la culpa al presidente –y no a una institucionalidad política, especialmente legislativa, que no lograba tomar una decisión sobre la reforma–, pues coincidían en que el presidente debía: "Dejar de enviar mensajes de polarización que contribuyan a la división de clases y el fomento de barreras por inequidad en el país para conseguir el ajuste fiscal. Ello se debe a que en los última días, Colom, su esposa, Sandra Torres, y distintos funcionarios han enviado mensajes que podrían ser calificados de confrontación entre sectores sociales, cuyo objetivo es convencer sobre la aprobación del paquete fiscal."

Politólogos como Álvaro Pop hablaron de la posibilidad de que el presidente no fuera un elemento de unidad nacional y que se creara un riesgo ideológico que favoreciera divisiones y desbordes. Una manifestación contemplada para el 10 de diciembre se anunciaba como un posible y casi mitológico "Jueves Negro", como había ocurrido con una movilización organizada por el gobierno de Alfonso Portillo en que hubo violencia y un periodista muerto por un síncope cardíaco. No conozco de reportajes sobre analistas que en esos días hayan hecho notar la absoluta parálisis en el Congreso –al no tomar una decisión positiva o negativa sobre la reforma debido al veto de las minorías parlamentarias– como uno de los factores que estaba contribuyendo a la confrontación. Cuando las instituciones no funcionan, crece el peligro de la violencia.

¿Concertación o claudicación?

Los intereses de quienes trafican en ciertos ramos del comercio o de las manufacturas, no son solo diferentes, sino por completo opuestos al bien público.

Adam Smith

A mediados de diciembre columnistas como Juan Luis Font destacaron la necesidad del diálogo y de la negociación en vez de la confrontación. Hubo dos procesos de negociación que ilustran en la práctica las consecuencias de ciertas formas de negociación en Guatemala, y que apuntan a la necesidad de calificar con cuidado no solo lo que se entiende por negociación sino también por determinar sus límites. El primer proceso es la negociación escondida, clandestina, oscura, informal, de la cual pocos se enteran, o cuyos resultados son apenas la punta del iceberg. Es la que se dio con las empresas de telecomunicaciones, como veremos a continuación. La segunda es aquélla en que se interactúa con una contraparte a quien la negociación le da poder de veto, como ocurría con la cúpula empresarial, puesto que al comprometernos a llegar a un acuerdo con ellos, nos amarrábamos a que si no había acuerdo no podíamos avanzar. Al restringir "lo negociable" solamente a lo que tenía que ver con contrabando y evasión el sector privado limitaba lo que se podría acordar únicamente a esos temas y nos obligaba, como gobierno, a restringirnos a ello. Si no llegábamos a un acuerdo con el sector privado no podíamos ni debíamos avanzar más.

La inoperancia del Congreso fortaleció el papel de los actores empresariales. A pesar de que el presidente había hablado de una "batalla" y de que no se negociaría el contenido de la reforma fiscal, el temor a la confrontación pronto lo condujo a iniciar negociaciones con diversos actores y los primeros contactos se realizaron con los representantes de las empresas de telecomunicaciones. No estuve en esas reuniones, en parte porque con uno de los dueños de las empresas existía una relación de amistad con Álvaro Colom y Gustavo Alejos que les permitía realizar reuniones en un clima de informalidad que no hubiera sido posible en mi presencia. Hubo un intento por transformar esta relación informal en relaciones más formales. Inicialmente se acordó con los representantes de las empresas telefónicas constituir un grupo de trabajo con técnicos de las empresas y técnicos del Ministerio de Finanzas, de lo cual me informó Gustavo Alejos, así que procedimos a constituir el grupo, que tuvo algunas sesiones de trabajo con acercamientos que creo que hubieran permitido una salida negociada.

Al mismo tiempo que se realizaban estas reuniones técnicas Gustavo Alejos me notificó de una reunión en su casa con el presidente y el representante de una de las empresas con el objeto de llegar a un acuerdo tomando en cuenta lo que se había discutido en el ámbito técnico, pero a última hora fui des-invitado con la excusa de que el presidente ya no asistiría. En las semanas siguientes se postergaron y postergaron posibles reuniones, tanto del grupo técnico –los representantes de las empresas no lograban ajustar sus horarios para asistir a las reuniones– como otras reuniones informales de "alto nivel". Por esas fechas el presidente me solicitó que mejor ya no incluyéramos, al menos por el momento, el impuesto a la telefonía –y había algunos hechos que podrían justificarlo, como la posición de la Gana, que insistía en no poner el impuesto, y la oposición fuerte que parte de la prensa había estimulado entre amplios sectores de la población–. Meses más tarde, sin embargo, me enteré por buena fuente –aunque sin poder confirmarla o comprobarla– que sí se había llegado a un acuerdo: la empresa telefónica cuyo dueño se había reunido con el presidente y su secretario privado no pagarían más impuestos a cambio de un aporte que haría para la campaña electoral de la próxima candidata de la UNE. Esto pesó en mi decisión posterior de retirarme del gobierno.

El segundo proceso de negociaciones en el que estuve involucrado era diferente, aunque igualmente negativo: llevar a cabo una negociación con una contraparte que no está dispuesta a ceder equivale a aceptar que se imponga la posición de esa contraparte. La negociación con el sector privado a fines de 2009 y principios de 2010 era eso: solamente se podía negociar con ellos con base en sus términos. *Prensa Libre* reprodujo fielmente esta posición del sector privado, cuando citó a Juan Antonio Busto, presidente de la CIG desde el 17 de noviembre de ese año (2009): "No necesitamos un pacto fiscal; hay suficientes impuestos. Si se cobra a los que no se les está cobrando, se generaría una gran cantidad de ingresos para el fisco". Negociar así con el sector privado consistía en concentrarse únicamente en medidas dirigidas a combatir la evasión y el contrabando, que era necesario pero no suficiente. Percibí con mayor claridad un cambio de la posición del presidente cuando se comenzó a modificar la composición del equipo que debía darle seguimiento a la aprobación de la reformita. Inicialmente incluía a los ministros de Salud, Educación y Finanzas, al secretario de Comunicación Social, a Arnoldo Noriega como miembro del *staff* político y a asesores como Carlos Barreda. Por iniciativa de Gustavo Alejos comenzaron a convocarse reuniones a las que no se invitaba a todos, y se excluía a Carlos Barreda en particular, al tiempo que se incluía a Carlos Meany, ministro de Energía, empresario y persona con buenas relaciones con el sector privado. Y el mensaje comenzó a ser que debíamos negociar con el sector privado. Pero darle este poder de veto al sector privado por medio de una decisión de negociar con ellos no fue solo resultado de decisiones del poder ejecutivo, asociado al impase en la arena legislativa, sino que también fue reforzado por el embajador de Estados Unidos.

El papel de la comunidad internacional

En relación con la reforma tributaria, apoyamos fuertemente los esfuerzos de reforma tributaria que hoy están siendo discutidos en Guatemala, por dos razones. Primero, Guatemala merece mejor inversión en instituciones públicas como la educación, la salud y la vivienda. Y ustedes nunca recibirán suficiente cooperación externa para ocuparse de las necesidades de la gente, y si ustedes observan el resto de este hemisferio y comparan a algunos vecinos en el hemisferio, hay una relación directa entre los mayores esfuerzos de tributación dirigidos a los más ricos y los servicios públicos dirigidos a los más pobres.

Hillary Rodham Clinton

La comunidad internacional, cuando concentra sus esfuerzos de manera conjunta, coordinada con otros actores nacionales, puede tener la capacidad de incidir de manera determinante en la legislación que el Congreso apruebe, como lo ha demostrado el caso de la seguridad. Y, como consecuencia de una buena relación que como gobierno y especialmente como ministerio de Finanzas habíamos mantenido con la comunidad internacional –durante mi gestión hice varias presentaciones a grupos de embajadores sobre la situación fiscal y sobre las intenciones de reforma–, podíamos asegurar el apoyo explícito y abierto de varios embajadores para la reforma fiscal cuando dejaba de ser prioritario el tema de la seguridad.

Ya el 2 de noviembre, dos días después del anuncio hecho por el presidente de luchar por una nueva reforma fiscal –la "reformita"–, Eva Werner, embajadora de Suecia, expresó que la intención de poner de nuevo en agenda una reforma fiscal era bien vista por representantes de la Unión Europea. Pocos días después las embajadoras de Francia, Michelle Ramis, y de España, Carmen Díez-Orejas, manifestaban que estaban dispuestas a reunirse con los diputados para tratar de hacer valer su "modesta influencia" para aumentar la carga tributaria de Guatemala y así fortalecer al Estado. Con variados grados de discreción diversos representantes de países u organismos tuvieron reuniones con diputados para tratar el tema y ejercieron su "modesta influencia".

La situación fue más compleja en relación con Estados Unidos, con cuyo gobierno yo había hecho varias gestiones para que también ejercieran una presión positiva a favor de las reformas fiscales. Aprovechando reuniones del Fondo Monetario, Banco Mundial o Banco Interamericano de Desarrollo en Washington, tuve reuniones con altos funcionarios del Departamento del Tesoro y de Estado, donde tratamos temas de cooperación en materia fiscal entre ambos países pero donde también mencioné la necesidad de un apoyo político a la reforma fiscal en Guatemala. Estos contactos habían comenzado con el gobierno del presidente Bush, a quien el presidente Colom había visitado en la ciudad de Washington el 28 de abril de 2008. En esa visita tuve la oportunidad de hablar con el propio presidente Bush durante unos instantes y sospecho que con alguna sorpresa me escuchó solicitarle apoyo político para la reforma fiscal en Guatemala. En los comentarios finales de ambos mandatarios frente a la prensa, después de su reunión, el presidente Bush reconoció que: "Hablamos de reformas que el gobierno está impulsando dentro de Guatemala, incluyendo la reforma tributaria, y reformas para asegurar que la gente que viola la ley sea castigada." En sus comentarios a la prensa el presidente Colom no se refirió al tema.

Encontré muy receptivas a las nuevas autoridades de la administración del presidente Obama con las que me entrevisté en Washington posteriormente, tanto en el departamento de Estado como en el Tesoro, con quienes desarrollamos un programa de asistencia técnica ejemplar, con técnicos norteamericanos de muy buen nivel que trabajaban a la par de técnicos del Ministerio de Finanzas, compartiendo el día a día, aprendiendo y enseñando sobre la marcha. En varias de estas reuniones me acompañó nuestro embajador en Estados Unidos, Francisco Villagrán de León, que con gran profesionalismo me asesoraba sobre las formas de articularnos con el gobierno norteamericano. En una visita, ya en febrero de 2010, fui parte de la delegación que acompañó al presidente Colom a Washington. Tuvimos la oportunidad de reunirnos con Hillary Clinton, y logré convencer al presidente Colom para que dijera algo sobre la reforma fiscal. La secretaria de Estado también se refirió al tema y luego, durante su visita a Guatemala en marzo de ese año, manifestó su apoyo decidido a la reforma fiscal que se estaba discutiendo en el país.

A pesar de la receptividad que sentí en relación con la reforma fiscal por parte de la administración de Estados Unidos en Washington, no sentí la misma reacción por parte del embajador Stephen McFarland en Guatemala. Teníamos una buena relación, de mutuo respeto, pero yo sentía que le preocupaba especialmente el tema de la seguridad y que era bastante receptivo ante las críticas y cuestionamientos en relación con el tema fiscal que nos hacía el sector privado. Este menor interés por otros temas que no fueran la seguridad –y aparentemente sin reconocer el vínculo directo entre la disponibilidad de recursos para el Estado y su capacidad de enfrentar la delincuencia– hacían que su interés por lo fiscal fuera secundario.

Una manifestación de lo anterior fue que en uno de los momentos decisivos cuando se discutía la reformita, con un grado de confrontación casi inevitable estimulado por la arraigada y extrema oposición de la cúpula empresarial a cualquier reforma fiscal de cierta significación, el embajador McFarland asumió un papel de intermediario o moderador entre el gobierno y el sector privado en vez de apoyar al gobierno. Ello ocurrió el 8 de diciembre de 2009, cuando el embajador convocó tanto al presidente como a la primera dama, junto con una parte del gabinete, incluyéndome a mí, para reunirnos en su elegante residencia de la zona 10 con los miembros directivos del Cacif, incluyendo a su entonces presidente, Jorge Montenegro. El mensaje era claro: teníamos que llegar a un entendimiento, con lo cual se ratificaba, en la práctica, el poder de veto del Cacif.

La segunda manifestación del interés secundario del embajador McFarland por lo fiscal es quizás más débil pero no por ello poco significativa. A diferencia de las embajadoras de Suecia, Francia y España, las gestiones del embajador ante los diputados para que avanzara la reforma fiscal nunca fueron claras y evidentes, como sí lo fueron en relación con los temas de seguridad –las leyes sobre procesos de alto riesgo y del crimen organizado–, como lo demuestran los informes filtrados por Wikileaks (ID 225476 del 16 de septiembre de 2009). Y al no tener como parte de la comunidad internacional la participación de Estados Unidos, este esfuerzo perdía fuerza.

Por último, la posición mediadora del embajador contrastaba con la posición de otros funcionarios del departamento de Estado. Las filtraciones de Wikileaks (ID 24167 del 24/12/2009) permiten apreciar, en particular, que el lenguaje diplomático de un informe enviado por el embajador de Estados Unidos en Guatemala a sus autoridades en Washington no logra disimular cierto cuestionamiento hecho por la secretaria de Estado Adjunta Julissa Reynoso a la cúpula empresarial cuando hizo una visita al país a fines de 2009:

> En una reunión organizada por el embajador en su residencia, una docena de representantes de la industria privada del influyente Comité de Coordinación de las Cámaras de Agricultura, Comercio, Industria y Finanzas (Cacif) expresaron sus inquietudes y frustraciones sobre el Estado actual de las deterioradas relaciones con la administración Colom. Una y otra vez justificaron su oposición al paquete de reforma fiscal del presidente con base en los altos niveles de corrupción que ellos creen que caracterizan al gobierno. Todos apreciaban los esfuerzos del embajador para reunir a los dos lados, pero afirmaron que el presidente Colom sólo había proporcionado promesas vacías a la fecha. Cuando DAS [secretaria de Estado Adjunta] Reynoso presionó al sector privado para que se centraran en encontrar soluciones prácticas, descargaron la culpa en Colom e indicaron que sin un socio creíble no podían lograr nada. DAS Reynoso presionó de nuevo, instando al sector privado a asumir una responsabilidad de reducir las extremas brechas en la distribución de la riqueza en Guatemala. En respuesta señalaron que el sector privado paga el 89% de los impuestos del país, mientras que los individuos contribuían con solo

> un 11%. Varios agregaron que los ricos no eran los únicos responsables de luchar contra la pobreza, y argumentaron que el gobierno necesita aumentar la competencia y atacar la corrupción, la evasión fiscal, y el contrabando.

Volvían a repetirse los argumentos de siempre, con uno antiguo que había caído en desuso por su evidente falsedad pero que ahora resucitaba de nuevo: según los empresarios el 89% de los impuestos eran pagados por empresas, lo cual era falso si se toma en cuenta que solo el IVA, aparte de otros impuestos indirectos, representaba alrededor de la mitad de los impuestos recaudados, y que eran pagados por todos los consumidores. Ello confundía la función de agente de recaudación que ejercen empresas como los supermercados Paiz –hoy absorbidos por la transnacional Wallmart–, que recogen los impuestos que los consumidores pagan para transferírselos a la SAT, pero que no son pagados directamente por ellos. Pero aparte de lo anterior Reynoso levantaba otro tema que el embajador parecía olvidar: el sector privado, como sector privilegiado y poderoso, tenía un deber y una obligación moral de contribuir a mejorar la situación de las mayorías guatemaltecas.

Lamentablemente la posición mediadora del embajador McFarland le impidió sumarse al resto de la comunidad internacional para conformar una fuerza que de manera efectiva contribuyera a aislar a los miembros más intransigentes de la cúpula empresarial y que favoreciera el avance de la iniciativa de reforma fiscal (la reformita) en el Congreso. Ello fue decisivo cuando convocó al gobierno y al sector privado y llamó a una negociación entre ambos. Este diálogo forzado, divulgado por el mismo Cacif mediante un comunicado que triunfalmente dio a conocer a las pocas horas de la reunión en la casa del embajador, le permitía al sector privado ejercer su poder de veto. Era la misma estrategia aplicada durante el primer intento de reforma integral, cuando el grupo de grandes empresarios conocido como el G-8 logró postergar la presentación de la propuesta de reforma integral al Congreso y exigió una negociación previa con el Cacif. No fue una concertación sino una claudicación, y fue el principio del fin de la reformita.

Otros miembros de la comunidad internacional hicieron aportes políticos más decididos y valientes, además de las embajadoras que ya mencioné. El presidente ejecutivo del BID, Luis Alberto Moreno, y la secretaria ejecutiva de la CEPAL, Alicia Bárcena, viajaron en marzo a Guatemala con el objetivo de participar en un foro organizado por el Ministerio de Finanzas. En el foro estuvieron presentes el presidente del Congreso y dirigentes políticos, empresariales y de sectores sociales y en él ambos funcionarios internacionales hicieron un fuerte y contundente llamado para que Guatemala se pusiera al día en materia tributaria.

El cuarto intento de reforma: antievasión II

Existe una correlación inversa entre la fuerza del Estado centralizado y la fuerza de grupos patrimonialistas.
Francis Fukuyama

Recuerdo que en una de las interminables esperas para que se iniciara en diciembre de 2009 una sesión de lo que fue mi tercera y última interpelación, los funcionarios del Ministerio de Finanzas que me acompañaban y yo pudimos ver por televisión, en el ya renovado salón de la Comisión de Finanzas del Congreso, la presentación del informe de Carlos Castresana. El informe demostraba que Rosenberg no había sido asesinado por orden de funcionarios de gobierno sino por una banda contratada por amigos suyos y orientada por él mismo. Superada la sorpresa inicial causada por los resultados –que todos convenimos que era un claro ejemplo de cómo la realidad puede superar a la ficción– me di cuenta de que lo que serían mis últimos intentos por impulsar una reforma fiscal se estarían dando en un contexto relativamente favorable como consecuencia de la resolución del caso Rosenberg.

En ese contexto se redujo temporalmente la intensidad de la oposición de grupos como el PP y del sector privado a las propuestas de reforma fiscal y a otras iniciativas del gobierno. Y si bien el bloqueo en el Congreso para evitar que pasara la reformita continuó, surgió un nuevo panorama que daba lugar a mejores perspectivas de negociación con el sector privado y con la principal fuerza política de oposición, el PP.

Al extenderse mi interpelación de diciembre de 2009 a enero de 2010, se impidió la posibilidad de una aprobación rápida de la reformita. Además, la interpelación comenzó a amenazar con que se diera un incumplimiento de los plazos dentro de los cuales se debía convocar a la comisión de postulación para nominar a los aspirantes a fiscal general y al jefe del Ministerio Público, ya que de acuerdo con la ley el Congreso tenía hasta el 17 de enero para hacer la convocatoria.

El presidente Colom hizo entonces, en enero de

2010, un llamado al diálogo con el sector privado –y formalmente a otros sectores– en relación con una serie de temas, dentro de los cuales estaba el tema fiscal. El establecimiento de las mesas de diálogo de gobernabilidad, reactivación económica, desarrollo social y reforma fiscal anunciadas por el presidente Colom y luego por Roberto Alejos, y que se harían como parte de las actividades del Congreso, servían de excusa para no dar la lucha legislativa requerida para aprobar la reformita rápidamente. Lo que en diciembre de 2009 había parecido una falta de capacidad política para colocar el tema de la reforma en la agenda legislativa por parte de la bancada de la UNE y el presidente del Congreso se convirtió en enero y febrero del año siguiente en una falta de voluntad política para hacerlo. A fines de enero, ni tardos ni perezosos, la CIG le solicitó al Gobierno retirar del Congreso la reformita para generar confianza en las mesas de diálogo. Miguel Ángel Albizures en una columna del 21 de enero en *El Periódico* resumió con meridiana claridad lo que estaba ocurriendo:

> Ahora se instalan las mesas de diálogo, entre ellas la mesa fiscal o de readecuación presupuestaria y tributaria y medio mundo habla de ellas, sin hacer alusión a que eso representa atrasar, dejar para después la discusión de impuestos.

Hubo dos intentos casi simbólicos por evitar que ello ocurriera. El primero fue el de Mario Taracena, presidente de la Comisión de Finanzas del Congreso, que lanzó al pleno el 4 de febrero la idea de aprobar en el menor tiempo posible la reforma tributaria propuesta en el 2009 por el Ejecutivo, y quien textualmente habría indicado que:

> Sin ingresos, el Ejecutivo no puede hacer nada. Aprobemos la "reformita fiscal", y si alguien quiere hacer cambios al impuesto a la telefonía celular o al Impuesto de Solidaridad que lo haga en una enmienda, pero que sea en el pleno. No perdamos más el tiempo.

De acuerdo con *Prensa Libre* del 5 de febrero ello se habría expresado "ante la mirada fúrica de los diputados de oposición y de su propia bancada, que no lo apoyaron."

El segundo intento, rápidamente descartado por el propio presidente, fue una idea mía –yo le llamaba operación kamikaze– de que yo renunciara para terminar con la interpelación de manera que se pudiera entonces aprovechar el tiempo disponible para que el Congreso pudiera aprobar rápida y sorpresivamente la reformita. Esta fue la primera vez que le hablé al presidente de una posible renuncia, que después de la no aprobación del presupuesto propuesto para 2010 me atraía crecientemente. Al poco tiempo le indiqué que si el Congreso no aprobaba una reforma fiscal durante el primer semestre, tendría que abandonar el cargo, y en eso quedamos.

El nuevo proceso de diálogo con el sector privado comenzó a partir del 15 de enero, cuando en casa presidencial se llevó a cabo una reunión más del Cacif y de algunos empresarios que participaban a título individual –como Mario Torres, que informalmente representaba a las empresas telefónicas– con el presidente y varios funcionarios –Carlos Meany, Juan Carlos Paiz, Gustavo y Roberto Alejos y yo–, además de Sandra Torres. En esta reunión se acordó conformar una comisión permanente que además del Cacif incluiría a los ministros de Relaciones Exteriores,

Energía y Minas y Finanzas, junto con Gustavo Alejos y Roberto Dalton, y dentro de este marco se creó una nueva mesa de diálogo sobre la política fiscal. Posteriormente, y después de una exposición sobre los desafíos fiscales que hice a los jefes de bloque del Congreso, se convino establecer mesas de diálogo en el ámbito legislativo.

Se inició así un nuevo proceso de intercambio y de negociación sobre el tema fiscal, aunque circunscrito a los temas de combate de la evasión y contrabando y transparencia del gasto público, como lo deseaba el sector privado. A los delegados del Cacif en la mesa fiscal, ahora coordinados por Armando Boesche, funcionario de alto nivel de la Asociación de Azucareros de Guatemala (Azasgua) y quien había sido funcionario público hacía tres décadas, comenzamos explicándoles los serios problemas que teníamos en materia de gasto público debido a la no aprobación del presupuesto que habíamos propuesto para el 2010 y a la falta de avances en el ámbito tributario.

La mesa fiscal, que resultó ser una de las más dinámicas, se reunía casi cada semana en el salón "Pluvio Mejicanos" del piso 18 del Ministerio de Finanzas. Muchos de los argumentos del sector privado en contra de cualquier reforma continuaron repitiéndose y nosotros también insistimos en la propuesta de la reformita, lo cual provocaba siempre una categórica reacción contraria de nuestra contraparte, que incluía en ocasiones a Carlos Amador, entonces presidente del Cacif, Armando Boesche de Azasgua, Ernesto Rodríguez del sector comercial aunque también profesor en la Universidad Francisco Marroquín, Juan Antonio Busto de la CIG y otros que aparecían en algunas reuniones y no otras. Del gobierno participábamos Ricardo Barrientos, en ocasiones Gustavo Alejos o el entonces subsecretario privado de la Presidencia, Leonel Ruiz, algunos asesores de la Secretaría Privada de la Presidencia y del Ministerio de Finanzas, y yo. Roberto Alejos, presidente del Congreso, también estuvo presente en varias de estas reuniones.

Después de informarles sobre la brecha entre ingresos y gastos que teníamos y a continuación del intercambio más o menos ritual aunque siempre respetuoso que tuvimos en torno a los temas sobre los cuales nunca estábamos de acuerdo –el ISO y el impuesto sobre la renta–, convenimos que podíamos avanzar con una negociación sobre lo que se convirtió en la resurrección de la iniciativa antievasión II, con vistas a que la pudiéramos presentar al Congreso de nuevo, con un claro aval del sector privado. En la propia mesa fiscal establecida en el Congreso se había discutido en enero de 2010 la conveniencia de rescatar esta propuesta con técnicos de la SAT y del Ministerio de Finanzas. En la práctica estábamos desenterrando de nuevo la iniciativa de tributación indirecta, que en buena parte incluía lo que se conocía como el proyecto de antievasión II, elaborada desde 2005 por Carolina Roca y que el Grupo de Apoyo al Diálogo Fiscal había incorporado a su propuesta que luego se convirtió en proyecto de ley sobre tributación indirecta que fue presentado en agosto de 2008. Esta iniciativa, como se recordará, fue retirada del Congreso un año más tarde cuando como resultado de las revisiones de los diputados –en lo que se refiere a vehículos– surgió el peligro de que la propuesta redujera y no aumentara los ingresos tributarios. Ahora rescatábamos parte de la propuesta integral –pero sin incluir todo lo que se refería a vehículos– que se había impulsado en el

2008, enmarcada en lo planteado por el Grupo Promotor del Diálogo Fiscal.

Se conformó entonces –como parte de la mesa fiscal– un grupo técnico dirigido por Ricardo Barrientos en el caso nuestro, y con una participación de funcionarios y asesores de mucha capacidad y experiencia de la SAT –entre quienes participaron en diversas ocasiones Abelardo Medina, Omar Franco, Saúl Donado y Alfonzo Castillo– y del Ministerio de Finanzas –incluyendo como asesora legal a Alma Quiñones y Pablo Hurtado, además de Jorge López y Dorval Carías para cubrir los temas económicos. Por parte del sector privado participó un equipo coordinado por Ernesto Rodríguez e integrado por técnicos que ya habíamos conocido en la primera vuelta de negociaciones en 2008, cuando habíamos discutido acerca de la reforma integral del impuesto sobre la renta. La negociación fue larga y tediosa, pero conducida de manera sabia y paciente por Ricardo Barrientos. Tengo que admitir que se hicieron mejoras importantes en el proyecto de ley a la luz de los comentarios de los delegados del sector privado, a la vez que aceptaron muchas de las explicaciones que se les dio sobre las razones por las cuales se habían introducido las reformas a la ley existente.

En particular, se acordaron reformas referidas al pequeño contribuyente del IVA y al fortalecimiento de la administración tributaria, sanciones en materia aduanera y reformas menores sobre la ley de circulación de vehículos y del impuesto sobre la renta. También se incluyó, como se había convenido en la reunión de la mesa fiscal del Congreso en enero, una propuesta de la diputada Rosa María de Frade para endurecer las multas y sanciones por contrabando, después de afinarla con técnicos de la SAT y el ministerio. Ante nuestra sempiterna desconfianza convenimos que el texto acordado con el Cacif tuviera nuestras firmas en cada página, y así se fue avanzando hasta que se tuvo un acuerdo sobre el texto en su conjunto.

Pero no nos limitamos al tema de los impuestos. También avanzamos en relación con el tema del gasto y en particular en relación con reglamentos sobre los procesos de contrataciones y de fideicomisos, como vimos en el capítulo anterior. No hubo ningún reconocimiento público sobre estos avances, aunque la oposición más fuerte que sentimos fue la que existía al interior del gobierno más que frente al Cacif en relación con algunos de estos temas, como expliqué en el capítulo anterior en relación con las compras o contrataciones públicas. Pero, en síntesis, los resultados concretos en materia tributaria y de gasto no concordaban con aseveraciones repetidas de Carlos Amador de que la mesa "no producía acuerdos"; lamentablemente la prensa no necesariamente recogía nuestras aclaraciones al respecto.

En cuanto a lo tributario, para mayo ya habíamos hecho llegar la propuesta completa a Oliverio García Rodas, presidente de la Comisión de Legislación y Puntos Constitucionales del Congreso. La propuesta para presentarla en ese ámbito surgió de Roberto Alejos, que junto con el Cacif temía el protagonismo y el carácter confrontativo de Mario Taracena, presidente de la Comisión de Finanzas. Yo no me opuse, especialmente después del fiasco que había sido para mí su conducta ante la no aprobación del presupuesto para 2010. Oliverio García Rodas conocía los antecedentes de la propuesta y participó en las últimas reuniones del grupo técnico gobierno-Cacif. Convocó

–hábilmente– a una reunión abierta, en el salón del pueblo del Congreso, al gobierno –representado por Ricardo Barrientos–, al Cacif –representado por Armando Boesche– y a los integrantes de la Comisión de Legislación y Puntos Constitucionales –que incluía a diputados de la UNE, la URNG y el PP, entre otros– para preguntar sobre las posiciones asumidas por el gobierno y del Cacif ante la propuesta antievasión II. Como me informó Ricardo Barrientos, a la pregunta del diputado de si el gobierno apoyaba la propuesta su respuesta fue un categórico "sí". Cuando se le preguntó a Armando Boesche si el Cacif la apoyaba, intentó salirse por la tangente inicialmente, ante lo cual García Rodas insistió en que dijera que sí o que no, a lo que respondió que no se oponía. García Rodas insistió una vez más, y Boesche entonces respondió con un sí que no fue categórico pero un sí al final. García Rodas dio entonces por terminada la reunión, con lo cual se anunciaba de manera pública que el gobierno y el Cacif habían llegado a un acuerdo sobre la iniciativa antievasión II. La prensa, con una buena presencia en el salón del pueblo, no le dio mayor atención al evento.

Se suponía, de acuerdo con lo que habíamos convenido con el Cacif, que esta propuesta ahora debería ser considerada como "blindada", de manera que no fuera modificada –o sufriera el mínimo de modificaciones– en el Congreso. Pero el apoyo categórico que deberíamos de haber tenido por parte del Cacif estaba ausente, aunque el diputado García Rodas había logrado un avance significativo, frente a otros diputados, al constatar que sí se había llegado a un acuerdo.

Todavía hubo un proceso final de revisión de esta

propuesta en el seno de la Comisión pero, hasta donde supe, sin mayores consecuencias inicialmente. Pero no hubo ningún anuncio público del Cacif sobre el acuerdo al que habíamos llegado, y esta iniciativa –de antievasión II– luego se estancó en el Congreso a pesar de que tanto el presidente Colom como Roberto Alejos sabían de su existencia. No fue sino hasta más de seis meses después de mi salida del gobierno que Roberto Alejos y la directiva del Congreso aceptaron colocarla en la agenda legislativa, aunque ya mutilada, sin incluir las propuestas de la diputada De Frade ni las sanciones en materia aduanera. Parece que la operación salami, como le llamaba Carolina Roca, continuaba funcionando, a pesar de la tan divulgada necesidad de combatir la evasión y el contrabando. Miguel Ángel Albizures, en su columna de *El Periódico* del 21 de enero de 2010 había lamentado que las mesas de diálogo en realidad habían dado lugar a que se postergara la reforma tributaria propuesta entonces –la reformita–. Pero al mismo tiempo decía: "Deberían tomarle la palabra al empresariado y, además de transparentar el uso de los recursos, entrarle de lleno a la evasión fiscal y al contrabando, y verán quiénes son los que van a poner el grito en el cielo." Bueno, les habíamos tomado la palabra: avanzamos con temas para transparentar las contrataciones del Estado y le entramos de lleno a iniciativas legislativas para reducir la evasión fiscal y el contrabando, pero luego fuimos testigos, primero, de la falta de entusiasmo del Cacif sobre el tema y, más tarde, de una operación de cirugía legislativa que hacía desaparecer lo que más contribuía a combatir el contrabando. El Cacif no dijo nada.

¿Cooperación o confrontación con la oposición política?

Nunca negociemos por temor. Pero nunca le tengamos temor a negociar.

John F. Kennedy

En las negociaciones con el Cacif siempre nos negamos a retirar la reformita del Congreso –aunque Roberto Alejos anunció que no se presentaría al pleno– y mantuvimos nuestras opciones abiertas en el caso de que se pudiera llegar a algún acuerdo político que permitiera que avanzara la reforma fiscal. Sin embargo, se había abierto la posibilidad de llegar a un acuerdo con el PP sobre la reforma integral, y la aprovechamos. A pesar de que había sido víctima de tres interpelaciones y múltiples citaciones en que me criticaban severamente, logré mantener una vía de cierta comunicación con el PP por medio de Pavel Centeno, asesor y experto del partido en temas económicos y financieros. Y como expliqué al principio de este capítulo, eventualmente llegamos a un acuerdo sobre la reforma integral con los principales dirigentes del PP.

En la reunión en casa presidencial del 9 de febrero de 2010 realizada por el equipo gubernamental que le estaba dando seguimiento al tema fiscal discutimos los avances que se estaban dando en materia de negociaciones con el Cacif y con el PP, además de hablar sobre la necesidad de contar con más recursos. En esa ocasión expliqué que en materia tributaria existían tres escenarios o propuestas. La primera propuesta era avanzar solo con la iniciativa antievasión II, que no resolvía el problema financiero de 2010 pero que fortalecía gradualmente las finanzas públicas y que podría contar con un apoyo mayoritario en el Congreso, sin oposición del Cacif. La segunda era combinar la iniciativa antievasión II con la reformita diluida –sin telefonía y reduciendo el aumento de las tasas del Iso y del ISR–. En este caso no estaba garantizada la mayoría en el Congreso porque el PP se opondría y no estaba garantizado el apoyo de la totalidad de la Gana –siempre el eslabón más débil–, además de que contaría con la oposición feroz del Cacif. La tercera propuesta era la reforma integral, que incluía antievasión II y la reforma integral del ISR, y podía tener un destino incierto en el Congreso, pero se lograría una mayoría clara si se sumaban el PP y parte de la Gana, aunque también habría una oposición feroz del Cacif. En los dos últimos escenarios o propuestas se podrían esperar algunos ingresos adicionales para el 2010, que se destinarían a alcaldes y al pago de maestros, y luego habría un aumento más alto en años posteriores en el caso de la tercera propuesta, la integral.

La discusión sobre las opciones fue dura y con resultados un tanto inciertos, lo cual fue un preaviso de las dificultades de llegar a un acuerdo del gobierno con el PP. Así, al final de la sesión del 9 de marzo y por insistencia de Sandra Torres y Mario Taracena el presidente Colom se inclinaba por la segunda opción –antievasión II junto con la reformita diluida–, que no involucraba al PP y sí a la Gana, o a una parte de ésta. A mí no me gustaba esta opción porque dejaba afuera al PP y negaba la posibilidad de que tuviéramos una reforma más integral, que contribuyera a contar con recursos sostenibles. Ni Roberto ni Gustavo Alejos se pronunciaron por alguna opción, aunque ambos favorecían un acuerdo con el PP, mientras que Arnoldo

Noriega se inclinaba por la tercera opción, de la reforma integral. Pero la discusión no terminó allí, y la retomamos dos días más tarde, el 11 de marzo de 2010. Al mediodía del 11 de marzo Roberto Alejos, Ricardo Barrientos y yo nos volvimos a reunir con el PP, y en esta ocasión Roxana Baldetti se pronunció claramente a favor de una reforma integral tal como la habíamos planteado, aunque advirtiendo que no aceptarían enmiendas sorpresivas o "taracenazos", haciendo referencia a acciones sorpresivas por parte del diputado Mario Taracena.

Luego, en la tarde, el presidente y los mismos que habíamos tenido la reunión dos días antes volvimos a reunirnos en casa presidencial, ahora acompañados por un asesor externo. Después de otro debate, el presidente tomó una decisión aparentemente más categórica, intentar que el Congreso aprobara la tercera propuesta, ajustándola a la segunda si no obteníamos suficiente apoyo. La decisión parecía clara, aunque en este caso Sandra Torres destacó el costo político de impulsar reformas tributarias, imagino que teniendo presente que podría afectar el desenlace de las elecciones en 2011.

Con base en las reuniones que ya habíamos tenido con el PP, Ricardo Barrientos y Pavel Centeno realizaron una revisión de los proyectos de ley que se estarían impulsando, y llegamos a un acuerdo casi total sobre lo que se podría enviar al Congreso para su consideración y eventual aprobación. Lamentablemente y para nuestra sorpresa en el Ministerio, ya no se pudo avanzar más. El PP ahora argumentaba que las acusaciones en contra de Otto Pérez que estaban impulsando miembros del gobierno impedían que el PP apoyara las reformas, y dentro del ejecutivo yo no encontré ningún eco acerca de lo que se podría hacer para superar esta situación. Así como repentinamente había surgido la posibilidad de un acuerdo, ahora se esfumaba. La distribución del costo político de las reformas, las acusaciones contra Otto Pérez, la histórica rivalidad de la UNE y el PP que ahora se extendería con la misma o mayor intensidad a las próximas elecciones, la dificultad de asociar la Gana a la reforma, la perspectiva de más conflictos y atrasos en el Congreso, y la inevitable confrontación con el Cacif posiblemente expliquen que ya no se quiso llevar la iniciativa integral al Congreso, y hasta la propuesta más modesta de todas, la iniciativa de antievasión II, quedó estancada.

En el fondo, competían dos enfoques dentro del gobierno: el de la cooperación con el PP y el de la confrontación con el mismo. El presidente, los Alejos y yo habíamos impulsado una iniciativa de cooperación con el PP, sin que lo supiera Sandra Torres, y cuando la conoció no le gustó. En ese momento más bien arreciaron las iniciativas para escarbar en el pasado de Otto Pérez con el fin de buscar hechos que pudieran debilitarlo o descalificarlo en la lucha política. Al final de cuentas no prevaleció el enfoque de la cooperación con el PP, lo cual se reflejó en la falta de voluntad política para impulsar la reforma fiscal, aun cuando se abrieran espacios que permitían avanzar. No hubo una unidad de mando y prevalecieron los enfoques equivocados frente al sector privado y frente a la oposición política representada por el PP. Ante el sector privado habíamos seguido una política que fluctuaba entre la confrontación y la conciliación, y al final de cuentas ésta última había predominado a tal extremo que había dado lugar a algo cercano a la claudicación. A pesar de ello todavía habíamos logrado un acuerdo sobre lo que se convertiría en la iniciativa antievasión II. Pero al mismo tiempo, frente a la oposición política también habíamos seguido una política fluctuante, aunque en este caso había prevalecido la política de la confrontación, a pesar de que habíamos llegado a un acuerdo sobre el tema fiscal en su conjunto.

Me pareció que mis colegas en el Ministerio de Finanzas y yo habíamos hecho lo posible y que al menos dejábamos listos dos proyectos de ley de reforma fiscal concretos, bastante discutidos y que otros podrían retomar más adelante. La lucha por el fortalecimiento fiscal de Guatemala es una lucha prolongada, habíamos participado intensamente en ella y habíamos hecho avanzar la agenda. Después de nuestros esfuerzos difícilmente podía negarse la necesidad de una reforma fiscal integral, y la fuerza de oposición con más posibilidades de hacer gobierno apoyaba la propuesta que habíamos hecho. Quizá uno de los resultados más notables de nuestras negociaciones es que la propuesta del Grupo Promotor del Diálogo Fiscal, se convirtió en LA PROPUESTA. Fue la propuesta del GPDF, luego la del Gobierno de Colom, y ahora también parecía ser la propuesta en manos del PP.

Quizás sea adecuado citar al *Popol Wuj*–traducido por Sam Colop– que nos señala que lo que aparenta morir–en este caso dos iniciativas de ley: la antievasión II y la reforma integral del impuesto sobre la renta– puede revivir, como ocurrió con las matas de maíz que Ixmukane cuidaba pero que se secaban si sus nietos Junajpu y Xbalamke morían. En los hechos se secaron y luego retoñaron:

Así también las llamó Cañas vivas,
porque aquellas cañas retoñaron.

Epílogo

> *La elección ya no será entre el Estado y el mercado, sino entre dos tipos de Estado.*
>
> Tony Judt

El 12 de julio de 2011, reunidos en la sede de la Asociación de Investigación y Estudios Económicos y Sociales (Asies), un grupo de aproximadamente 40 economistas guatemaltecos manifestaron su preocupación por la situación fiscal de Guatemala y expresaron su apoyo a la propuesta del Grupo Promotor del Diálogo Fiscal. En particular, indicamos –yo soy uno de los 40– lo siguiente:

> Los abajo firmantes manifestamos nuestro respaldo a que se retome integralmente la "Propuesta de Modernización Fiscal" presentada por el Grupo Promotor del Diálogo Fiscal (GPDF) al Consejo Nacional de los Acuerdos de Paz (Cnap) en marzo de 2008 por considerarla viable técnica y políticamente, a la vez que válida y actual.

El desafío futuro en materia fiscal es eminentemente político. Como expliqué en el capítulo I, el GPDF dio lineamientos específicos sobre lo que se requería en materia de política fiscal; para intentar nuevas reformas fiscales no hay que partir de cero. Además, durante mi gestión de ministro preparamos propuestas aun más específicas, con base en un proceso intenso de consulta técnica y política. Formulamos proyectos de ley para impulsar mejoras en el ámbito de la tributación indirecta –que resultó en la iniciativa de antievasión II– y en la tributación directa –que resultó en la propuesta de reforma integral del impuesto sobre la renta–, y ambos pueden servir de base para avances futuros.

No tuvimos éxito en que fueran aprobados por el Congreso. Sin embargo los proyectos de ley disponibles son consecuencia de un proceso largo de consulta y de negociaciones. Entre otros, incluyeron cambios resultantes de negociaciones con el Cacif y con la dirigencia de la fuerza más importante de la oposición (el PP) en el caso de la iniciativa antievasión II. Ello resulta en que esta propuesta no debiera enfrentar mayor resistencia aunque siempre está latente el peligro del debilitamiento progresivo si la negociación se extiende demasiado tiempo en el Congreso. La iniciativa de reforma integral del ISR disponible también incluye cambios como resultado de un intercambio y negociación con representantes de organizaciones sociales durante el primer semestre de 2008 y con expertos del Cacif a partir de abril de ese año, aunque persistieron diferencias con éstos. Se incorporaron cambios adicionales como consecuencia de una negociación con la dirigencia del PP en 2010, que en su momento estuvo de acuerdo con esta iniciativa.

La aprobación por parte del Congreso de iniciativas de ley basadas en la propuesta del GPDF –lo que en la Introducción yo llamaba el primer "estilo" de política fiscal– dependerá del grado en que el poder ejecutivo de próximos gobiernos asuma la reforma fiscal como una acción estratégica, prioritaria, lo cual no estuvo presente en nuestro caso. También dependerá de la correlación de fuerzas en el Congreso y del papel de la clase política frente al sector privado, que tampoco fue favorable. Con políticos y diputados menos temerosos y dependientes del Cacif o del G-8 –como expliqué en los capítulos I y IV– el destino de las reformas que propusimos hubiera podido ser diferente. En este sentido la experiencia que tuvimos durante mis dos años y medio de gestión sugiere que será fundamental que minorías, ya sea del sector privado o del Congreso, no ejerzan un poder de veto; ello no es congruente con la democracia ni con el necesario fortalecimiento del Estado.

¿Qué determina el poder de veto de las minorías en Guatemala? El poder de veto del sector privado surge al menos parcialmente de la debilidad de los partidos políticos, que es en parte el resultado de su falta de independencia financiera. Cambios legislativos que doten a los partidos de recursos propios podría darles más autonomía. Aminorar la capacidad de minorías parlamentarias de ejercer un veto –mediante el *filibusterismo*– también sería posible mediante cambios del reglamento o régimen interior del Congreso. Avances en estos campos pueden abrir el espacio político para que se apruebe legislación que fortalezca el Estado guatemalteco, ahora tan débil, como quedó en evidencia en el capítulo II sobre las crisis.

Pero el fortalecimiento del Estado guatemalteco mediante más recursos obtenidos por la vía de una reforma fiscal y la mayor autonomía de la clase política frente al sector privado requerirá fortalecer la rendición de cuentas –título de este libro– y sujetarlo en mayor medida –tanto al poder ejecutivo como legislativo– al Estado de derecho. De lo contrario la corrupción que ya existe, especialmente notable en el ámbito legislativo, podría aumentar con el fortalecimiento fiscal del

Estado. La propuesta del GPDF incluye recomendaciones para aumentar la transparencia y así facilitar la rendición de cuentas, y en esta área ha habido avances, algunos desde hace varios años y otros más recientes, como expliqué en el capítulo III. Incluyen el establecimiento del Sistema Integrado de Administración Financiera desde hace algún tiempo y su vínculo más reciente con el Sistema Nacional de Inversión Pública, la aplicación de la Ley de acceso a la información pública, las normas del presupuesto, la prohibición a fideicomisos para que puedan contratar a ONG, los requisitos exigidos a proveedores del Estado, la certificación de disponibilidad de recursos para firmar contratos de construcción y la instancia mixta de control y evaluación de obras de infraestructura con el apoyo del Banco Mundial (CoST), entre otros.

El fortalecimiento institucional y legal de estos y otros instrumentos contribuirá a una rendición de cuentas efectiva y suministrará información útil para la Contraloría General de Cuentas y para el Ministerio Público –además de la ciudadanía en general–. Esta información servirá no solo para rendir cuentas en un sentido político o democrático sino también para hacer valer la ley, es decir, para fortalecer el Estado de derecho y castigar la corrupción. Las elecciones también son un mecanismo de rendición de cuentas. Candidatos que son parte de grupos familiares que sin consideraciones éticas combinan los negocios con la política y aprovechan los recursos del Estado para hacerlo debieran ser castigados por la vía electoral. Evitar que la inmunidad y la impunidad sean permanentes es algo que puede lograrse por la vía del voto ciudadano.

Durante mi gestión, entre errores y aciertos,

avances y retrocesos, logramos dar algunos pasos hacia delante en la larga lucha por fortalecer fiscalmente al Estado guatemalteco. No logramos grandes avances tributarios en el ámbito legislativo. Pero mantuvimos como vigente la agenda que trazó el GPDF a principios de 2008. El hecho que más de tres años después 40 economistas recojan de nuevo esta iniciativa y la relancen como central para el desarrollo del país contribuye a mantener un sentido de dirección correcto. La implementación –en el corto o mediano plazo– de la reforma fiscal que se busca le dará mayor fuerza fiscal al Estado guatemalteco, pero ello debe combinarse con dos ingredientes que también deben fortalecerse: el Estado de derecho y una rendición de cuentas de carácter democrático que le dé legitimidad al Estado y al sistema político guatemalteco.

Índice de nombres

A

B

C

D

E

F

G

H

I

J

L

M

S

Rendición de cuentas de Juan Alberto Fuentes Knight se terminó de imprimir en agosto de 2011, año del centenario del nacimiento del escritor guatemalteco Mario Monteforte Toledo. F&G Editores, 31 avenida "C" 5-54 zona 7, Colonia Centro América, 01007. Guatemala, Guatemala, C. A. Telefax: (502) 2439 8358 Tel.: (502) 5406 0909 informacion@fygeditores.com www.fygeditores.com

www.ingramcontent.com/pod-product-compliance
Ingram Content Group UK Ltd.
Pitfield, Milton Keynes, MK11 3LW, UK
UKHW041953190726
13854UKWH00005B/1943

9 789929 552425